臺灣歷史與文化 研究輯刊

九 編

第 1 冊

日治時期埔里的殖民統治與地方發展（上）

邱正略 著

花木蘭文化出版社

國家圖書館出版品預行編目資料

日治時期埔里的殖民統治與地方發展（上）／邱正略 著──
初版 ─ 新北市：花木蘭文化出版社，2016〔民105〕
目 12+236 面；19×26 公分
（臺灣歷史與文化研究輯刊 九編；第1冊）
ISBN 978-986-404-469-6（精裝）
1. 殖民政策 2. 日據時期 3. 南投縣埔里鎮
733.08　　　　　　　　　　　　　　　　　105001800

ISBN-978-986-404-469-6

9 789864 044696

臺灣歷史與文化研究輯刊
九 編 第 一 冊　　　　　　　ISBN：978-986-404-469-6

日治時期埔里的殖民統治與地方發展（上）

作　　者　邱正略
總 編 輯　杜潔祥
副總編輯　楊嘉樂
編　　輯　許郁翎
出　　版　花木蘭文化出版社
社　　長　高小娟
聯絡地址　235 新北市中和區中安街七二號十三樓
　　　　　電話：02-2923-1455／傳眞：02-2923-1452
網　　址　http://www.huamulan.tw 信箱 hml810518@gmail.com
印　　刷　普羅文化出版廣告事業
初　　版　2016 年 3 月
全書字數　504529 字
定　　價　九編 24 冊（精裝）台幣 50,000 元

日治時期埔里的殖民統治與地方發展（上）

邱正略　著

作者簡介

邱正略，南投縣埔里鎮人。

畢業於東吳大學歷史系（學士）、東海大學歷史研究所（碩士）和暨南國際大學歷史學系（博士）。

曾任暨南國際大學歷史學系、朝陽科技大學通識教育中心等校兼任助理教授。

臺南應用科技大學通識教育中心「臺灣文史藝術學分學程」專案教師（助理教授級）。

臺灣古文書學會秘書長（第3-6屆）。

主要研究領域為臺灣地方史研究、平埔族研究、臺灣漢人宗教信仰與民俗、古文書研究。

已發表有關埔里地區產業、交通、民間信仰、霧社事件對埔里街的影響等地方史研究文章十餘篇，以及有關土地開發、婚姻收養習俗、找洗字、墳墓地等臺灣古文書研究文章十餘篇。2015年出版第一本專書《百年回首噍吧哖事件》（臺南市文化局出版）。

提　　要

本書以日治時期埔里地區的發展做為主題，探討殖民統治時期埔里的人口變遷、產業發展、交通建設、改善生活機能措施等各方面的改變。一方面從「地」的角度，考察埔里地區在殖民統治期間展現出怎樣重要的地理位置，環境對於地方產業的發展又產生怎樣的限制。另一方面則是從「人」的角度，探討此期間埔里地區的官民互動、族群互動關係，以及地方菁英所扮演的角色與功能。除了整理出完整的人口統計資料，也以烏牛欄庄為例，分析該庄婚姻、收養關係的地域網絡、族群網絡。

研究地方菁英與地方發展的關係，本文除了以「文化網絡」與「公共領域」等概念來探討地方菁英的公共參與，也分別建立了「埔里地方菁英簡歷表」與「埔里地區日本人菁英簡歷表」，對於地方菁英進行量化分析，賦予「聲望」評等，並且討論「世代交替」關係，把日本人菁英納入討論，是本文的特色之一。

在研究方法上，運用「比較」的方式，不僅敘述埔里諸如水道、電燈會社、公設當舖、生魚市場、市街改正等各項新措施的設立或執行過程，也探討埔里與臺灣整體的時代脈動關係。人口研究方面，以埔里的人口數據與較上層的全臺灣數據、下一層的烏牛欄庄數據做比較，說明埔里的人口變遷與族群結構特別之處。運用電腦軟體將戶口調查簿中所有的烏牛欄庄民資料建檔整理分析，是本文最特別的部分。本文利用多元的史料、新的研究方法來建構埔里地區的發展史，嘗試為臺灣地方史研究提供一個新的研究路徑。

目次

圖目次

附錄表目次

緒　論

一、研究緣起

　　本書以日治時期為研究時間斷限，從地方發展史的角度，探討日治時期殖民統治對於埔里的治理措施，包括理蕃政策的推動、地方產業與交通的發展，以及地方菁英在這個發展過程中的重要性，也關注埔里街民生活概貌。一方面從「地」的角度，考察埔里地區在殖民統治期間展現是否為重要的地理位置，殖民統治措施對於環境造成怎樣的衝擊。另一方面則是從「人」的角度，探討此期間埔里地區的官民互動與族群互動關係，以及地方菁英所扮演的角色與功能。

　　史料運用方面，除了官方檔案（如《臺灣總督府公文類纂》）、統計文書（如臨時臺灣戶口調查統計資料）與古文書的運用外，也嘗試以新的方式處理戶政事務所保管的日治時期戶口調查簿。討論的議題，涵蓋由上而下的殖民統治措施帶給地方的影響，以及由下而上的官民互動，所營造出的官民關係、產業動向（例如埔里電燈會社、開源會社的成立）與地方發展（例如日治末期爭取設立農業學校的陳情活動）。

　　研究土地開發史或族群關係史，埔里盆地都是臺灣史上較特殊的一個地區。民國 41 年（1952）劉枝萬撰寫《臺灣埔里鄉土志稿》以來，清代埔里地區的研究已累積不少成果，但是對於日治時期埔里地區發展的研究卻依舊空白，誠如劉枝萬的感嘆「是否有足夠的史料來寫日治時期的埔里史？」〔註 1〕

〔註 1〕陳哲三，〈埔里的史料與歷史研究〉，《中華民國史專題論文集──第四屆討論

隨著時代的改變、科技的發展、史料的發現與開放，今日的研究條件已非昔比，日治時期的埔里研究逐漸成為可能。埔里盆地雖只是一個小地方，本書是在劉枝萬所撰寫《臺灣埔里鄉土志稿》的基礎上，往下撰寫殖民統治時期埔里地區的歷史，也希望藉此凸顯埔里盆地在臺灣史上的重要性。

本書希望從各個面向來探尋日治時期殖民統治政策下，埔里地區的各方面發展。關注國家與社會之間的關係，探究殖民統治政策、人民、土地之間的互動，人口變遷的趨勢如何，產業與交通又呈現怎麼的發展面貌。以微觀的研究，藉由烏牛欄庄戶籍資料的建檔整理，試圖解析一個平埔族聚落的婚姻、收養網絡關係。不僅注意埔里在殖民統治期間的重要性，以及各種官方政策對地方發展的影響，也探討地方菁英及家族在地方發展過程中所扮演的角色與功能。尤其是以「戶籍資料建檔」來探討烏牛欄庄，以及建立地方菁英的個人資料簡歷來研究埔里的地方發展史。

埔里盆地曾經是清代臺灣平埔族規模最大的跨部落集體遷移的目的地，經過將近 70 年的族群優勢地位，到了日本殖民統治期間產生極大的變化。因此，研究日治時期埔里地方發展史重要課題之一，即在於探討這些平埔族群的處境變化，包括平埔族之間社群關係的演化、與其他族群之間的互動關係、地權優勢是否有明顯變化、在理蕃政策之中扮演怎樣的角色、在埔里地方菁英當中佔有多少比例……等等，皆是亟待探究的議題。以烏牛欄庄為例，從戶籍資料的整理與分析，雖無法闡明埔里地區平埔族社會變遷整體面貌，至少可以從婚姻及收養網絡探尋烏牛欄庄與鄰近聚落之間的交流情形、平埔族與漢人之間的互動情形。透過地方菁英的時、空比較分析，也有助於了解平埔族的地方菁英在埔里地區的發展過程中所處的地位及影響力如何。

近年來日治時期殖民統治的研究，不論是在研究視角、研究方法及史料的運用上，都開闊出更廣闊的領域，也促使未來在區域史研究上，更有條件逐步增加其廣度與深度。與臺灣西部平原相較，由於埔里的地形相對封閉完整，加上平埔族的集體遷移行動，以及清末、日治時期理蕃政策的推動，更凸顯出埔里地區在臺灣歷史上的特殊位置及重要性。

二、研究主題、範圍及架構

本書的主題是日治時期埔里地區的發展史，一方面著眼於殖民統治政策

會》（臺北：國史館，1998），頁 2211～2252。

與地方發展，另一方面也探討埔里地區的人口變遷、族群關係，以及地方菁
英的類別與重要性。研究範圍，時間斷限上，界定在日治時期，即明治 28 年
（1895）至昭和 20 年（1945）止。空間上，「埔里地區」指的是地理環境的
埔里盆地，以行政區域而言，大略等同於日治前期（大正 9 年地方官官制改
正以前）的埔里社堡、日治後期（大正 9 年地方官官制改正以後）的能高郡
埔里街。

　　整體架構而言，就是以殖民統治政策爲基軸，探討官方統治政策下的地
方發展。統治初期的民心向背如何牽動初期的行政措施，理蕃政策的推動，
凸顯出埔里盆地的地理位置重要性，糖業的推展與日月潭水力發電工程的興
建，對於土地開發與地方經濟產生多方面的影響，大正 6 年（1917）埔里大
地震與昭和 5 年（1930）霧社事件，也爲埔里帶來顯著的衝擊與影響。

三、研究方法

　　地方史研究，首先要思考研究地區在大環境底下的發展情況，因此，必
須重視國家與社會的互動關係。一方面，國家權力運用怎樣的手段與機制有
效掌控地方。另一方面，地方菁英如何透過與國家權力的交涉或合作，展現
其社會影響力。本文借助一些既有的研究成果來說明殖民統治時期臺灣整體
的發展，例如井出季和太的《台湾治績志》、[註 2] 小林英夫的《日本人の海
外活動に關する歷史的調查 第十卷 台湾篇 5》、[註 3] 李園會的《日據時期
臺灣教育史》[註 4]、《臺灣經濟年報》[註 5] 等，穿插於文中，與埔里的情形
進行對比，以期了解埔里的發展與臺灣大環境的脈動有何異同之處。

　　地方史研究有許多不同的研究角度，以「人」來說，從地方菁英延伸至
家族發展，進一步擴展到一個地區的族群關係與社會網絡。以「地」來說，
從一個沒有明確界線但可以認知的地理區域，進一步以統治者所劃定的行政
區域，甚至以「行政管轄區域」或「商業圈」爲標準，將範圍再向外延伸。

〔註 2〕 井出季和太，《台湾治績志》（臺北：南天，1997）。

〔註 3〕 小林英夫，《日本人の海外活動に關する歷史的調查 第十卷 台湾篇 5》（東
　　　　京都：株式會社ゆまに書房，2002）。本書是戰後初期，民國 35 年（1946）
　　　　日本大藏省在外財產調查會所做成的系列調查成果之一，於民國 39 年（1950）
　　　　出版，共計 23 卷，其中第 6～10 卷爲「台湾篇」，本書爲第 5 本。

〔註 4〕 李園會，《日據時期臺灣教育史》（臺北：國立編譯館，2005）。

〔註 5〕 臺灣經濟年報刊行會，《臺灣經濟年報》（全四輯）（臺北：南天書局，1996）。

以「時間」來說，可以放眼看待，進行貫時性的了解，也可以將時間限縮於特定的時段。以「統治者的立場」來說，是由上對下的施政、建設所造就的地方繁榮，以「被統治者的百姓」而言，可能是一波一波因應時代環境所進行的生活調適。一個地方的變遷，主要的動因包括內在與外在兩方面。以埔里為例，廣大的沃土是促使內在發展的誘因，大正 6 年（1917）的大地震，也是促使埔里街都市計畫順利推行的無形力量。霧社事件的發生、日月潭水力發電工程的興工，又代表著促進埔里發展的外在動力。環境本身的條件，是促使地方發展的重要因素之一，族群的移居與互動，扮演著另一種重要因素。官方統治政策對於地方發展固然具有很強的支配力，人民的因應能耐與開創能力，也常促使由上而下的政策隨之調整步調，甚至轉移方向，尤其是地方菁英的角色，更不容忽視。透過「官與民」的互動關係、從重大影響事件來探究內在與外在動因的影響，對於地方發展將有更清晰的了解。

第一章　地理環境與行政變遷

第一節　埔里盆地的開拓

一、地理環境

　　埔里盆地座落於群山之中,海拔約 450～460 公尺,周圍約 30 公里的一個圓形盆地。〔註1〕東北邊有關刀山、守城大山,東邊有虎頭山、蜈蚣崙,東南邊有史魯塌山(即西塔山與魯凹仔山合稱),南邊有白鶴山(白葉山),西邊有觀音山。地勢大致由東南向西傾斜,眉溪從東邊的霧社向西流經盆地北邊,南港溪(即南烘溪)從南邊向西北流經盆地西南方,兩條溪會流於盆地西緣(參考圖 1-1)。會流處矗立著烏牛欄台地,是長年經水流切割遺留下來的一處斷崖台地,較平原高出 20～30 公尺,台地上面是水源缺乏的環境,不過,斷崖下方有一些湧泉點可以取水。〔註2〕因此,台地上也陸續形成烏牛欄、大馬璘、阿里史等三個主要聚落。戰後名聞全台的埔里紹興酒,所用的水泉即愛蘭黃家所擁有的一處水泉,該泉據說四季常湧、水量穩定、水質甘甜,日治時期即以釀製萬壽酒聞名。

　　盆地中除了烏牛欄台地以外,還有一處不高的小土丘,稱為覆鼎金,位於盆地南邊南港溪與支流(即後來的茄苳腳圳)之間(參考圖 1-1)。道光初年臺灣西部平埔族集體遷移到埔里初期,即居住在覆鼎金山腳下,初期所開

〔註1〕 杉目妙光,《臺中州鄉土地誌》(台北:成文,1985),頁 60。
〔註2〕 杉目妙光,《臺中州鄉土地誌》,頁 69。

墾的土地也是以覆鼎金附近為主（參考圖 1-2）。主要原因有二，一是靠近埔社的舊社（位於覆鼎金北側的鹽土一帶），二是靠近小丘，登高可以瞭望，具有防番的安全考量。

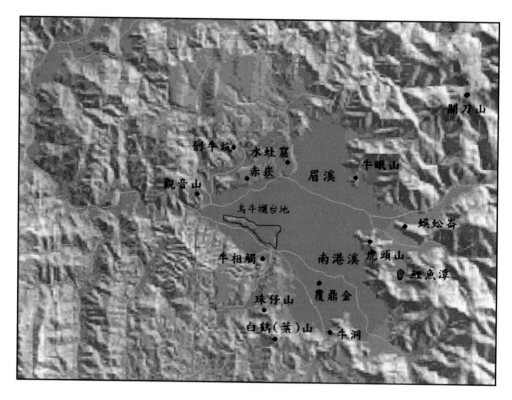

圖 1-1：埔里盆地地形河流示意圖

說明：

　　一、本圖以「臺灣歷史文化地圖核心應用系統」繪製而成。

　　二、線條為河流，底圖為地形高程圖。

　　盆地東邊，虎頭山東南方的谷地有一處鯉魚潭（參考圖 1-1），舊稱為鯉魚窟，是一個天然湖泊，湖面約 20 甲。明治 29 年（1896）年初總督府殖產部派遣八戶道雄等 2 人到埔里做調查，在「巡回復命書」當中就提到鯉魚窟池水清澈、附近景色優美，此地可以開闢成公園。〔註3〕由於日治初期的隘勇線就設在虎頭山的稜線上，因此，日治前期鯉魚潭一直屬於「生蕃地」，直到昭和四年（1929）解除保安林，並且開闢自動車道，在湖上設置一些諸如獨

〔註3〕《臺灣總督府公文類纂》第 4506 冊第 18 件，頁 299。

木舟、浮排等遊憩設施，周邊栽植3,000株的霧社櫻花進行環境美化，才逐漸
成爲埔里居民的新遊憩景點。〔註4〕

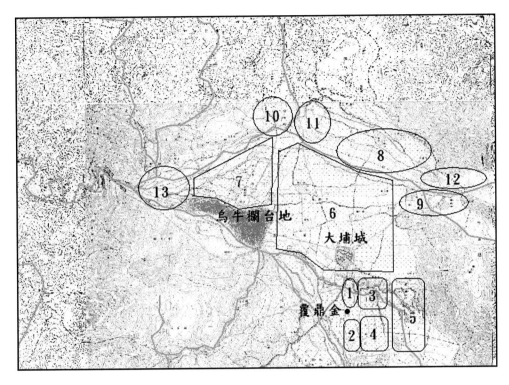

圖1-2：清代埔里盆地開發歷程簡圖

說明：

一、本圖以「台灣歷史文化地圖核心應用系統」繪製而成。

二、曲線條爲河流，底圖爲明治37年（1904）繪製的台灣堡圖。

三、圖中數字代號爲清代埔里盆地開發的時間順序，時間、地點名稱如下：

1、道光3年（1823），福鼎金埔地。

2、道光5年（1825），五索份。

3、道光7年（1827），柚仔林。

4、道光11年（1831），四索份。

5、道光11年（1831），史荖塌埔地。

6、道光11年（1831），北大埔。

7、道光25年（1845），鐵砧山（烏牛欄台地）北側埔地。

〔註4〕《臺灣日日新報》，1934年6月19日第三版，「埔里街の新遊園地，鯉魚窟一帶」。

8、道光 30 年（1850），牛眠山草地。

9、同治 4 年（1865），蜈蚣崙一帶。

10、光緒元年（1875），水蛙窟一帶。

11、光緒 3 年（1877），史港坑一帶。

12、光緒 13 年（1887），內埔一帶。

13、光緒 14 年（1888），鐵尖山水尾牛洞。

四、上述各開發時間、地點所引用的古文書詳見正文及註釋。

　　流經埔里盆地的兩條主要河流，對於埔里盆地帶來不太相同的影響。雖然兩條河流都具有灌溉功能，流經盆地北側的眉溪，其河谷是通往霧社蕃地的重要孔道。眉溪進入埔里盆地之後，形成一個扇狀沖積平原，河床幅度廣，河道並不固定，〔註5〕因此，遇到多雨季節也很容易氾濫成災，昭和 5 年（1930）8 月的大洪水不僅造成耕地流失，田園受損嚴重，也導致大湳部落及大湳派出所等處流失，於是臺中州廳才給予補助，由街役場著手興建較具規模的堤防（參閱第六章第二節「林其祥與埔里街政」）。〔註6〕反觀南港溪，其上游牛洞以南的加道坑溪（又稱小耶馬溪），是大林溪與木屐蘭溪匯流而成，水量穩定，水流清澈。彎曲的溪流在兩邊狹迫的山壁之間，造成多處湍急的水流，也形成一幅奇景。由於景觀與日本的耶馬溪類似，又被稱為小耶馬溪。〔註7〕進入埔里盆地之後的河床較眉溪來得狹小，也比較少遇到洪水暴漲的情形。〔註8〕在地勢略高，且水量穩定的有利條件下，逐漸成為盆地東側地勢較高農田灌溉的主要水源，以及供應埔里社街民飲用水之用。〔註9〕

　　盆地東側，眉溪扇狀地與南港溪扇狀地之接觸線，是盆地當中湧泉較多的地帶，此地區屬於枇杷城庄。〔註10〕庄中有一處土名為「五港泉」，其名得來不虛（參考圖1-3、圖1-6）。不過，更靠東側山地的平原就成為缺水的原野，開發時間也比較遲。

　　埔里盆地及附近周邊土地利用情形，水田主要分布在眉溪與南港溪扇狀地頂點起算，大約從 500、480 公尺開始，到達 430 公尺為止的平原土地。平

〔註5〕杉目妙光，《臺中州鄉土地誌》，頁 68。

〔註6〕《臺灣總督府公文類纂》第 10579 冊第 1 件，頁 16。

〔註7〕《臺灣日日新報》，1911 年 10 月 30 日第二版，「蕃界一巡（四）——集集より埔里社」。

〔註8〕杉目妙光，《臺中州鄉土地誌》，頁 64～68。

〔註9〕《臺灣總督府公文類纂》第 3738 冊第 1 件，「埔里水道使用許可」，頁 23。

〔註10〕杉目妙光，《臺中州鄉土地誌》，頁 69。

原四周的砂礫台地則是開闢成旱地。較有名的諸如從史港坑通往八幡峠附近的高地（即今日的大坪頂）、西方牛相觸與挑米坑一帶的高地（即今日的暨南國際大學校地）、生蕃空後方高地（即今日安和高爾夫球場練習場）、東南方水頭、十一份、東埔（即今日靈巖山寺東側的東埔野溪沖積平原）等旱地區域。〔註11〕

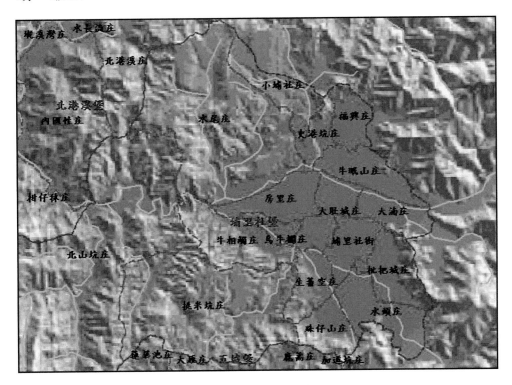

圖 1-3：埔里社堡及街庄界地形圖（1904）

說明：

　一、本圖以「臺灣歷史文化地圖核心應用系統」繪製而成。

　二、曲線條為河流，底圖為地形高程圖。

　　埔里四圍的山林，隨著開發的腳步，較接近平原以及地勢較平緩的地方逐步成為開墾的標的，活動範圍的擴展，偶爾也引發森林火災，例如大正 14 年（1925）12 月 13 日牛眠山的山林火災，就是由於村民起火禦寒所致。〔註12〕

〔註11〕杉目妙光，《臺中州鄉土地誌》，頁 69。

〔註12〕《臺灣日日新報》，1925 年 12 月 17 日第八版，「埔里社山火」。

至於附近山林的林木種類，從幾件調查報告可以粗淺地了解概況，明治 29 年（1896）3 月 8 日臺灣總督府殖產部派遣八戶道雄等 6 人前來埔里調查附近山林之林木與礦業，復命書當中提到北港附近有高大的松樹，可以做為建築用材，直徑 2-3 尺（60～90 公分）以上、平均高 18 間（32.7 公尺）者約有 600 棵，直徑 1～2 尺（30～60 公分）、平均高 15 間（27.3 公尺）者有 2,500 棵，直徑 1～2 尺（30～60 公分）、平均高 10 間（18.2 公尺）者有 5,000 棵，以目視估算，材積高達一萬尺。〔註13〕至於樟樹，數量居次，以前漢人用山林燒墾的方式採伐，採伐的範圍並不規則，對於樟樹根也捨棄不用，頗為可惜，所幸漢人畏懼生蕃，因此，靠近生蕃居住地的山林幸運地被保留下來。報告中即呼籲未來的管理方針除了要嚴禁採燒墾方式外，也要將樹木繁殖（指「造林」）當做一項急務。此外，日本人也特別注意到埔里盆地附近的楓樹及裏白木，因為這些樹木可以用來製作如木屐等日本人的必用品。〔註14〕

二、清代的開拓

埔里盆地位居界外水沙連番地之中，雖然有廣闊的沃土，礙於番界封禁，開發時間較臺灣西部平原稍晚。為能夠了解殖民統治之後，對於埔里盆地所帶來的改變，先簡述殖民統治以前，清代埔里盆地的開發概況。欲了解埔里盆地的開發歷程，古文書是相當珍貴的一手史料。本段擬引用近年來出版有關埔里地區的古文書，來介紹日本殖民統治之前埔里盆地的開發歷程（參考圖 1-2）。主要包括簡史朗與曾品滄所編的《【水沙連】埔社古文書選輯》（以下簡稱「埔社文書」），〔註15〕以及簡史朗所編著的《水沙連眉社古文書研究專輯》（以下簡稱「眉社文書」），〔註16〕還有《分墾蛤美蘭鬮分名次總簿》。〔註17〕

姚瑩（1785～1853）《東槎紀略》〈埔裏社紀略〉當中提到「水裏、埔裏二社內，有屯田一百餘甲，其番自耕田亦有百餘甲，未墾荒埔無數。」〔註18〕

〔註13〕《臺灣總督府公文類纂》第 13 冊第 26 件，頁 185～188。一日間為 1.818 公尺。
〔註14〕《臺灣總督府公文類纂》第 13 冊第 26 件，頁 187。
〔註15〕簡史朗、曾品滄主編，《【水沙連】埔社古文書選輯》（台北：國史館，2002）。
〔註16〕簡史朗，《水沙連眉社古文書研究專輯》（南投：南投縣政府，2005）。
〔註17〕劉枝萬、石璋如等纂，《南投縣志稿》〈沿革志──開發篇〉（台北：成文，1978），頁 56～80。
〔註18〕姚瑩，〈東槎紀略──埔裏社紀略〉，《治臺必告錄》（臺北：大通書局，1987），頁 180。

看起來似乎埔里也被納入番屯制的範圍，並且有屯田，也就是養贍埔地。
〔註 19〕不過，從臺灣道熊一本（1778～1853）的〈條覆籌辦番社議〉當中
提到「並擬擇地設屯，即在埔社熟番內挑選精壯數百名分調各處，給以牛犁
自墾，作爲屯兵；」〔註 20〕北路理番同知史密（生卒年不詳）的〈籌辦番
地議〉當中提到「第一要籌，在於設屯挑丁，」〔註 21〕臺灣道徐宗幹（1796
～1866）於道光 27 年（1847）所寫的〈議水沙連六番地請設屯丁書〉當中
對此事有明確記載：「水沙連等社生番出力協勦林逆案內，奏請挑取埔、水、
田頭等社番九十名；彼時以該番尚未薙髮改熟，未便設屯，僅按年賞給口糧
租穀，隨餉支放各在案。」〔註 22〕由此可以推知番屯制實施時，埔里社番
只給口糧而未有屯田，配給屯番的界外養贍埔地也未包括埔里盆地。

　　埔里盆地的土地開發，可以說始自嘉慶 20 年（1815）郭百年事件，漢人
假托已故生番通事、土目，向官方取得墾照，侵墾埔里社平原，兩年後全部
被官方驅逐出境。雖然無法得知當時已開墾面積有多少，不過，8 年後遷入埔
里的平埔族便是以這些已開墾又被迫拋荒的田地爲基礎，著手重新開墾。據
理番同知鄧傳安（1824～？）道光 3 年（1823）入埔勘查的記載：「新墾地不
及三十甲，尚未成田，舊墾田十倍於此，早已荒蕪。」〔註 23〕由此可推測漢
人當時大約已開墾 200 餘甲，約僅佔埔里可墾地的十分之一。

　　至於埔里盆地的原住民埔社番是否有從事開墾農作，閩浙總督劉韻珂
（1792～1864）曾記載一段埔社番不成熟的耕作方式：「埔裏社……，其社南
之一千甲，先經熟番私墾。間有生番私墾之地，均係畸零小塊，不成片段；
且俱將稻穀撒於田地，聽其生長，並非插種之法，秧苗皆稀散細弱，難其秀
實。」〔註 24〕

　　平埔族入墾後的開發進程，大致是從盆地東南方的覆鼎金附近開始著
手，再進一步向覆鼎金北邊的「北大埔」推進，然後再擴及西側烏牛欄台地
的北邊埔地，再越過眉溪開墾眉溪北岸。有關埔里盆地的開發歷程，《分墾蛤

〔註 19〕臺灣省文獻委員會編，《臺灣史》（臺北：眾文，1990），頁 376～377。
　　　　「養贍埔地」是指官方撥給屯番近山埔地，使其耕種以資養贍，這是番屯制
　　　　給予屯番兩項主要福利之一，另一項福利是按年發給屯餉，猶如軍餉。
〔註 20〕熊一本，〈條覆籌辦番社議〉，《治臺必告錄》，頁 229。
〔註 21〕史密，〈籌辦番地議〉，《治臺必告錄》，頁 254。
〔註 22〕徐宗幹，〈議水沙連六番地請設屯丁書〉，《治臺必告錄》，頁 275～276。
〔註 23〕鄧傳安，〈水沙連紀程〉，《蠡測彙鈔》，頁 6。
〔註 24〕劉韻珂，〈奏開番地疏〉，《治臺必告錄》，頁 215。

美蘭鬮分名次總簿》提供了入墾初期幾次刊份土地的紀錄，〔註25〕包括道光 3年（1823）的福鼎金埔地、道光 5 年（1825）的五索份、道光 7 年（1827）的柚仔林、道光 11 年（1831）的四索份及史茇塽埔地，還有盆地中央靠東的「北大埔」。至此所開墾的埔地皆仍只侷限於埔里盆地的中央偏東及東南邊。有關各次刊分的股份及參與的番社明細，〔註26〕可以參考洪麗完所撰〈從十九世紀大遷徙活動看台灣中部「平埔熟番」意識之萌芽〉一文。〔註27〕

接下來是咸豐元年（1851）開墾愛蘭台地（即鐵砧山）北側的埔地。〔註28〕其實早於道光 25 年（1845）平埔族即準備著手開墾這片土地，當時糾集 14 社共 520 人，分為八股，並且共同訂立一份〈同立鬮簿合約字〉，〔註29〕開墾的範圍是「赤崁、鐵砧山、水尾、蘆竹滴」。惟後來可能因為理番同知史密入埔插標定界，以及閩浙總督入埔視察等原因，導致未及著手即遭擱置。〔註30〕在朝廷表達「不准獻土，照例封禁」的立場之後，平埔族不得已才在地方官的默許下，與眉溪北岸同時重新招墾。

咸豐元年（1851）也開始進行眉溪北岸的開墾。〔註31〕到了清代晚期，

〔註25〕劉枝萬、石璋如等纂，《南投縣志稿》〈沿革志──開發篇〉，頁 56～80。

〔註26〕「刊分」一詞引用自《分墾蛤美蘭鬮分名次總簿》當中的用詞，指的是「分割土地」，例如 70 頁「以上作拾壹小鬮係從南而北刊分」、71 頁第一行「道光參年拾月十二日刊分福鼎金社前守成份之埔地」、72 頁「刊分福鼎金東平」、75 頁「以上布袋城刊分共式拾參份」等等。劉枝萬、石璋如等纂，《南投縣志稿》〈沿革志──開發篇〉，頁 64～87。

〔註27〕洪麗完，〈從十九世紀大遷徙活動看台灣中部「平埔熟番」意識之萌芽〉，《族群意識與文化認同──平埔族群與臺灣社會大型研討會論文集》（臺北：中央研究院民族學研究所，2003），頁 89～92。

〔註28〕簡史朗、曾品滄主編，《【水沙連】埔社古文書選輯》，頁 74～75。
「埔社文書」編號八的「招佃耕字」，由埔社頭目篤律與眉社頭目斗禮共同將土地出墾給平埔族，時間為咸豐元年（1851）。

〔註29〕這份契約是雙寮的潘進成先生所收藏，雖然十餘年前已被發現，惟至今尚未正式刊布，筆者所見本件契約之影本是由程士毅先生慷慨提供。

〔註30〕熊一本，〈條覆籌辦番社議〉，《治臺必告錄》，頁 229。
劉韻珂，〈奏開番地疏〉，〈奏勘番地疏〉，《治臺必告錄》，頁 207～228。
理番同知史密插標定界的時間約在道光 25 年（1845）至 26 年（1846）間，劉韻珂到埔里勘察的時間則是道光 27 年（1847），次年（1848）中央即做下「照例封禁」的決定。

〔註31〕簡史朗，《水沙連眉社古文書研究專輯》，頁 124～125、472～473。
「眉社文書」編號一「招墾字」及一七五的「甘結字」即透露出開墾眉溪北岸的時間是在道光 30 年（1850），從「甘結字」可以得知參與開墾眉溪北岸的社群主要有東螺社、水底寮社、社寮社、山冬冬社、岸里社、北投社、阿

逐漸將開墾的觸角延伸到盆地四周邊緣地帶，包括盆地東緣眉溪南岸蜈蚣崙一帶、〔註 32〕西北邊的水蛙窟一帶及史港坑一帶、〔註 33〕眉溪北岸守城份更上游的內埔、〔註 34〕盆地西緣的鐵尖山水尾牛洞一帶。〔註 35〕

　　埔里盆地的可耕地面積大約有多少，依據閩浙總督劉韻珂《奏勘番地疏》當中的估算，水沙連六社約可墾地 12,000～13,000 甲，其中埔裏社（埔社）與眉裏社（眉社）就佔大約一半，6,000 甲以上。〔註 36〕清末臺灣道夏獻綸（1837～1879）認爲劉韻珂當時的估算太誇大了些，依其入埔勘查時的估算：「六社之地，……，統共約三千餘甲。」〔註 37〕以此推估，埔里盆地可墾地約近 2,000 甲，此數據又顯得太保守了些。大正 15 年（1926）埔里水利組合的灌溉面積爲 2,647 甲，這是水田的數據。〔註 38〕以昭和 9 年（1934）出版的《臺中州能高郡埔里街街勢要覽》來看，水田有 3,063 甲、旱田有 2,979 甲，合計 6,042 甲。〔註 39〕依據昭和 11 年（1936）年底土地臺帳登錄地共有

里史社、大垵社等八社。

〔註 32〕例如同治 4 年（1865）接續開墾盆地東緣眉溪南岸蜈蚣崙一帶所訂立的「合約字」。參考拙著碩論之附件十一「仝立合約字」（同治四年，1855），本契字原爲牛眠山林家所收藏的契字之一，但並未列於已出版的「眉社文書」當中，可能先前已另轉賣，目前下落不明。邱正略，〈清代台灣中部平埔族遷移埔里拓墾之研究〉，頁 328～329。

〔註 33〕邱正略，〈清代台灣中部平埔族遷移埔里拓墾之研究〉，東海大學歷史研究所碩士論文，1992，頁 250。

〔註 34〕「眉社文書」編號一六一是一份位於守城份更上游土名爲內埔的刊分墾地領契。訂約時間爲光緒 13 年（1887）。
　　　　簡史朗，《水沙連眉社古文書研究專輯》，頁 444～445。

〔註 35〕「埔社文書」編號六七「開墾永耕合約字」及七一「開耕田地合約字」則是開墾盆地西緣「鐵尖山水尾牛洞」相關的契字，前者訂約時間爲光緒 12 年（1886），後者爲明治 42 年（1909）。
　　　　簡史朗、曾品滄主編，《【水沙連】埔社古文書選輯》，頁 192～193、200、201。
　　　　有關埔里盆地周邊的開發過程，可參考拙著碩論第六章第二節第二項。
　　　　邱正略，〈清代台灣中部平埔族遷移埔里拓墾之研究〉，頁 246～250。

〔註 36〕劉韻珂，〈奏勘番地疏〉，《治臺必告錄》，頁 215。
　　　　「埔裏社約可墾地四千餘甲，其社南之一千甲，先經熟番私墾。……眉裏社約可墾地二千餘甲，……。統計六社約可墾地一萬二、三千甲。」

〔註 37〕夏獻綸，〈臺灣府轉行臬道夏獻綸查勘中路埔裏各社籌辦事宜〉，《劉銘傳撫臺前後檔案》，頁 15。

〔註 38〕臺中州水利課，《臺中州水利梗概》（台中：臺中州水利課，1927），附圖「全島公共埤圳及水利組合一覽（大正 15 年 4 月 1 日現在）」。

〔註 39〕埔里街役場，《臺中州能高郡埔里街街勢要覽》（南投：埔里街役場，1934），「土地」表、「農業」表。

8,673 甲，其中水田有 3,301 甲、旱田有 3,733 甲合計 7,034 甲，〔註40〕這兩個數字應是比較正確的數字。

第二節　族群與聚落分布

一、族群分布

　　考古遺址是探討埔里地區早期住民分布情形的主要線索。埔里地區的考古遺址數量頗多，眉溪北岸，劉益昌於民國 93 年（2004）執行的「臺閩地區考古遺址研究計畫第七期」時，確認了 10 個遺址地點，其中的「水蛙窟遺址」已經做過三次正式考古發掘，出土的繩紋紅陶似乎說明，臺灣西部平原繩紋陶文化的人群，有一部份已經遷入內山居住。〔註41〕眉溪以南比較有名的是烏牛欄台地上的「大馬璘遺址」，發現時間是昭和 8 年（1933）。〔註42〕依據考古報告，其堆積的年代大約距今 2,370 年前開始，發展延續到距今 1,700 年前或更晚。〔註43〕

　　由於埔里多處史前文化遺址都出現大量的蛇紋岩（臺灣玉）飾物和工具，以及加工殘料、半成品，而這種蛇紋岩僅出產於花蓮縣知亞干溪（壽豐溪）地區。研究者猜測，埔里與東部花蓮有密切的往來互動關係。埔里很可能是史前臺灣東西部交通往來的重要中繼站。〔註44〕筆者猜測，這些玉石也有可能是經過許多世代，透過間接地交換而流傳至埔里。不過，這也間接證明埔里盆地早期住民與附近山地住民有交換往來關係。

　　清文獻記載，埔里地區早期的主要住民為眉溪南岸的埔社番（埔番）與眉溪北岸的眉社番（眉番）。依今日學術的族群分類，埔社番屬於布農族，眉社番屬於泰雅族。清代史料當中留下許多不同的名稱，埔社舊稱為哈裏難社、蛤里難社或蛤美蘭社，眉社舊稱為貓里眉社。〔註45〕道光 3 年（1823）以後，

〔註40〕《臺灣總督府公文類纂》第 10089 冊第 48 件，頁 402～403。
〔註41〕簡史朗，《水沙連眉社古文書研究專輯》，頁 20～23。
〔註42〕《臺灣日日新報》，1933 年 3 月 25 日第十二版，「埔里烏牛欄發現古物，仰帝大教授鑑定」。
〔註43〕簡史朗、曾品滄主編，《【水沙連】埔社古文書選輯》，頁 28。
〔註44〕簡史朗、曾品滄主編，《【水沙連】埔社古文書選輯》，頁 28。
　　　　簡史朗，《水沙連眉社古文書研究專輯》，頁 20～23。
〔註45〕簡史朗，《水沙連眉社古文書研究專輯》，頁 23。

臺灣西部平原的平埔族在埔社番的招引下，分批集體遷入埔里，道光 27 年（1847）閩浙總督劉韻珂入埔勘查之前，平埔族已有 3,000 餘人，埔社番僅存 20 餘人，至於漢人，「雜於熟番之中，不出十戶，人尚無多。」〔註46〕

　　到了清末，光緒 3 年（1877）臺灣道夏獻綸進入埔里勘查時，平埔族人口約 6,000 餘人。雖然不知道同時間的埔眉社化番、漢人的確實人數有多少，但可以知道當時六社化番人口約 600 餘人，在六社耕墾的漢人有 2,600 人。〔註47〕由此數字可以明顯看出，到了光緒初年，平埔族人口在埔里還是佔絕對優勢。不過，開山撫番政策推動以來，移入的漢人日漸增多，日治初期又有一波移入人口（參考第四章第二節），埔里的平埔族逐漸喪失人口優勢。

　　日治初期大埔城城內戶數約 400 餘戶，城內的居民多為漢人，城外大多是平埔族（日治初期平埔族見圖 1-4、圖 1-5）。〔註48〕依據明治 30 年（1897）的調查報告，當時 25 個平埔族蕃社共計 712 戶、3,382 人。〔註49〕時間稍晚一些的統計，平埔族人口也有 3,163 人，埔社蕃僅剩 7、8 人，眉社蕃僅剩 2 人。其後改隸屬南投撫墾署埔里支署時所統計的總人口為 8,275 人。〔註50〕再依據〈埔里社地方殖民地調查報告〉，明治 30 年（1897）埔里地區的平埔族有 3,597 人，附近的高山族有 9,470 人（包括北蕃 4,870 人、南蕃 4,500 人）。〔註51〕以南投撫墾署埔里支署的人口總數與三個平埔族人口數進行推算，日治初期埔里地區的平埔族人口大約仍佔總人口四成左右（38.2～43.5%）。

〔註46〕，熊一本，〈條覆籌辦番社議〉，《治臺必告錄》，頁 229～230。

〔註47〕夏獻綸，〈臺灣府轉行臬道夏獻綸查勘中路埔裏各社籌辦事宜〉，《劉銘傳撫臺前後檔案》（台北：大通，1987），頁 14～15。

〔註48〕王學新譯，《埔里社退城日誌暨總督府公文類纂等相關史料彙編》，頁 304。

〔註49〕王學新譯，《埔里社退城日誌暨總督府公文類纂等相關史料彙編》，頁 307～309。
　　　　調查報告中所陳報的蕃社共計 30 社，最末 5 社並非埔里社堡管內的蕃社，其戶數、人數未計入。

〔註50〕伊能嘉矩手稿，微捲編號 T0021/58，「29、埔里社支廳管內熟番社戶口表」，台北：臺灣大學圖書館特藏組典藏資料影本。

〔註51〕《臺灣總督府公文類纂》第 302 冊第 2 件，頁 53。

圖1-4：日治初期埔里的平埔族-1

圖片來源：引自埔里圖書館典藏老照片圖檔。

圖1-5：日治初期埔里的平埔族-2

圖片來源：引自埔里圖書館典藏老照片圖檔。

　　明治 41 年（1908）的〈臺灣現住人口統計〉，埔里社堡的人口數為 14,557 人。〔註52〕明治 41 年（1908）至明治 43 年（1910）進行調查的《熟蕃戶口及沿革調查綴》，埔里社堡的平埔族有 3,859 人，約僅佔當時總人數的 26.5%。也就是說，清治末期以來，平埔族人口一直維持在 4,000～6,000 人之間，從開山撫番以來移入的漢人人口逐漸增加，稀釋了平埔族在總人口當中的族群比例，30 年前後已有極大的差異。

　　依據第四次臨時臺灣戶口調查統計數據，大正 14 年（1925）全臺灣的人口結構，約 377 萬總人口當中，閩南人佔 82.2%，客家人佔 15.2%，平埔族佔 1.4%，高山族佔 1.3%。反觀埔里街的人口結構，22,415 人口當中，閩南人佔 47.7%（10,683 人），客家人佔 29.4%（6,583 人），平埔族佔 22.8%（5,120 人），高山族僅佔 0.1%（29 人）。〔註53〕從光緒 3 年（1877）夏獻綸編入埔勘查起算，相隔近 50 年，平埔族所佔比例僅剩不到四分之一。從第二次至第六次臨時臺灣戶口調查統計，即可看出各族群人口比例消長情形（見表 1-1）。不過，臺灣總督府的族群登記作業方式似乎也有一些影響，因為當時新生兒的族群認定是依據生父的族群別，因此，混血的情況並無法從人口統計數當中看得出來。

表 1-1：日治時期埔里社堡（埔里街）本島人族群結構簡表（1915～1935）

項目　　　人口數與所佔百分比 年代		總人口	福	廣	熟	生
大正 4 年 （1915）	人口數	17,815	7,899	5,101	4,777	38
	百分比	100%	44.4%	28.6%	26.8%	0.2%
大正 9 年 （1920）	人口數	19,570	9,212	5,388	4,933	37
	百分比	100%	47.1%	27.5%	25.2%	0.2%
大正 14 年 （1925）	人口數	22,415	10,683	6,583	5,120	29
	百分比	100%	47.7%	29.4%	22.8%	0.1%
昭和 5 年 （1930）	人口數	25,317	12,045	7,853	5,379	40
	百分比	100%	47.6%	31%	21.2%	0.2%

〔註52〕臺灣總督府總督官房統計課，明治 41 年 12 月 31 日《臺灣現住人口統計》（臺北：臺灣總督府總督官房統計課，1909），頁 20。

〔註53〕邱正略，〈日治時期埔里地區人口變遷（1903～1943）——兼論烏牛欄庄人口結構特色〉，《暨南史學》第十、十一合輯號（南投：暨南國際大學歷史學系，2008.7），頁 49～106。

昭和 10 年 （1935）	人口數	28,306	13,951	8,747	5,584	24
	百分比	100%	49.3%	30.9%	19.7%	0.1%

說明：本表數據引自第二至六次臨時臺灣戶口調查統計，更詳細分項統計數請參閱附錄表 8 之「表 28」。

　　優勢的漢人人口，從大正 15 年（1926）的《臺灣在籍漢民族鄉貫別調查》來看，47.7% 的閩南人當中，漳州人佔 30.7%，泉州人佔 15.6%，其他州縣佔 1.4%，客家人佔 29.4%。〔註 54〕閩南人以埔里社街、枇杷城庄為主要居住地，客家人分布在盆地周邊，混居於既有聚落，例如福興庄、史港坑庄、生蕃空庄，或形成新的聚落，例如小埔社庄、水尾庄、北山坑庄、挑米坑庄。

　　埔里盆地周邊一帶，除了漢人與平埔族之外，南邊還有與埔社關係密切的水社蕃，即今日的邵族。至於高山族，埔里東邊的卓社大山，山的南面有屬於布農族的卓社蕃和干卓萬蕃的領域，北面有屬於賽德克族的霧社蕃及屬於泰雅族的萬大蕃的領域。〔註 55〕西北邊還有泰雅族澤敖利群的眉原蕃。〔註 56〕依明治 30 年（1897）埔里撫墾署事務報告中所做的北蕃蕃社人口估算，霧蕃群 14 社共有 2,480 人，萬蕃群 4 社共有 450 人，道澤群（タウザー）8 社共有 1,070 人，太魯閣群 4 社共有 970 人，北蕃四群共計有 4,970 人。〔註 57〕

二、族群關係

　　本小節擬針對埔里地區的族群關係進行分項概述，各分項的順序大致是依時間的先後與距離的遠近排列，也就是先介紹埔里盆地的先住民埔番與眉番，再來是埔番與日月潭的水社番，然後是平埔族與埔番、眉番，平埔族所面對的北番，還有平埔族不同社群的關係，最後才介紹平埔族與漢人的關係，還有漢人之間的關係。

1、埔番與眉番

〔註 54〕臺灣總督官房調查課編，《臺灣在籍漢民族鄉貫別調查》（台北：臺灣時報發行所，1928），頁 18～19。
　　　　調查表中認為埔里街的客家人全數來自廣東嘉應州的統計，可信度令人懷疑。
〔註 55〕鹿野忠雄著、楊南郡譯註，《山、雲與蕃人──臺灣高山紀行》（臺北：玉山社，2000），頁 238。
〔註 56〕簡史朗，《水沙連眉社古文書研究專輯》，頁 28～29。
〔註 57〕《臺灣總督府公文類纂》第 164 冊第 13 件，頁 144～145。

　　描述埔里盆地早期的原住民，研究者常以「埔番、眉番隔眉溪分據兩岸」甚至「隔眉溪相抗」之類的敘述來形容埔社與眉社的關係。筆者以爲，兩社雖然分據河流兩岸，分屬不同系統的高山族群，不過，許多證據都顯示，埔社與眉社之間並不是對立關係，而是維持著友好的互動關係的。以雍正4（1726）年巡臺御史索琳（？～1780）的奏摺爲例，兩社同時接受招撫。〔註58〕鹿港同知曹士桂（1800～1848）於《宦海日記》當中也有一段描述道：「循道而歸，逾清溪，知眉、埔二社以溪分界，溪南埔，而溪北眉，實在共一局也。」〔註59〕嘉慶20年（1815）發生的郭百年事件，侵墾的漢人對埔社番大肆焚殺，「眾番無歸，走依眉社、赤崁而居。」〔註60〕

　　以愛蘭黃家收藏的埔社古文書當中的契字內容來看，眉社也分得眉溪南岸的口糧租谷，顯示眉社的勢力範圍也及於眉溪南岸。「埔社文書」編號八的「招佃耕字」，訂約時間爲咸豐元年（1851），這是一份由埔社主篤律及眉社主斗禮帶領眾番訂定的招耕契字。招墾的土地座落於眉溪南岸的「水尾鐵砧山北畔園地」，並且約定「配納埔眉兩社口糧租谷陸拾石正」。〔註61〕換言之，眉社也分得眉溪南岸的口糧租谷。同樣情形，埔社的活動範圍亦擴及眉溪北岸，以編號三十七的「杜賣盡根田地字」，訂約時間爲光緒15年（1889），坐落地點是眉溪北岸的史港坑，契字中載有望麒麟（1861～1895）承買這筆土地的原因，即「因草地主望麒麟伯父舊墳葬在界內田中高埠之所」，顯然埔社的活動範圍亦不局限於眉溪南岸。〔註62〕

2、埔番與水社（思貓丹社）番

　　遷移到埔里的平埔族，繼續原鄉的傳統習俗舉辦「番仔過年」，即「走標」與「阿煙牽田」，但是各社群的過年日期有些不同，大肚城庄、水裡城在7月1日，藍仔城在8月15日，烏牛欄庄、大湳庄、守城份庄、牛眠山庄、十一

〔註58〕巡臺御史索琳雍正5年正月12日奏摺，《宮中檔雍正朝奏摺》第七輯（臺北：國立故宮博物院，1978），頁288～292。
　　　　「除經同知臣王汧招撫蛤里難社、挽蘭、貓里眉外社、貓里眉內社……等十社番眾安定。」，其中蛤里難社即埔社（舊稱蛤美蘭社），貓里眉外社、貓里眉內社即眉社、水眉社。
〔註59〕曹士桂，《宦海日記》（雲南：雲南人民出版社，1988），頁171。
〔註60〕姚瑩，〈東槎紀略──埔裏社紀略〉，《治臺必告錄》，頁181。
〔註61〕簡史朗、曾品滄主編，《【水沙連】埔社古文書選輯》，頁74～75。
〔註62〕邱正略，〈古文書與地方史研究──以埔里地區爲例〉，《臺灣古文書與歷史研究學術研討會論文集》，頁24～25。

份庄都在 11 月 15 日舉行。〔註63〕除了平埔族的「番仔過年」之外，還有另外一種「番仔過年」，這是清代中晚期已存在的特殊活動，日月潭的邵族水社番每年前來埔里過年，住在烏牛欄台地上的望麒麟家，連續數日分成幾隊分別前往埔里盆地各個平埔族聚落接受招待，扛著扁擔，離開時並帶著各社居民所饋贈諸如豬肉干、甜粿等禮物，老一輩的人稱之為「番仔收租」或「番仔過年」。〔註64〕此習俗一方面顯示出埔社番與日月潭的水社番存在著特殊的情誼，另一方面也顯示出遷移來埔里的平埔族人對於水社番的感激之情。據黃大鏐口述，此習俗於日治末期遭官方以戰爭時期物力維艱為由禁止了，戰後也沒有再恢復。〔註65〕

番秀才望麒麟是埔社番後代，水社番前來埔里過年或收租，夜宿望麒麟家，顯示兩社長年來保持密切往來的關係，即使日治初期望麒麟已不在人世，這個傳統還是持續下去。望麒麟的外孫黃大鏐少年時代，母親望阿參還曾經帶他前往日月潭的蕃社拜訪，大約 2、3 年會去接受水社招待一次。〔註66〕追溯兩社關係密切比較明確的記載，是招引平埔族遷入埔里時所訂立的契約〈思保全招派開墾永耕字〉，當中載明思貓丹社（即水社）扮演中介的角色。〔註67〕

雖然埔社（屬於布農族）與水社（屬於邵族）在民族學的分類上分屬不同族群，不過，族群關係可以超越了民族學的族群分類，藉由地緣關係與歷史互動過程，逐步建立起穩固的友好往來關係。水社的活動領域已經接近埔里盆地，水社番頭目草地土目改旦於同治 12 年（1873）8 月所立出的〈開墾字〉，北界為「廊亭山連崙為界」，也就是埔里盆地西南邊的山頂。〔註68〕埔社與眉社的關係也是如此。

〔註63〕陳俊傑，《埔里平埔族現況調查報告書》（南投：財團法人南投縣立文化基金會，1997），頁 34、47、76、88、103、105、111。

〔註64〕陳俊傑，《埔里平埔族現況調查報告書》，頁 36、37、56、97、102、107、128、130、131。

〔註65〕邱正略訪問，〈黃大鏐口述紀錄〉，2006 年 5 月 10 日。

〔註66〕鈴木滿男，《「漢蕃」合成家族の形成と展開：近代初期における臺灣邊疆の政治人類學的研究》（日本：山口大學人文學部，1988），頁 45。

〔註67〕劉枝萬、石璋如等纂，《南投縣志稿》〈沿革志──開發篇〉，頁 51～53。
「幸有思貓丹社番親來社相商，……如得該親打里摺來社同居墾耕，一則可以相助抗拒兇番，二則平埔打里摺有長久棲身之處。……立即央托思貓丹社番土目毛蛤肉、郎觀併伊者番棹肉、加達等前去招募平埔打里摺入社通行踐土會盟。」

〔註68〕不撰著人，《清代臺灣大租調查書》（臺北：大通書局，1987），頁 621～622。

3、平埔族與埔番、眉番

平埔族集體遷入埔里初期，埔社番以「打里摺」或「平埔打里摺」來稱呼平埔族。〔註69〕移川子之藏對於「打里摺」一詞的解釋是「蕃語にして親しい、同族、など意」。〔註70〕水社番引介平埔族遷入埔里，希望「一則可以相助抗拒兇番，二則平埔打里摺有長久棲身之處。」〔註71〕平埔族與埔社第一次訂定招耕字同時，即奉上「略値時價銀一千餘元的物品」，〔註72〕第二次訂定招耕字時，亦奉上「略値時價銀五千餘元的物品」。〔註73〕埔社番亦於〈思保全招派開墾永耕字〉當中表達「如其將來有你等打里摺尙惠然肯來扶社，有得番丁昌盛者，密與舌等另再踏出埔地與你等開墾管耕，決無異志。」〔註74〕在〈望安招墾永耕字〉當中更明確地表示「除前出招墾字內界址以外，阿密、大舌率仝眾子姪等，自情愿再踏出東西南北埔地；以及四圍山林等處，凡屬我蛤美蘭社界管之地，無分你我，任從再行均分開墾成田耕種，併帶泉水灌溉充足，永耕以爲己業，以慰後望。」〔註75〕由於是基於互

〔註69〕邱正略，〈劉枝萬先生的平埔族研究〉，發表於2008年10月18～19日暨南國際大學人類學研究所舉辦的「2008年水沙連區域研究學術研討會——劉枝萬先生與水沙連區域研究」1～19。
打里摺一詞只出現在〈思保全招派開墾永耕字〉及〈望安招墾永耕字〉當中。在〈思保全招派開墾永耕字〉當中，「番親」用了2次，指的是思貓丹社，「打里摺」用了6次、「平埔打里摺」用了7次，指的都是平埔族。〈望安招墾永耕字〉當中，「番親」用了1次，指的是思貓丹社，「眾番親」用了2次，指的是平埔族，「打里摺」用了8次、「平埔打里摺」用了7次，指的都是平埔族。因此，「打里摺」是一種「他稱」，並非平埔族人的「自稱」，平埔族本身並不以此互稱，因此，「打里摺」也不是平埔族之間的一種「通稱」，而是埔社番對於平埔族的「專稱」。

〔註70〕移川子之藏，〈承管埔地合同約字より觀たる埔里の熟蕃聚落（一）〉，《南方土俗》第一卷第二號（台北：南方土俗學會，1931），頁19。原文將「など」誤寫成「なと」。

〔註71〕劉枝萬、石璋如等纂，《南投縣志稿》〈沿革志——開發篇〉，頁51～53。

〔註72〕劉枝萬、石璋如等纂，《南投縣志稿》〈沿革志——開發篇〉，頁51～53。
「仝眾打里摺等念及親派之情，備來許多禮物奉送，朱吱馬掛壹佰領，犁頭鈀伍拾付、棉被壹佰領、銅鼎壹佰口、烏布貳佰疋、斧頭壹佰支、柴刀伍拾支，其餘物件難以一筆登，約略值價銀壹仟餘員禮物。」

〔註73〕劉枝萬、石璋如等纂，《南投縣志稿》〈沿革志——開發篇〉，頁54～56。
「仝眾番親等奉送禮物，朱吱馬袮伍佰領、朱吱被伍佰領、草藍布壹仟疋、鼎參佰口、銅鼎貳佰口，其餘物件一筆難登，約略值時價銀伍仟餘員之數。」

〔註74〕劉枝萬、石璋如等纂，《南投縣志稿》〈沿革志——開發篇〉，頁51～53。

〔註75〕劉枝萬、石璋如等纂，《南投縣志稿》〈沿革志——開發篇〉，頁54～56。

利的條件，雙方初期的關係非常良好，平埔族也分批陸續遷入，逐步開墾、刊分埔里盆地的土地（開墾過程參考本章第一節）。

道光27年（1847）閩浙總督劉韻珂入埔勘查時，平埔族和埔社雙方還是同心一氣。埔社番目督律向劉韻珂供稱：「伊祖父在日，因不解耕種，曾招熟番佃墾社地。……，各番尚無凌逼情事。至伊祖父於何年招佃？各熟番墾地若干？並應納租穀若干？伊實不知。」〔註76〕劉韻珂再傳集各熟番頭目訊問，也都供稱「伊等祇知祖父早年因埔裏社生番招佃，遂各挈眷入社，代墾納租；伊在社生長，並不記始自何年，亦不知本社社名、坐落何處。現種番地，即係祖父遺業，實非伊等私墾；……。茲奉示諭，始知犯法。」〔註77〕雖然距離平埔族入埔之初僅20餘年，雙方卻共同推說不知情，互相掩護，避重就輕，只希望爭取官員能夠支持開墾。結果，朝廷中央還是決定「無庸歸官開墾，自當照舊封禁」〔註78〕理由是「利之所在，日久弊生」、「與其輕議開闢而貽害於後，不若遵例封禁而遏利於先。」〔註79〕

劉韻珂奏請中央開墾事宜不獲允許之後，埔社番與眉社番就在官方的默許之下，與平埔族繼續訂定招墾契約，持續埔里盆地的開發。〔註80〕道光30年（1850）元月由埔社頭人篤律（即督律）與眉社頭人斗禮共同與平埔族訂立〈招墾字〉，其中提到「經蒙徐道臺（即徐宗幹）堂諭，准予暫且招佃種地，以濟番飢，仍須靜候本司道奏乞　恩施等因，但未蒙　旨准，以故官府不來設法，迨及埔眉等六社生番郡回之日，攀榮（指平埔族遷入埔里後的第二任總通事巫春榮，〔註81〕生卒年不詳）出首招佃給墾。」〔註82〕這是眉溪北岸的情形，出墾的範圍是整個眉溪北岸平原。〔註83〕至於眉溪南岸，咸豐元年（1851）8月，埔社主篤律（即督律）與眉社主斗禮共同與平埔族訂立〈招佃

〔註76〕劉韻珂，〈奏勘番地疏〉，《治臺必告錄》，頁221。
〔註77〕劉韻珂，〈奏勘番地疏〉，《治臺必告錄》，頁221。
〔註78〕徐宗幹，〈議水沙連六番地請設屯丁書〉，《治臺必告錄》，頁272。
〔註79〕劉韻珂，〈奏勘番地疏〉，《治臺必告錄》，頁228。
〔註80〕簡史朗，《水沙連眉社古文書研究專輯》，頁126～127。
　　　　咸豐元年9月〈招佃契〉中有一段「叩乞鎮道府憲，哀請招佃以資口糧，幸蒙列憲格外施恩，堂諭憐憫，不忍坐視化番餓莩，姑容六社自招佃租。」
〔註81〕邱正略，〈《熟蕃戶口及沿革調查綴》譯註（南投廳埔里社堡部分）〉，《暨南史學》第八號（南投：暨南國際大學歷史系，2005.7），頁252。
〔註82〕簡史朗，《水沙連眉社古文書研究專輯》，頁124～125。
〔註83〕簡史朗，《水沙連眉社古文書研究專輯》，頁124～125。
　　　　「東至坑內松柏崙，西至赤崁油車坑，南至眉溪，北至大山後、水流北，」

耕字〉，其中提到「赴郡呈懇　列憲格外施仁，深沐恩准，自招佃租，以供口食。」〔註84〕主要是踏出烏牛欄台地北邊的埔地（參考圖 1-2）。由此次案例仍可看出此時平埔族與埔社、眉社仍舊關係良好，合作無間。

　　不過，到了光緒年間，平埔族與埔社番後代望麒麟就因為徵收「亢五租」（一種番大租）的問題搞得很不愉快，甚至埔社番後代之間也發生內鬨。必須由官府出面解決，經過幾次的修正，將原本屬於「不定額租」的「亢五租」改為「定額租」，每年徵收 1,000 石，再依比例分配。從平埔族集體遷入之初起算，大約只經過 50 多年時間（1823 年至 1877），雙方原本密切友好的關係已經淡化，連收番大租都產生困難。〔註85〕

4、平埔族與高山族

　　在埔里開發的歷程中，被稱為「北番」的泰雅族亦扮演著重要的角色。由於北番的壓力存在，在盆地東北緣眉溪北岸山腳下所成立的聚落稱為守城份。從「眉社文書」亦可以看到一些緊張關係的痕跡，例如先前提到的早期開墾眉溪北岸的重要契字，「眉社文書」編號一七五〈牛眠山佃戶八社熟番具甘結字〉，其內容寫道：

> 埔眉社正通事巫春榮、埔眉土目潘永成二位尊前，結得牛眠山水田，
> 眾佃分耕，各自搬眷前往居住，圍堡把守，如有玩佃不遵約束、不
> 力把守者，願將所耕之田聽眾充公，所穫之粟折半均分。不敢冒結，
> 合具甘結字據是實。〔註86〕

從此甘結字的內容便可看出開墾初期即存在著北番的威脅，為了確保開墾成果，要求參加者搬眷移住，圍堡把守，以示同心。

　　另有一例，編號一六一是一份位於守城份更上游，土名為內埔的刊分墾地領契。訂約時間為光緒 13 年（1887），契字後面註明「墾戶、佃戶二比公議，面限五年紮駐庄內，如有某佃年限內搬移，遂將其業充公，倘年限外，不得已家中蕭條，不能措手，情願其業出賣，切必向股內人依時值價買賣，不准混向外人出賣。」〔註87〕主要用意即是由於地處最靠近北番的地方，希

〔註84〕簡史朗、曾品滄主編，《【水沙連】埔社古文書選輯》，頁 74～75。
〔註85〕簡史朗、曾品滄主編，《【水沙連】埔社古文書選輯》，頁 60～73。
　　　　邱正略，〈清代臺灣中部平埔族遷移埔里拓墾之研究〉，東海大學歷史研究所
　　　　碩士論文，1992，頁 253～261。
〔註86〕簡史朗，《水沙連眉社古文書研究專輯》，頁 472～473。
〔註87〕簡史朗，《水沙連眉社古文書研究專輯》，頁 444～445。

望共居同庄合力把守產業，因而立此約定。

「埔社文書」當中也可以找到一些佐證，例如編號六十七的「開墾永耕合約字」，所開墾的地點是位於盆地西緣眉溪南岸的鐵尖山水尾牛洞，訂約時間是光緒 14 年（1888），契字中載有「因此地兒番出沒險要之區，敦等及本社眾番俱不敢前往開耕。」〔註88〕編號七十一的「開耕田地合約字」是上述契字的延續，訂約時間是明治 42 年（1909），契字中載有「因當時蕃害不斷，以致其界內尚有荒蕪之地。」〔註89〕也就是說，即便是日治初期，盆地的東西緣皆仍存在著北蕃的威脅。

番害也不僅限於北邊、西邊，南邊於清末時期仍存在著番害，因此留下一個「生番空」（生番出沒的山谷）的地名。同治元年（1861）由平埔族通事巫春榮與埔里番業主篤律所簽訂的〈同立給出開墾永耕字〉當中，即提到道光 3 年（1823）位於「覆鼎金旧城西畔山腳」由四大股均分餘剩荒埔樹林「係險惡之處，佃民番致被生番殺害不少，無人敢耕。」〔註90〕

多方面的記載都顯示，位於埔里東北邊的平埔族聚落，包括牛眠山、守城份、大湳及蜈蚣崙，與盆地東北邊的高山族有較密切的交易、通婚往來。尤其是蜈蚣崙，更是最接近番地的聚落。清末在蜈蚣崙除了有駐兵，〔註91〕也設置番物產交換所。也有一些熟番娶生番女的例子，由於有這層關係，有三位嫁至熟番社的生番女得以出入番界，其夫也順理成章成為扮演通事的角色。〔註92〕不過，並不表示這裏的平埔族已經與東北邊的高山族部落建立和平友好關係，埔里教會一位信徒告訴甘為霖，埔里社附近每年約發生 10～15起馘首案件，有時候甚至更多。〔註93〕

甘為霖（Rev. William Campbell，1841-1921）牧師曾於同治 11 年（1872）4 月 23 日前來埔里，停留至 5 月 16 日才離開，這段期間，除了在牛眠山教

〔註88〕 簡史朗、曾品滄主編，《【水沙連】埔社古文書選輯》，頁 192～193。
〔註89〕 簡史朗、曾品滄主編，《【水沙連】埔社古文書選輯》，頁 200～201。
〔註90〕 《臺灣總督府公文類纂》第 4694 冊第 28 件，頁 320。
　　　　「覆鼎金旧城西畔山腳」樹林的四至界址為「東至溪為界、西至山不等為界、南至白葉仔坑口至朱仔山熟耕田為界，北至番社溝口連過秀山為界。」即埔里盆地南邊牛洞、珠仔山一帶。
〔註91〕 邱正略，〈《熟蕃戶口及沿革調查綴》譯註（南投廳埔里社堡部分）〉，《暨南史學》第八號，頁 261。
〔註92〕 《臺灣總督府公文類纂》第 302 冊第 2 件，頁 54～55。
〔註93〕 陳政三，〈甘為霖二訪泰雅族——眉原、眉溪社探險行〉，《歷史月刊》第 223期（臺北：歷史月刊雜誌社，2006.8.），頁 51。

堂看見幾位下山做交易順便到教堂「看熱鬧」的泰雅族人，也進一步進入山區為眉原社大頭目看病。〔註94〕最令人震撼的是他對於「吃人肉」及「吃番肉」的描述。甘為霖相信有許多高山族是食人族，他的記載寫道：「土著會將腦漿熬煮成果凍狀，再製成小餅乾。」甘為霖也在守城份看到一群巴宰族兒童手拿狀似帶骨的牛排正大快朵頤，經過一番審問，衝入民宅中，還看見一位婦女正在烹煮兩具殘缺不全的「生番屍體」，其餘屍肉已經被村民分食。〔註95〕

胡傳（1841～1895）於光緒17年（1891）來到埔里視察營伍，在他的《臺灣日記與稟啟》當中也留下一段埔里住民吃番肉的生動描述：

> 埔里所屬有南番，有北番。南番歸化久，出亦不滋事。北番出，則軍民爭殺之；即官欲招撫，民亦不從，蓋恐既撫之後，不能禁其出入，道路為所熟悉，不能復制也。民殺番，即屠而賣其肉；每肉一兩值錢二十文，買者爭先恐後，頃刻而盡；煎熬其骨為膏，謂之「番膏」，價極貴。官示禁，而民亦不從也。〔註96〕

片岡巖的《臺灣風俗誌》也記載一則「番肉」，內容是有關埔里的居民吃番肉情景：

> 埔里社以北鄰接番地住民如殺一個番人時，舉莊的人都來慶祝。將番人的首級插上槍尖舉在前面，莊內青年盡出打鑼鼓歡呼遊行。又應他莊請去遊行。後將首級掛起來。有人又將番人屍體寸斷煮熟，然後切片分給每一個人吃，有時亦分給鄰莊。〔註97〕

從記載中可以看到漢人吃生番肉、平埔族吃生番肉，高山族也吃人肉。〔註98〕雖然看起來像是一群野蠻的行為，從另一個角度看，也可以說是表達埔里地區不同族群之間的一種敵對關係。埔里地區的漢人、平埔族為何要吃生番肉，可能原因主要有二，一是出於洩恨，〔註99〕二則是出於保護作用的巫術傳

〔註94〕陳政三，〈甘為霖二訪泰雅族——眉原、眉溪社探險行〉，《歷史月刊》第223期，頁49。

〔註95〕陳政三，〈甘為霖二訪泰雅族——眉原、眉溪社探險行〉，《歷史月刊》第223期，頁51。

〔註96〕胡傳，《臺灣日記與稟啟》（台北：大通，1984），頁32～32。

〔註97〕片岡巖，《臺灣風俗誌》（臺北：大立出版社，1985）頁108。

〔註98〕甘為霖（William Campbell）著、許雅琦/陳珮馨譯，《福爾摩莎素描》（臺北：前衛，2005），頁51。

〔註99〕甘為霖（William Campbell）著、許雅琦/陳珮馨譯，《福爾摩莎素描》，頁99。

聞，認爲吃過番肉的人身上會散發出生番氣息，從此不會遭受生番馘首。〔註100〕

5、平埔族社群之間

臺灣西部的平埔族跨部落集體共同遷移埔里，隨著時間的推移，逐漸形成東南與西北兩大集團，此二集團雖然在日治初期表現出親日與較不親日的不同立場，不過，尚不能因此斷言此兩大集團形成對峙關係。只能說是基於原鄉關係、地緣關係等因素之下，各庄的互動關係呈現出親疏之別而已。〔註101〕本段暫不探討這兩大集團的形成及演變過程，先就土地契約文書所見的一些現象提出幾點簡要說明。

從「眉社文書」編號一七五「牛眠山佃戶八社熟番具甘結字」可以得知，早期開墾眉溪北岸的社群主要有東螺社、水底寮社、社寮社、山多多社、岸里社、北投社、阿里史社、大杜社等八社。〔註102〕其中除了東螺社及北投社以外，皆是屬於巴宰族的社群。從「眉社文書」來看，雖然與北投社有關的契字很少，〔註103〕卻可以看到不少與東螺社有關的契字，初步統計，與眉溪北岸有關的有 13 件，其中有 10 件坐落地點與牛眠山庄有關。〔註104〕與眉溪南岸有關者有 9 件，坐落地點分布於東南邊的柚仔林、南邊南烘溪南岸的珠仔山，還有西部林仔城附近所謂「北大埔」等處。〔註105〕東螺社的主要聚落在眉溪南岸靠近眉溪的林仔城，因地緣關係而積極加入眉溪北岸的開墾，「眉社文書」中所包含的潘陣家藏古文書，該家族即屬東螺社的陣姓與巴宰族的

〔註100〕鈴木滿男，《「漢蕃」合成家族の形成と展開：近代初期における臺灣邊疆の政治人類學的研究》，頁 284。
片岡巖，《臺灣風俗誌》（臺北：大立出版社，1985），頁 108。「平地人迷信吃蕃人肉即不會被害」
〔註101〕邱正略，〈古文書與地方史研究——以埔里地區爲例〉，《臺灣古文書與歷史研究學術研討會論文集》（台中：逢甲大學歷史與文物管理研究所、臺灣古文書學會，2007），頁 25～26。
〔註102〕簡史朗，《水沙連眉社古文書研究專輯》，頁 472～473。
〔註103〕清楚寫出「北投社」的契字只有編號八的「杜賣盡根厝地基字」，地點在眉溪南岸（更明確地講，是在南烘溪南岸）的珠仔山。另有編號五三的「杜賣盡根田契字」是屬於以北投社爲主的枇杷城庄，也有可能是屬於北投社的契字。
〔註104〕即編號十二、十五、十六、十九、二六、二八、七五、一二四、一二五、一二六、一二七、一三四、一三九等 13 件，其中編號二八地點在水底寮股、七五在田螺堀、一三四在八尺，其餘皆與牛眠山有關。其中編琥十九、七五等兩份契字並非屬契字當事人，而是前手（上手）關係人。
〔註105〕即編號五、九、十、七二、八一、八二、八五、一五四、一六○等 9 筆。其中編號十爲承買人身份，編號八五非屬契字當事人，而是前手（上手）關係人。

潘姓通婚之家族，劉澤民於臺灣文獻別冊 12 當中有一篇介紹陣姓家族的文章。〔註106〕至於北投社，由於主要的聚落分布於埔里盆地的東南邊，可能參加態度較不積極，甚至參與者較少，因此，眉溪北岸的契字當中目前尚未見到北投社番的蹤跡。由此例可以看出，除了社群原本的親疏差別之外，聚落的地緣關係也影響著社群之間的互動關係。

6、平埔族與漢人

　　明治30年（1897）年的〈埔里社地方殖民地調查報告〉對於埔里地區的族群關係如此描述，「土人（即漢人）」與熟蕃（即平埔族）表面上和平相處，內心則各有城府，雖有通婚關係，都是土人娶熟蕃婦，看不見有熟蕃娶土人婦女的例子，反而是有一些熟蕃娶生蕃女的例子。〔註107〕顯見埔里地區各族群的交流還存有差異。

　　目前為止，研究埔里開發歷程中的漢番關係，論點主要仍是引用伊能嘉矩（1867～1925）、劉枝萬以來的既有說法，即道光初年平埔族集體入墾，到了咸豐年間（1860左右）才有漢人鄭勒先進入埔里，為能與平埔族和平貿易而改番名、從番俗，以取得平埔族的信任。關於這個說法，追查其源頭，其實就是起源於明治30年（1897）伊能嘉矩在埔里訪得的口碑。伊能嘉矩於〈巡台日乘〉當中記載，當年（1897）8月14日於埔里的大湳社所採集的口碑提到漢人鄭勒先於40年前來到埔里改番名（改名鄭眉奕）、從番俗等事蹟，從當時回遡40年，也就是咸豐7年（1857）入埔。換言之，道光年間（1820左右）平埔族來到埔里成為優勢族群，漢人一直到大約30多年後才嘗試入埔，這也成為埔里族群關係史的成說。

　　筆者以為，如果將此口碑與其他史料對照，便可發現鄭勒先可能早在道光年間已與平埔族一起進入埔里，因為於道光8年（1828）的〈承管埔地合同約字〉當中已經出現鄭眉奕的名字。〔註108〕臺灣道熊一本於「條覆籌辦番社議」當中提到，其於道光21年（1841）入埔勘查時已經看到有不到十戶的漢人雜於熟番之中。〔註109〕晚近出版之《臺灣總督府檔案平埔族關係文獻選

〔註106〕劉澤民，〈埔里東螺社陣姓墓碑探尋〉，《臺灣文獻別冊》12（南投：國史館臺灣文獻館，2005），頁24～33。

〔註107〕《臺灣總督府公文類纂》第302冊第2件，頁54～55。

〔註108〕劉枝萬、石璋如等纂，《南投縣志稿》〈沿革志——開發篇〉，49～52。

〔註109〕熊一本〈條覆籌辦番社議〉《治臺必告錄》，頁230。

　　　　「至於漢奸私墾，實亦不免；但查六社內只埔社間有漢人私墾，雜於熟番之

輯續篇》當中亦有一份簽訂於道光 30 年（1850）的契字，鄭眉奕正是該契字
的「在場中見通事代筆」人。〔註110〕換言之，鄭眉奕是一人身兼「在場人」、
「中人」、「知見人」、「依口代筆人」且具有通事身份的重要人物，此時間尚
比咸豐 7 年（1857）還要早七年。這些例證似乎可以推斷，咸豐 7 年（1857）
以前已有漢人混在平埔族當中一同入墾。

　　如果遷移埔里的平埔族並沒有建立「排拒漢人」的共識，埔里盆地的漢人
與平埔族之間的關係理應做另一種新的理解。臺灣西部平原的開發史，有些地
方出現所謂「閩主客佃」的關係。反觀埔里，也出現一種「熟主客佃」的關係，
例如有許多水尾庄的客家移民是承墾張泰陞墾號土地的佃戶。〔註111〕「張泰陞」
應是指「張大陞」，「埔社文書」有一份〈諭示〉當中記載，張大陞（生卒年不
詳）是雙寮日北吞霄三社總社長，〔註112〕也就清末水尾一帶人稱「張大老」的
大地主張世昌（1862～1927）的父親，張世昌的戶口調查簿資料，種族別為「熟」，
其身份是平埔族無疑。〔註113〕不過，隨著客家移民逐漸成為水尾庄的優勢族
群，原本為業戶身份的張家也逐漸融入佃戶的族群文化中，最明顯的例子就是
參加參贊堂的「義民嘗會」組織，嘗會成立初期，張世昌於春分會份 33 份當中
就佔 3 份半。〔註114〕由於與客家移民通婚的結果，張家的後代產生客家人的族
群認同是可以理解的現象。這只是例證之一，埔里的平埔族與漢人的互動是否
存有時空差異，有待日後進一步探討。

7、漢人之間

　　漢人進入埔里，閩粵兩籍所採的路線不同，定居埔里時所從事的謀生方
式也有異，閩籍多經商，粵籍多務農，而且，埔里地區並沒有閩粵分類械鬥
的現象，這可說是臺灣漢人移民史的特例。〔註115〕

　　遷入埔里的漢人雖然也混居於各平埔族聚落，主要還是集中在埔里社街
與枇杷城庄，以及盆地周邊新成立的聚落，包括挑米坑庄、水尾庄、北山坑

　　　　中，不出十戶，人尚無多。」
〔註110〕國史館臺灣文獻館，《臺灣總督府檔案平埔族關係文獻選輯續篇》II，上、下
　　　　冊（南投：國史館臺灣文獻館，2004），658～659。道光 30 年（1850）〈埔社
　　　　督律立僉請臨丁怙併配給埔底字〉。
〔註111〕蔡錦川，《參贊碎錦集》（南投：埔里參贊堂，1972），頁 157。
〔註112〕簡史朗、曾品滄主編，《【水沙連】埔社古文書選輯》〈諭示〉，頁 60～61。
〔註113〕埔里戶政事務所保管，《除戶簿》第 127 冊，頁 85，水尾庄 231 番地。
〔註114〕不撰著人，〈春分會簿〉手稿，參贊堂春分嘗會保存。
〔註115〕劉枝萬，《臺灣埔里鄉土志稿》卷二，頁 3。

庄、小埔社庄等。以大正 4 年（1915）臨時臺灣戶口調查的數據為例，當時
埔里社堡的漢人佔該堡總人口 72.9%。〔註116〕埔里街的漢人高達 90.9%，挑
米坑庄為 91.8%，水尾庄 87.7%，北山坑庄 94.8%，小埔社庄 96.2%。埔里社
街的閩南人超過七成（70.9%），挑米坑庄、小埔社庄的閩南人與客家人各佔
半數，水尾庄、北山坑庄的客家人都佔七成以上。〔註117〕

　　雖然埔里地區漢人的族群關係異於臺灣其他地方，不過，族群分布區域
與從事的職業上，還是有些雷同之處。屬於漳州人的霧峰林家，清末開始投
入中部近山地區的土地開發與樟腦事業，土地開發的觸角延伸到北港溪保、
埔里社保。樟腦事業方面，從新社的水底寮延伸至埔里的大平頂，造就了一
條埔里盆地的移民路線，新竹、苗栗以南的客家人，利用此路線的保護，漸
漸遷入埔里，於盆地西北緣形成新的聚落，其中也有不少人直接從事樟腦業。

三、聚落分布

1、聚落的形成與擴展

　　平埔族集體遷入埔里之前，埔社、眉社是埔里地區兩個主要的番社，埔
社位於鹽土（今杷城里）一帶，眉社位於今日的牛眠山與史港坑之間。〔註118〕
此外，尚有一些較小的番社建立於周邊的沿山地區。〔註119〕

　　平埔族遷入埔里之初，於茄苳腳一帶建立聚落，第二批陸續遷來，形成
枇杷城、鹽土等幾處聚落。隨著拓墾區域向外推展，逐漸產生除了大埔城以
外的各聚落。聚落建立之初，主要的考量是水源與安全問題，加上拓墾初期
必須通力合作，因此形成集村聚落。隨著新地區的拓墾需要而形成的新聚落，
不同番社（或社群）混居的情況頗為明顯。〔註120〕從《熟蕃戶口及沿革調查
綴》的人口統計亦可看出此現象。只要將平埔族各社群人口的分布依聚落重
新整理，便可看出日治初期埔里社堡下的 16 庄（不含北山坑庄）的平埔族各

〔註116〕閩南人為 44.3%，客家人為 28.6%，參考附錄表8之「表16」。
〔註117〕水尾庄的客家人佔 76.4%，北山坑庄的客家人佔 82.1%，參考附錄表8之「表
　　　　16」。
〔註118〕伊能嘉矩編，《臺灣舊地名辭書》（東京市：富山房，1909），頁89。
〔註119〕鄧傳安，〈水沙連紀程〉，《蠡測彙鈔》（台北：大通，1987），頁6。
　　　　「二十里平曠，中惟埔裏一社，餘社俱依山。」
　　　　姚瑩，〈東槎紀略──埔裏社紀略〉，《治臺必告錄》，頁183。
　　　　「社東北沿山各社即非埔獲之地，其內礐諸處是否並開？」
〔註120〕邱正略，〈清代臺灣中部平埔族遷移埔里拓墾之研究〉，頁176～178。

社群結構，除了生番空庄、房里庄比較明顯為單一社群之聚落外，其他的平埔族聚落都呈現明顯的社群混居情形。〔註121〕至於與漢人混居的情形，日治初期的調查資料曾特別提到「大肚城庄、枇杷城庄、生蕃空庄、西港坑、十一份庄、鹽土庄、虎仔耳庄等各庄社與一般人民房屋相鄰而居，其他庄社皆為熟蕃人自成一部落。」〔註122〕也就是說，與漢人混居較明顯的聚落有大肚城庄等7庄。

聚落名稱上，遷移初期所建立的聚落有不少引自原鄉的番社舊稱來命名，例如烏牛欄、阿里史、大肚城、水裡城、日南、房里等，這些名稱是以最先定居或人口數較多的番社來命名。由於是混居的聚落，並不能從聚落的名稱就判定該聚落的主要人口是哪一社群，以烏牛欄庄為例，該庄是由烏牛欄、阿里史、大馬璘等三個聚落所組成，這三處聚落的名稱都是屬於巴宰族社群，但日治初期埔里的烏牛欄庄人口284人當中，巴宰族僅佔16%（45人），反而是道卡斯族佔70%（199人）。〔註123〕

盆地周邊的聚落，成立時間較晚，組成份子也略有不同。隨著清末開山撫番政策的開展，逐漸有大批漢移民入墾埔里盆地，閩南人主要聚居於大埔城、枇把城，以及混居於平埔族聚落。至於客家人，主要分布在盆地的周邊。尤其是盆地西緣及西北緣一帶，形成包括小埔社、刣牛坑、觀音山、水尾、北山坑等聚落。

由於清代並未留下各庄的人口數統計，藉由日治時期的臨時臺灣戶口調查統計，可以看出以客家人為主的聚落分布位置。以大正4年（1915）臨時臺灣戶口調查統計為例，以客家人為主的聚落，主要有西北邊的小埔社庄（佔50.9%）、西邊的水尾庄（佔76.4%）、北山坑庄（佔82.1%）。此外，客家人佔全庄比例逾三成的聚落，仍是以分布在盆地的周邊聚落為主，包括南邊的水頭庄（佔36.1%）、珠仔山庄（33.7%）、西南邊的挑米坑庄（佔43.6%）、西邊的牛相觸庄（37.5%），以及西北邊的史港坑庄（36.6%）。〔註124〕

〔註121〕邱正略，〈《熟蕃戶口及沿革調查綴》譯註（南投廳埔里社堡部份）〉，《暨南史學》，附表三，頁277～278。

〔註122〕王學新譯，《埔里社退城日誌暨總督府公文類纂等相關史料彙編》，頁309。

〔註123〕邱正略，〈《熟蕃戶口及沿革調查綴》譯註（南投廳埔里社堡部份）〉，《暨南史學》，附表三，頁277～278。

〔註124〕臺灣總督官房臨時戶口調查部，《第二次臨時臺灣戶口調查概覽表》（臺北：臺灣總督官房臨時戶口調查部，1917），頁48～49。

　　日治時期，臺灣中部新高山脈地域的蕃地與平地密接的聯絡地區，有三個具有聯絡功能的聚落形成，一是集集，聯絡濁水溪的支流陳有蘭溪、郡大溪、丹大溪、萬大溪上游蕃地。二是埔里街，聯絡北港溪、南港溪及濁水溪上游蕃地。三是東勢街，聯絡大甲溪上游及部份大安溪上游蕃地。這三處聚落與蕃地之間的交通有所差異，集集街通往郡大溪、丹大溪方面除了理蕃道路之外，沒有其他交通設施。埔里街通往霧社，有舖設直達霧社山下眉溪駐在所的台車線路，從眉溪駐在所通往霧社的道路亦已敷設，交通尚稱便利。東勢街通往大甲溪上游的八仙山，為了運送木材，大甲溪左岸從土牛至久良栖（即今日松鶴部落，原取名自松鶴部落舊名「古拉斯」部落之音）有軌道敷設。大甲溪的右岸，從東勢通往明治溫泉亦有台車路線，交通頗便利。〔註 125〕

　　劉枝萬所撰〈南投縣沿革志開發篇稿〉描述大埔城的興建過程：「光緒 4 年（1878）臺灣鎮總兵吳光亮以官帑四千元，建築廳署，壘土為城，外植刺竹，環以濠溝，並設東南西北四門，周圍凡七百餘丈，號稱大埔城。」〔註 126〕日治初期對於大埔城當時的狀況有如下描述：

> 埔里社市街位於平原的南方，周圍是土壁堆築的城牆，直徑約三丁
> 左右（約 327 公尺），四方各設一城門，從西門到東門之間有一條市
> 街，此外極為寂寥。〔註127〕

　　依據明治 29 年（1896）10、11 月臺中縣管內各支廳地方行政事務報告，11 月完成「埔里社四門之橋樑修繕工事」，大埔城的周邊確實設有護城濠。〔註 128〕巫永福的詩文當中也多次提到有大埔城的城濠遺跡，例如短句〈大埔城〉：「埔里大埔城，吳光亮築成。東西南北門，外濠保安寧。」、〔註 129〕〈過坑〉：「過坑布農族，昔時會出草。埔里為安全，城外設濠溝。」〔註 130〕在「文集卷II」當中更有一段詳細的描述：「鯉魚窟的溢水……經虎頭山前東邊的水溝隨著下坡流入大埔城北門護牆外的城濠保護大埔城的安全，濠溝

　　　　北山坑庄於大正 9 年（1920）行政區域調整時，改隸國姓街。

〔註 125〕杉目妙光，《臺中州鄉土地誌》，頁 59。

〔註 126〕劉枝萬，《南投縣志稿》（一）（臺北：成文，1983），頁 225。

〔註 127〕《臺灣總督府公文類纂》第 302 冊第 2 件，頁 68。

〔註 128〕《臺灣總督府公文類纂》第 161 冊第 12 件，頁 93。

〔註 129〕巫永福，《巫永福全集》16「短句卷I」（臺北：傳神福音，1999），頁 43。

〔註 130〕巫永福，《巫永福全集》16「短句卷I」，頁 53。

的水流經東西南門後，由南門流出城外茄苳腳，……」〔註131〕他可能並未親眼看過城濠，但從長輩口中得知確實曾經有此措施。〔註132〕至於城內居民，以戶數言，計有 291 戶，共 1,116 人，所有行政機關包括辨務署、守備隊、憲兵隊、警察署、撫墾署、地方法院、監獄、病院、郵便電信局等諸官衙、兵營皆位於大埔城內。〔註133〕明治 35 年（1902）進行土地調查時，大埔城的城牆仍舊存在，因此，也在圖上特別註記。〔註134〕除了大埔城之外，埔里社廳的村落總數 128 庄，其中 57 庄分布於埔里社平原，大的村落有百餘戶，小的村落僅二十餘戶。〔註135〕在聚落形式上，〈埔里社地方殖民地調查報告〉當中提到，臺灣鄉村聚落大多採住家附近環植刺竹方式，埔里地區也不例外，目的在防備生蕃來襲。〔註136〕惟烏牛欄庄的建築形式採築土壁再覆蓋茅草方式，與其他聚落有明顯差異。〔註137〕

2、地名及聚落名稱分類

「『烏牛欄』的『牛相觸』，觸輸的跑去『牛洞』避，觸贏的不願做工作，懶惰地趴在『牛睏山』，主人看不過去，把它送去『刣牛坑』」（「『o-gû-lán』ê5『gû-sio-tak』，tak su ê5 cháu khì 『gû-tōng』 bih，tak iâⁿê5 bô-gōan-ì chò-khang-khòe，pin5-tōaⁿ7 ê5 pa tī7『gû-khùn-soaⁿ』，chú-lâng khòaⁿ-bē-kòan，kā7 i sàng-khì 『thâi-gû-kheⁿ』」），這是埔里流傳的一段諺語，人類學家沈雅禮（Gary Seaman）把它記載下來。〔註138〕這段話當中提到五個與牛有關的埔里地名，但並不全都是依地形命名而來的地名。地方舊地名保留下一些地方發展的線索，透過地方舊地名，可以認識到一個地方的地理性、族群性、

〔註131〕巫永福，《巫永福全集》24「文集卷 II」，頁 90～91。
〔註132〕巫永福，《巫永福全集》15「短歌卷 II」，頁 170。
巫永福，《巫永福全集》17「短歌卷 I」，頁 6～7、23。
巫永福，《巫永福全集》17「小說卷 II」，頁 187。
「（光緒）四年，總兵吳光亮在此築城。城外環繞濠溝，環植刺竹，號稱大埔城，置東西南北門。各門在濠溝上設一吊橋，朝夕定時升降，以便日間城外與郊區之往來，夜間防番夜襲。」
〔註133〕《臺灣總督府公文類纂》第 302 冊第 2 件，頁 68。
〔註134〕《臺灣總督府公文類纂》第 4456 冊第 78 件，頁 283～293。
〔註135〕《臺灣總督府公文類纂》第 302 冊第 2 件，頁 68。
〔註136〕王學新譯，《埔里社退城日誌暨總督府公文類纂等相關史料彙編》，頁 126～128。
〔註137〕《臺灣總督府公文類纂》第 302 冊第 2 件，頁 69。
〔註138〕陳松明主編，《宣平宮醒覺堂誌》〈沈雅禮博士序〉（南投：宣平宮醒覺堂管理委員會，2004），頁 9～10。

產業性與政治性。筆者參考洪敏麟所撰《臺灣舊地名之沿革》第一冊第五、六章對臺灣地方舊地名的分類，〔註139〕將埔里地區主要的地名或聚落名稱整理成表1-2。地名的座落位置請參考圖1-6。

表1-2：埔里地區舊地名／聚落名稱分類簡表

性　質	命　名依　據	地名／聚落名稱	方　位	行政區域（庄／村里）		備　註
				日治時期	戰　後	
自然景觀、型貌、位置	以方位命名	東埔	東南	水頭庄	水頭里	
		史港坑	北	史港坑庄	史港里	又名西港坑分為頂史港坑、下史港坑
		中心仔	東	枇杷城庄	枇杷里	分為頂中心、下中心
		頂梅仔腳	中（市區北）	埔里社街	北梅里	
		下梅仔腳	中（市區北）	埔里社街	北梅里	
		頂赤崁	西北	水尾庄	向善里	
		下赤崁	西北	水尾庄	向善里	
		水頭	東南	水頭庄	水頭里	
		水尾	西	水尾庄	向善里	
	以形貌命名	珠仔山	南	珠仔山庄	珠格里	
		牛洞	南	珠仔山庄	珠格里	
		牛相觸	西	牛相觸庄	南村里	
		鐵砧山	西	烏牛欄庄	鐵山里	又名鐵尖山
		觀音山	西	水尾庄	向善里	
		三條崙	西北	小埔社庄	廣成里	
		大平頂	西北	小埔社庄	合成里	
		牛眠山	北	牛眠山庄	牛眠里	又名牛睏山
		虎仔耳	東	大湳庄	大湳里	
		獅仔頭	北	福興庄	福興里	眉溪上游有一相同地名

〔註139〕洪敏麟編著，《臺灣舊地名之沿革》第一冊（南投：臺灣省文獻委員會，1980），頁65～176。

		蜈蚣崙	西	大湳庄	蜈蚣里	另有三處蜈蚣窟,一處在刣牛坑,一處在牛相觸、一處在挑米坑庄
		覆鼎金	南	水頭庄	水頭里	小埔社有一相同地名
	與植物有關的地名	林仔城	中(市區西北)	大肚城庄	籃城里	又名籃仔城
		茄苳腳	中(市區南)	埔里社街	同聲里、清新里、薰化里	分為頂茄苳腳、中茄苳腳、下茄苳腳
		枇杷城	東	枇杷城庄	枇杷里	
		內大林	南	水頭庄	麒麟里	內底林
		九欉楓	北	福興庄	福興里	
		楓仔城	東	大湳庄	大湳里	
		白鶴坑	南	生蕃空庄	溪南里	又名白葉坑
	與水文有關的地名	五港泉	東	枇杷城庄	枇杷里	
		水蛙窟	北	水尾	廣成里	
		水流東	西北	水尾庄	合成里	
		鯉魚窟	東	生蕃地	蜈蚣里	今之鯉魚潭
	以地質特性命名	鹽土	中(市區東南)	枇杷城庄	杷城里	
族群性	平埔族的原居地社名	大肚城	中(市區西北)	大肚城庄	大城里	
		水裡城	中(市區西)	大肚城庄	大城里	
		烏牛欄	西	烏牛欄庄	愛蘭里	
		大馬璘	西	烏牛欄庄	愛蘭里	
		阿里史	西	烏牛欄庄	鐵山里	
		房里	西北	房里庄	房里里	
		日南	西北	房里庄	房里里	
		雙寮	西北	房里庄	房里里	
		大湳	東	大湳庄	大湳里	
	與高山族有關地名	生蕃空	南	生蕃空庄	溪南里	

	具防禦性質的地名	守城份	東北	牛眠山庄	牛眠里	
	與漢人族群有關	福興	北	福興庄	福興里	
	以聚落型貌命名	大埔城	中	埔里社街	東門里、西門里、南門里、北門里	
		四角城	北	牛眠山庄	牛眠里	
		紅瓦厝	西北	房里庄	房里里	
產業性	與土地開發、刊分有關的地名	文頭股	東	枇杷城庄	枇杷里	
		八股	西	房里庄	房里里	
		十一份	東南	水頭庄	水頭里	
		五十甲	東	枇杷城庄	枇杷里	
	農商景觀	舂米宮	東	枇杷城庄	枇杷里	又名精米宮
		挑米坑	西南	挑米坑庄	桃米里	又名桃米坑
		種瓜坑	西南	挑米坑庄	成功里	
		刣牛坑	西北	水尾庄	一新里	
		小埔社	西北	小埔社庄	廣成里	
		恒吉城	西	大肚城庄	大城里	又名興吉城
		犁頭尖	東	枇杷城庄	枇杷里	
政治性	俗名雅化	愛蘭	西	烏牛欄庄	愛蘭里	本名烏牛欄

說明：

一、本表所收錄之地名或聚落名稱，主要依據洪敏麟編著，《臺灣舊地名之沿革》第二冊下（南投：臺灣省文獻委員會，1980），頁 475～497。以及羅美娥，《臺灣地名辭書》卷十（南投：臺灣省文獻會，2001）頁 79～142。並參考其他資料補充完成。

二、地名或聚落名稱有另稱者，大部份為「同音異字」，記於備註欄。

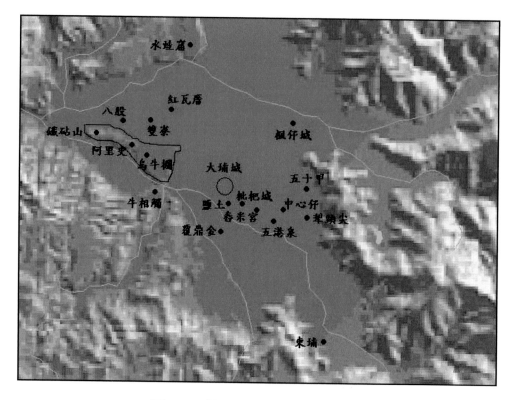

圖 1-6：埔里地區舊地名補充圖

說明：本圖以「臺灣歷史文化地圖核心應用系統」繪製而成，藍色線條爲河流，底圖
　　　爲地形高程圖。

第三節　行政區劃及其調整

一、清末行政區劃

　　清治時期的埔里盆地原屬界外水沙連番地的一部份，從嘉慶 20 年（1815）
郭百年事件以來，官方雖然經過幾次開墾之議，封禁政策實施如舊。〔註140〕
行政機關的設置，是同治 12 年（1873）福建福寧水陸總鎮吳光亮（1834～1898）
前來視察之後，認爲有設置行政機關的必要，先指派遊擊丁汝霖帶兵駐紮，
辦理守備撫番事宜，〔註141〕次年（同治 13 年，1874）將此地納入鹿港理番分

〔註140〕邱正略，〈清代臺灣中部平埔族遷移埔里拓墾之研究〉，頁 116～129。
〔註141〕吳贊誠，《吳光祿使閩奏稿選錄》（臺北：大通書局，1987），頁 33。〈由臺北

府管轄區域。理番同知於冬春駐鹿港，夏秋則進駐埔里。〔註 142〕光緒元年
（1875）實施開山撫番，臺灣府轄下增設埔里社廳，統轄的範圍東接內山，
西至火焰山，南至濁水溪上游，北至北港溪上游。廳治設在埔里社。〔註 143〕
同年，鹿港理番分府改設置一名委員於埔里。光緒 4 年（1878）總兵吳光亮
著手興建大埔城。到了光緒 11 年（1885）臺灣建省，中部的臺灣府轄下仍設
置埔里社廳，管轄範圍東至史老塌山番界，西至集集街與臺灣縣交界，南至
社仔庄，以濁水溪與雲林縣交界，北至大甲溪上游。〔註 144〕清治時期埔里盆
地只是埔里社廳其中一部份，也就是埔里社保。

二、日治時期行政區劃

　　日治時期的行政區劃雖然有多次的變革，大體可以用大正 9 年（1920）
改廳設州、郡做為分界，分為前後兩期，埔里盆地於日治前期稱為埔里社堡，
日治後期稱為能高郡埔里街。

　　日治初期埔里地區的行政區劃延續自清末埔里社廳轄下埔里社保的行
政區域，不過，上層行政區名稱歷經多次改變。明治 28 年（1895）6 月，
於臺灣縣轄下設置埔里社廳，兩個月後改設的臺灣民政支部底下設置埔里社
出張所，明治 29 年（1896）3 月於臺中縣底下設置埔里社支廳。埔里社支
廳廢除後，改設置埔里社辦務署，將埔里社堡劃分為東角堡、西角堡、南角
堡及北角堡等四堡。〔註 145〕隸屬南投辦務署埔里社支署時期，將埔里社街
及 57 庄劃分為埔里社區、南角區、西角區、北角區等四區（詳見表 1-3）。
〔註 146〕

　　　　陸行赴臺南沿途訪察情形事竣回省片〉當中記載：「惟附近之北港高山番素稱
　　　　兇悍，因有遊擊丁汝霖帶福銳新右營勇丁分扼要隘，未敢四出擾害。」
〔註 142〕《臺灣總督府公文類纂》第 302 冊第 2 件，頁 73。
〔註 143〕洪敏麟，《臺灣舊地名之沿革》，頁 22～23。
〔註 144〕洪敏麟，《臺灣舊地名之沿革》，頁 23～24。
〔註 145〕《臺灣總督府公文類纂》第 302 冊第 2 件，頁 69。
〔註 146〕伊能嘉矩手稿，微捲編號 T0021/58，「30、埔里社支廳管內熟蕃社戶口表」，
　　　　台北：臺灣大學圖書館特藏組典藏資料影本。

表 1-3：埔里社支署管內四區轄下聚落（街庄）表

區　名	街　庄　名	街庄數	人口數	佔全區人口百分比
埔里社區	埔里社街、茄苳腳庄、鹽土庄、枇杷城庄、頂中心庄、下中心庄、文頭股庄、舂米宮庄、十一份庄、水頭庄、內大林庄、內大堀庄、五港泉庄、頂梅仔腳庄、下梅仔腳庄、大肚城庄、水裡城庄、恒吉城庄、林仔城庄	1街18庄	3,858	46.6%
南角區	生蕃空庄、蜈蚣堀庄、挑米坑庄、頂草湳庄、下草湳庄、中路坑庄、牛洞庄、珠仔山庄、白葉坑庄、水湇庄	10庄	743	9%
西角區	烏牛欄庄、日南庄、雙寮庄、日北庄、大馬璘庄、大馬璘崁腳庄、阿里史庄、牛相觸庄、八股庄、雙寮崁腳庄、房裡庄、頂赤崁庄、下赤崁庄、水尾庄、觀音山庄、刣牛坑庄	16庄	1,833	22.2%
北角區	四角城庄、頂福興庄、下福興庄、頂史港坑庄、下史港坑庄、九欉楓庄、公林庄、內城庄、獅仔頭庄、燈心湖庄、小埔社、福鼎金庄、水蛙堀庄、楓仔城庄、虎仔耳庄、大湳庄、蜈蚣崙庄、守城份庄、牛眠山庄	19庄	1,841	22.2%
總計		1街63庄	8,275	100%

說明：本表參考臺大圖書館特藏室收藏伊能嘉矩手稿（微捲編號：T0021/58）「30.埔里社支廳管內熟蕃社戶口表」整理完成。

　　若就埔里社撫墾署管轄區域言，北以水長流及東勢角為界，南達濁水溪的一部份，與林圯埔撫墾署境界相接，南北約 10 里（約 39.27 公里），東則遠至中央山脈，未明確劃定界域。〔註147〕

　　明治 34 年（1901）改為二十廳以後，南投廳下設置埔里社支廳，管轄埔里社堡、北港溪堡及五城堡。當時埔里社堡的上級行政機關包括上層的埔里社支廳及上上層的南投廳。埔里社堡區分成埔東區、埔西區兩部份，分別設一位區長。埔東區包括埔里社街、大肚城庄、枇杷城庄、水頭庄、珠仔山庄、挑米坑庄、生蕃空庄等 7 庄，區長辦公室設於埔里社街。埔西區包括北

〔註147〕《臺灣總督府公文類纂》第 302 冊第 2 件，頁 69。

山坑庄、烏牛欄庄、房里庄、水尾庄、牛相觸庄、牛眠山庄、福興庄、史港坑庄、小埔社庄、大湳庄等 10 庄，區長辦公室設於牛眠山庄，〔註 148〕大正 6 年（1917）以交通便利因素考量，將埔西區長辦公室改設於烏牛欄庄。〔註 149〕埔東區、埔西區的範圍參考圖 1-7。

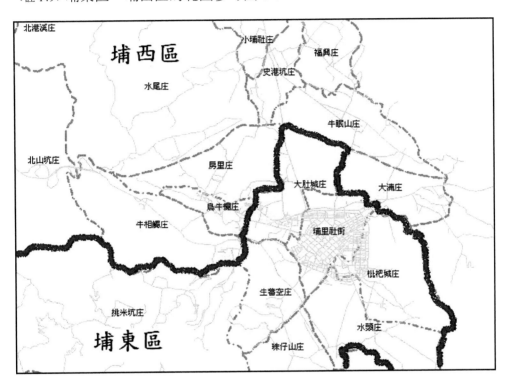

圖 1-7：埔東區、埔西區行政區域範圍圖

説明：本圖以「臺灣歷史文化地圖核心應用系統」繪製而成，深色粗線為區界，圖中
　　　虛線街庄界為明治 37 年（1904）臺灣堡圖的街庄界，細線為今日道路。

　　值得注意的是，當時設立的埔里社公學校與埔里社公學校烏牛欄分校等兩所公學校的學區並不是以埔東區、埔西區來劃分，埔里社公學校的學區是以埔東區為主，扣除大肚城庄一部份，再加上埔西區的大湳庄、牛眠山庄，烏牛欄分校的學區是以埔西區為主，扣除大湳庄、牛眠山庄，再加上大肚城

〔註 148〕鈴木常良，《臺灣商工便覽》（臺中：臺灣新聞社，1918），頁 44。
〔註 149〕《臺灣總督府公文類纂》第 6397 冊第 13 件，頁 89、105～106。
　　　　　因為烏牛欄庄的地理位置較為適中，當時烏牛欄庄的人口（1,285 人）也較牛
　　　　　眠山庄人口（1,054 人）為多。

庄的一部份。大正 4 年（1915）所成立的埔里信用組合、烏牛欄信用組合的
區域劃定，也是依循埔里社公學校及烏牛欄分校的設置區域，而不是採用行
政區域的範圍。〔註150〕這是以地緣關係的考量所做的彈性調整，也就是以「交
通與經濟上的共同區域」來劃定。〔註151〕

　　簡言之，埔里社堡的名稱一直未改變，在大正 9 年（1920）改為五州二
廳以前，埔里社堡轄下街庄共計 17 街庄（參考圖 1-3、圖 1-8）。筆者參考《臺
灣堡圖》、簡史朗編著《水沙連眉社古文書研究專輯》、羅美娥編《臺灣地名
辭書》卷十、《臺灣總督府公文類纂》第 4246 冊第 52 件等資料，嘗試將上述
表 1-3 所列之 1 街 63 庄分置於此 17 街庄底下，整理成表 1-4。

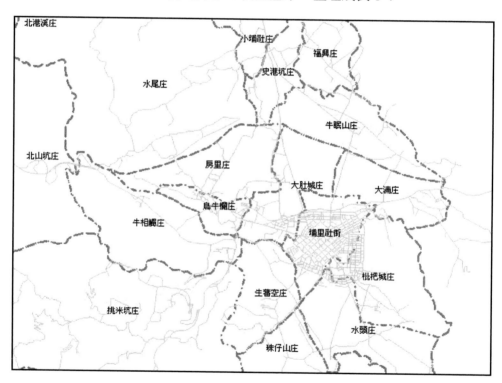

圖 1-8：埔里社堡十七街庄分布圖

說明：本圖以「臺灣歷史文化地圖核心應用系統」繪製而成，圖中虛線街庄界為明治
　　　37 年（1904）臺灣堡圖的街庄界，細線為今日道路。

　　明治 36 年（1903）設置埔里社區役場，到了明治 42 年（1909）改稱為

〔註150〕《臺灣總督府公文類纂》第 2417 冊第 2 件，頁 108～258。
〔註151〕《臺灣總督府公文類纂》第 2417 冊第 1 件，頁 6。

埔東區役場。後來於大正 9 年（1920）10 月施行街庄制，將埔東區役場改為埔里街役場。〔註152〕

表 1-4：埔里社堡十七街庄轄內聚落表

區別	街庄別	聚　落　名　稱
埔東區	埔里社街	埔里社街、茄苳腳庄、頂梅仔腳庄、下梅仔腳庄
	大肚城庄	大肚城庄、水裡城庄、恒吉城庄、林仔城庄、大馬璘崁腳庄
	枇杷城庄	鹽土庄、枇杷城庄、頂中心庄、下中心庄、文頭股庄、舂米宮庄、五港泉庄
	水頭庄	十一份庄、水頭庄、內大林庄、內大堀庄
	珠仔山庄	牛洞庄、珠仔山庄、白葉坑庄一部份
	挑米坑庄	挑米坑庄、頂草湳庄、下草湳庄、中路坑庄
	生蕃空庄	生蕃空庄、水湳庄、蜈蚣堀庄、白葉坑庄一部份
埔西區	北山坑庄	（原屬於北港溪堡，未將聚落列入埔里社支署管內）
	烏牛欄庄	烏牛欄庄、阿里史庄、雙寮庄、日北庄、大馬璘庄一部份
	房里庄	日南庄、八股庄、雙寮崁腳庄、房裡庄
	水尾庄	頂赤崁庄、下赤崁庄、水尾庄、觀音山庄、剖牛坑庄
	牛相觸庄	牛相觸庄、大馬璘庄一部份
	牛眠山庄	守城份庄、牛眠山庄、四角城庄
	福興庄	頂福興庄、下福興庄、九欉楓庄、公林庄
	史港坑庄	頂史港坑庄、下史港坑庄、內城庄、獅仔頭庄
	小埔社庄	燈心湖庄、小埔社、福鼎金庄、水蛙堀庄
	大湳庄	楓仔城庄、虎仔耳庄、大湳庄、蜈蚣崙庄

說明：本表參考明治 34 年（1901）臺灣堡圖、簡史朗編著《水沙連眉社古文書研究專輯》（南投：南投縣政府，2005）、羅美娥編《臺灣地名辭書》卷十（南投：臺灣省文獻會，2001）、《臺灣總督府公文類纂》第 4246 冊第 52 件（頁 147～149）等資料整理完成。

　　到了大正 9 年（1920）地方官官制改正，全臺灣行政區劃改廳設州、郡，郡下設街庄，置一街庄長，以奏任官或判任官待遇任用，在上級長官監督之下，負責執行街庄內行政事務。〔註153〕埔里社支廳改為台中州能高郡，所轄範圍除了北港溪堡北部略做調整外，原來轄下的五城堡也改稱為魚池街，

〔註152〕埔里街役場，《臺中州能高郡埔里街街勢要覽》，「沿革」表。
〔註153〕小林英夫，《日本人の海外活動に関する歴史的調查 第十卷 台湾篇 5》，頁 20。

改隸屬於新高郡。原來的埔里社堡改稱為能高郡埔里街，設置一位街長。能高郡及轄下街庄、大字界請參考圖 1-9。埔里街所轄範圍與原來的埔里社堡界大致重疊，惟有西側的北山坑庄改隸屬於能高郡國姓街（參考圖 1-10）。換言之，能高郡埔里街轄下的大字減少為 16 個。這一次行政區改變後的埔里街轄下大字界，與先前埔里社堡轄下的街庄界並無異動。埔里街的東西寬約 9.3 公里、南北寬約 13 公里，面積約 8 方里，大約 13,414 甲。〔註 154〕

圖 1-9：能高郡界、街庄界、大字界圖

說明：本圖以「臺灣歷史文化地圖核心應用系統」繪製而成，較粗線條為郡界，次粗線條為街庄界，細線條為大字界。

　　雖然能高郡的事務管轄範圍及於東邊的山地，但東邊的能高郡界及埔里街界依然如舊（參考圖 1-11）。總言之，日治時期埔里盆地東邊的行政界線沒有太大變化，只到達蜈蚣崙一帶，東南邊的鯉魚窟仍屬生蕃地。不過，隨著開發的腳步，東邊的眉溪河谷與乾溪河谷也逐漸被劃入埔里街的行政區域，開發的範圍也逐漸擴及鄰近蕃地（參考第三章第一節），有關埔里盆地的行政

─────────────────────

〔註 154〕《臺灣總督府公文類纂》第 10089 冊第 48 件，頁 402。

區劃變遷，請參閱表 1-5。

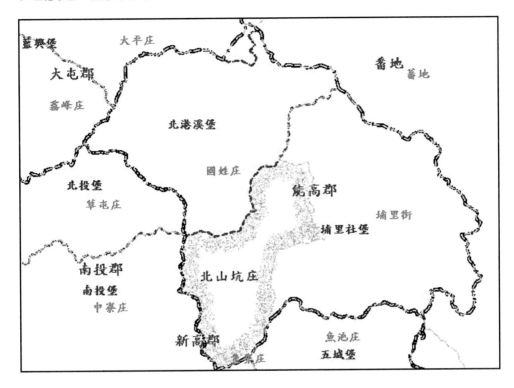

圖 1-10：埔里社堡界與能高郡埔里街界重疊圖

說明：本圖以「臺灣歷史文化地圖核心應用系統」繪製而成，紅色線條爲堡界，黑色
　　　線條爲郡界，淺藍色線條爲街界，埔里社堡與埔里街大部份區域重疊，埔里社
　　　堡較埔里街增加「北山坑庄」部分。

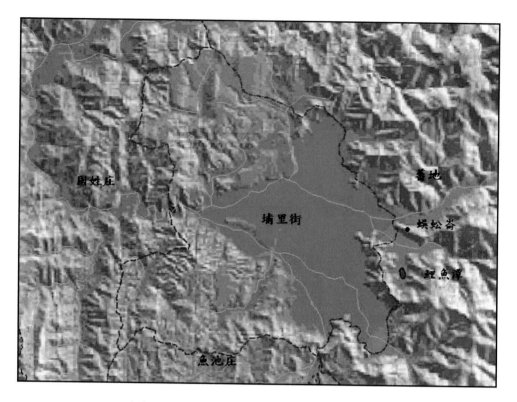

圖 1-11：埔里地型高程及埔里街界圖

說明：

一、本圖以「臺灣歷史文化地圖核心應用系統」繪製而成，藍色線條爲河流，
紅色線條爲埔里街界，底圖爲地形高程圖。

二、埔里街東邊的街界與能高郡東邊的郡界重疊，請參考圖 1-10。

三、戰後行政區劃

　　戰後初期的行政區劃延續日治末期臺中州能高郡埔里街的區劃，民國 34
年（1945）10 月改稱爲臺中縣能高區埔里鎮。國民黨政府從大陸撤遷來臺後，
民國 39 年（1950）裁撤原有的區署，改爲南投縣埔里鎮。戰後的埔里鎮界與
日治前期埔里社堡界相較，少了西側的北山坑庄，東側新設的蜈蚣里範圍向
眉溪上游及山區略爲擴展，東南邊的鯉魚潭一帶山谷原野地也納入行政區內
（參考圖 1-12）。與後期能高郡埔里街界相較，埔里鎮、國姓鄉的交界與埔里
街、國姓庄的交界已極爲相近，埔里鎮與國姓鄉東北邊的界線則是有明顯向
山地延展的趨勢（參考圖 1-13）。目前埔里鎮的鎮界主要就是涵蓋整個埔里盆

地及臨近山地的稜線（參考圖 1-14）。

表 1-5：埔里行政區劃變遷表（1875～1950）

時期	清代／民國紀年	日本紀年	西元紀年	行　政區　劃	上上層行政區	上　層行政區	埔里盆地的行政區	備　註
清代時期	光緒元年		1875	2 府 8 縣 4 廳	臺灣府	埔里社廳	埔里社保	原屬彰化縣一部分
	光緒 13 年		1887	3 府 11 縣 4 廳 1 直隸州	臺灣府	埔里社廳	埔里社保	臺灣建省
日治時期		明治 28 年 6 月	1895	3 縣 1 廳 7 支廳	臺灣縣	埔里社廳	埔里社堡	
		明治 28 年 8 月	1895	1 縣 2 民政支部 1 廳 4 支廳 9 出張所	臺灣民政支部	埔里社出張所	埔里社堡	
		明治 29 年 3 月	1896	3 縣 1 廳 12 支廳	臺中縣	埔里社支廳	埔里社堡	設置埔里辦務署
		明治 30 年 5 月	1897	6 縣 3 廳	臺中縣	埔里辦務署	埔里社堡	
		明治 31 年 6 月	1898	3 縣 3 廳	臺中縣	埔里辦務署	埔里社堡	
		明治 34 年 5 月	1901	20 廳	南投廳	埔里社支廳	埔里社堡	
		明治 42 年	1909	12 廳	南投廳	埔里社支廳	埔里社堡	
		大正 9 年 9 月	1920	5 州 2 廳	台中州	能高郡	埔里街	
		大正 15 年	1926	5 州 3 廳	台中州	能高郡	埔里街	
戰後初期	民國 34 年 10 月		1945	8 縣 9 省轄市 2 縣轄市	台中縣	能高區	埔里鎮	
	民國 39 年 8 月		1950	16 縣 5 省轄市、1 管理局		南投縣	埔里鎮	

說明：本表主要參考洪敏麟編著《臺灣舊地名之沿革》第一冊（南投：臺灣省文獻委員會，1980）第一編「概說」第三章「臺灣行政疆域的演變」內容（頁 17～58），另參考其他文獻史料整理完成。

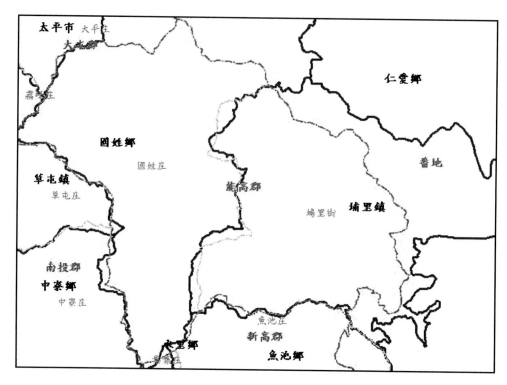

圖 1-12：埔里社堡界與埔里鎮界重疊圖

說明：本圖以「臺灣歷史文化地圖核心應用系統」繪製而成，紅色線條為堡界，黑色
　　　粗線條為鄉鎮界。

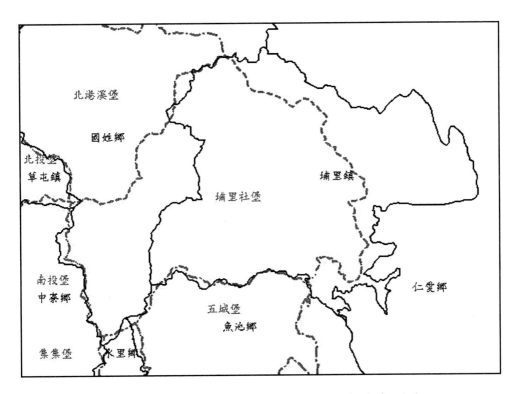

圖 1-13：能高郡界、街庄界與埔里鎮界重疊圖

說明：

一、本圖以「臺灣歷史文化地圖核心應用系統」繪製而成。

二、黑色粗線爲今日鄉鎮界，紫色線條爲郡界，藍色線條爲街庄界。

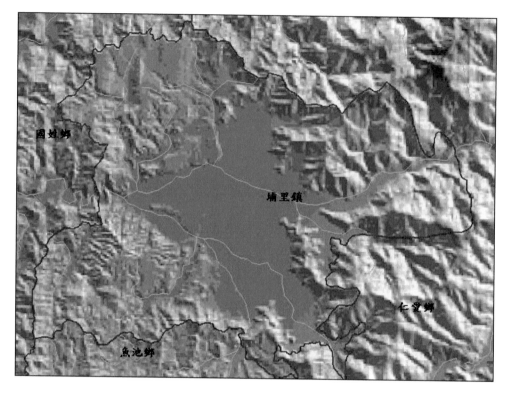

圖 1-14：埔里地型高程及埔里鎮界圖

說明：本圖以「臺灣歷史文化地圖核心應用系統」繪製而成，藍色線條爲河流，紅色
　　　線條爲埔里鎮界，底圖爲地形高程圖。

小　結

　　埔里的自然環境是一個群山圍繞的內山盆地，有廣闊的土地值得開發，
卻又附帶交通不便的阻礙。親疏有別的族群互動關係，建構出埔里的聚落分
布。平埔族帶來原居地的社名，做爲新居地聚落的名稱，展現其勢力基礎，
隨著開發範圍的擴展，也產生更多以地形地貌或與土地鬮分有關的名稱做爲
新聚落的名稱，展現出在地性。行政區域的變化，最主要的是日治中期將「北
山坑庄」劃歸爲國姓庄的一個「大字」。

第二章　統治方針與重大事件因應措施

第一節　統治方針的形成

　　民政長官後藤新平採取「重視舊俗」、「引進新方法」兩種層面的措施，是符合醫治人體的統治原則，於舊慣層面，如「土匪」招降策略、鴉片漸禁政策，表面上是理性、循化、調理慢性病的措施，實際上是藉此作為達成其方便統治的目的。於新方法的層面，如警察制度、人口及土地調查，則是採取科學、實證、治療外科疾病的方法，圖謀將臺灣建立成為符合日本人掌控的「文明」殖民地。〔註1〕

　　基於這樣的理念，初期的地方行政，普遍採用臺灣人擔任區長、保正，引用具有聲望者擔任廳縣的參事，一方面協助建立地方的統治威望，另一方面協助土地調查、建立人口資料、改善醫療衛生等各項措施的推行。治安方面，埔里因地制宜，明治30年（1897）與臺東、宜蘭同時進行「護鄉兵」的招募，達成階段性任務之後，更轉型為「軍役壯丁」，〔註2〕這是殖民政府基於對這些地方的平埔族「比較效忠」的印象而推行的積極措施。以下就從日治初期日軍進入埔里後的經歷，來看統治方針的形成。

〔註1〕陳艷紅，〈後藤新平治臺政策理念之形成及其影響〉，《臺北文獻》直字99期，頁154。
〔註2〕詹素娟，〈日治初期臺灣總督府的「熟番」政策〉，《臺灣史研究》第11卷第1期，頁66～71。

一、埔里退城事件及其影響

1、退城前後民心向背

乙未割台之際，埔里地區有些人號召居民與日軍對抗，包括西門街的陳結（生卒年不詳）、挑米坑庄的吳振生（生卒年不詳）、十一份庄的洪水順（生卒年不詳）等人。〔註3〕不過，也有許多地方士紳希望招引日軍進入埔里維持秩序，包括烏牛欄庄千總潘踏必里（即潘踏比厘，1827～1917）、前北斗屯外委潘西侃（1858～1908）、西角總理潘應廉（？～1902）、北角總理潘進生（1835～1910）、烏牛欄土目潘定文（1841～1916）等平埔族，以及南門街總理羅金水（1850～1922）、鐵砧山書生黃利用（1856～1935）、董事施鳳林（即施茂，？～1896）等人。〔註4〕於是由烏牛欄基督教傳道師潘文明（1866～1944）草擬一份「歎願書」（請願書），由潘踏必里帶同潘孝希開山（即潘候希開山，1873～1949）與潘阿四老阿爲（1864～1906）等二人前往彰化請求日軍前來埔里。日軍警等276人在部份埔里人士招引之下，於當年（1895）11月20日由集集順利進入埔里。〔註5〕當日軍由南路抵達埔里，進入大埔城時，「城內四街總理（東門街蔡蠻（1850～1925）、西門街陳圖（1855～1920）、南門街羅金水、北門街□水春（姓不詳，生卒年不詳）、城外四角總理（東角王明誥，1841～1916、西角潘應廉、南角林火炭，生卒年不詳、北角潘進生）令各戶自製太陽旗，……，絡繹出迎於南門外茄苳腳之大楓樹下（今變電所附近）。」〔註6〕

雖然迎接日軍進入埔里過程平和，但次年（1896）6月即發生中部抗日軍反撲，並且從集集攻入埔里，進攻過程曾發生兩位埔里社支廳雇員於集集街

〔註3〕 王學新譯，《埔里社退城日誌暨總督府公文類纂等相關史料彙編》，頁324。

〔註4〕 王學新譯，《埔里社退城日誌暨總督府公文類纂等相關史料彙編》，頁326。

〔註5〕 日軍進入埔里的時間，劉枝萬認爲日軍是明治28年（1895）10月24日從彰化出發，26日抵達埔里，見王學新譯，《埔里社退城日誌暨總督府公文類纂等相關史料彙編》（南投：國史館臺灣文獻館，2004），頁327。
埔里公學校所編的《埔里鄉土調查》的日軍入埔日期爲10月28日。見埔里公學校，《埔里鄉土調查》（南投：埔里公學校，1931），頁15。
依埔里社出張所長檜山鐵三郎向民政局長水野遵所提出的報告，出發日期是11月17日，20日抵達埔里。《臺灣總督府公文類纂》第26冊第26件，頁198。日期差異的原因應是前兩者採用農曆，後者採用國曆，後者的日期較爲可信。

〔註6〕 王學新譯，《埔里社退城日誌暨總督府公文類纂等相關史料彙編》，頁327。「□」爲無法辨讀的字。

所徵收的樟腦製造稅 1,970 圓遭抗日軍掠奪的插曲。〔註7〕當時傳聞已有超過300 名的埔里居民加入抗日軍行列。〔註8〕抗日軍抵達埔里盆地邊緣時，紮營於白葉嶺，挑米坑庄吳振生帶領一批人加入抗日軍行列，並且沿途召引民眾加入，參與者達 500 多人。不過，有更多的民眾選擇逃離盆地，到附近的過坑、木屐囒、大坪頂等山區躲避。〔註9〕埔里駐守的日軍守備隊獲悉此消息之後，基於兵力不足，為求自保，有意先自行撤離大埔城，因此發生守備隊與廳員意見相左情形。廳員於是招集附近的平埔族數百人前來協助防守大埔城。守備隊最後仍於 7 月 11 日決定撤退，廳員亦一同撤離。〔註10〕當時也將一時帶不走的機要文書與物品 3、40 擔寄存於烏牛欄庄。〔註11〕上級得知撤退消息後，嚴加斥責，限令於同月 18 日攻復大埔城，日軍在林榮泰（1862～1926）〔註12〕的隘勇營協助之下，順利攻復大埔城。〔註13〕過程中殺死抗日者約 120 名，並且針對埔里盆地東南地區的村庄進行焚庄，許多居民逃入山區，有些人因此餓死，也有人在山區遭生蕃殺害。〔註14〕事後為了獎勵有功人員及撫卹死傷者，總督府通令臺中縣陳報隘勇長林榮泰率領隘勇戰鬥的死傷名單，得到陳報「收復埔里社之戰役並無人傷亡」。〔註15〕

日軍退城之前可以看出，由平埔族人召引日軍順利進入埔里時，並未遇到抵抗，當集集街、水裡坑的日本軍人、憲兵遭受攻擊、殺害時，埔里居民對於日軍也沒有抵抗行為，而且獲得許多平埔族的協助，尤其是烏牛欄庄。加上還有大埔城可供防守，因此，在集集方面的抗日軍攻入埔里之前，處境尚稱安穩。當時日軍除了召喚埔里城內外各總理、社長前來告諭之外，也採

〔註7〕《臺灣總督府公文類纂》第4536 冊第20 件，頁 208～220。
〔註8〕王學新譯，《埔里社退城日誌暨總督府公文類纂等相關史料彙編》，頁 339。
〔註9〕王學新譯，《埔里社退城日誌暨總督府公文類纂等相關史料彙編》，頁 340。
〔註10〕王學新譯，《埔里社退城日誌暨總督府公文類纂等相關史料彙編》，頁 131～140。
〔註11〕王學新譯，《埔里社退城日誌暨總督府公文類纂等相關史料彙編》，頁 340。
〔註12〕洪棄生，《瀛海偕亡記》（臺北：臺灣銀行經濟研究室，1959），頁 35。「林營泰」即林榮泰，父林超拔（小名烏狗）為林朝棟部下。
〔註13〕王學新譯，《埔里社退城日誌暨總督府公文類纂等相關史料彙編》，頁 323～347。
〔註14〕臺灣教會公報社，《臺灣教會公報全覽》138 卷（臺北：臺灣教會公報社，2004），頁 38。本段感謝賴貫一牧師的提示，所引文字也是參考賴牧師的翻譯初稿。
〔註15〕王學新譯，《埔里社退城日誌暨總督府公文類纂等相關史料彙編》，頁 197～198。

「筆談」方式與平埔族的社長溝通，原因在於平埔族社長不信任當時日本人找來的漢人翻譯。烏牛欄庄的社長潘定文與日軍達成協議，召集壯丁 200 名前來協助防守。同時，南門總理（即羅金水）也呈上書狀，表達已通知各漢人村庄集合壯丁共同防禦抗日軍。〔註16〕雖然看起來當時埔里的平埔族、漢人都已站在日軍一方，實際上仍有程度的差別，當時日軍只將國旗分別授與西部與北部的指揮者，被選派為西部的指揮者為烏牛欄社長潘定文，北部的指揮者為守城份總理潘進生，兩人均為平埔族。〔註17〕在大批抗日軍來襲之前，討論是否暫時撤守問題上，守備員認為既有人力不足以抵禦，主張暫時撤守，支廳員則是認為還有當地平埔族的支持，因此要決死防禦。〔註18〕守備員強迫支廳員撤退之際，支廳員還展現一幕「與『熟蕃』一同咽淚訣別」的感人畫面。〔註19〕

　　日軍於明治 29 年（1896）7 月 11 日晚上退城之後，埔里地區的民眾似乎形成三種態度，第一種是選擇攜家帶眷先到山林躲避，或到外地避難，例如埔里首富羅金水先避居木屐囒，再回到原居地鹿港避難。〔註20〕第二種是加入抗日軍行列，除了上述挑米坑庄吳振生外，還有包括十一份庄洪水順、大肚城庄都國禎、陳旺……等人，因得漢人多數參加，人員遽增至 1,000 餘名。〔註21〕第三種就是「死忠派」，以埔里西部、北部的平埔族聚落居民為主，當時由烏牛欄土目潘定文，召集房里總理潘應廉、阿里史黃利用、水尾張世昌等，商討對付抗日軍之措施，從大馬璘崎腳（今愛蘭橋頭，醒靈寺山腳下）經過恒吉城、房里至眉溪一帶設置防線，挑選壯丁 40 名輪流巡邏，

〔註16〕王學新譯，《埔里社退城日誌暨總督府公文類纂等相關史料彙編》，頁 126～128。
〔註17〕王學新譯，《埔里社退城日誌暨總督府公文類纂等相關史料彙編》，頁 128。
〔註18〕王學新譯，《埔里社退城日誌暨總督府公文類纂等相關史料彙編》，頁 136～138。
〔註19〕王學新譯，《埔里社退城日誌暨總督府公文類纂等相關史料彙編》，頁 159。
〔註20〕王學新譯，《埔里社退城日誌暨總督府公文類纂等相關史料彙編》，頁 343。
〔註21〕王學新譯，《埔里社退城日誌暨總督府公文類纂等相關史料彙編》，頁 340。劉枝萬筆下的「埔里社之役」，提到當時的民軍領袖包括「清水溝庄石阿漏，挑米坑庄吳振生，十一份庄洪水順，龜仔頭庄李蘭，大肚城庄都國禎、陳旺、林秉忠，枇杷城庄王明誥、陳阿塗（陳圖），城內陳結、林明智、李林基、施茂、陳阿華等人。」這些名單中的人雖無法確定是否全是當時的抗日軍領袖，不過，其中幾位略有疑問，例如施茂（即施鳳林）名列於召引日軍入埔的〈歡願日軍進埔書〉當中，陳圖、王明誥兩人名列迎奉日軍進入大埔城的的主要地方頭人名單中（參閱同書第 327 頁）。

也通知守城份總理潘振生（潘進生）共同協助。對於抗日軍，爲了不觸怒他們，不以日軍的立場稱呼他們爲「土匪」，改稱爲「外口（外面）之好漢」，抗日軍也嘗試慫恿埔里西、北部的平埔族加入抗日行列，7 月 13 日由王萬金（生卒年不詳）攜帶檳榔前往烏牛欄庄洽談，得到的只有平埔族的託詞敷衍而已。〔註 22〕

從 7 月 11 日退城至 17 日攻克大埔城，日軍的處境頗爲困苦，洪棄生於《瀛海偕亡記》一書中描述日軍當時的窘境：「以隘勇爲前導，入埔裏街，派街民供飯漿糧米，蓋已饑欲死矣。歷敘七日間苦況，則群臥泥塗中，上無蔽，下無藉，警無以眠，食無以炊，水無以飲，見走獸、聞啼鳥則疑敵至。」〔註 23〕

日軍再次攻克大埔城後，爲避免抗日軍再度來襲，由軍隊負責防守西門、南門，派警察、隘勇把守東門、北門，當時謠傳抗日軍離開大埔城之前，投毒於井中，導致日軍不敢飲用城內的井水，前十餘天由烏牛欄庄運水供應。〔註 24〕追捕抗日份子的行動仍持續進行，爲了辨認「良民」，於是發行「良民證」，當時有許多地方士紳包括施百川、蔡憨（戇）、鄭奕奇（1875～1911）、王仁向（生卒年不詳）、游德成（生卒年不詳）等，均因無「良民證」被捕，後來由林榮泰、潘定文等人出面交保，才平安獲釋。〔註 25〕

依據事件後所做的產業損失情形報告，本次的事件造成埔里社街的良民皆逃離住所，家中財物任由「土匪」掠奪。由於逃難時並未將文件、帳簿隨身攜帶，以致有許多資料喪失。事件結束後，有資本者也不敢貿然營業，造成物價飆漲，尤其是米價上漲更爲明顯，與事件發生前的米價相比，當年底的米價約漲到二倍半，缺米情況嚴重。〔註 26〕依據官方的估算，本事件造成埔里社堡轄內損失高達 660,900 圓。〔註 27〕以該年（1896）臺灣的米價來看，一石米的價格大約 6.5-8 圓左右。〔註 28〕以明治 30 年（1897）在國語

〔註 22〕王學新譯，《埔里社退城日誌暨總督府公文類纂等相關史料彙編》，頁 341。
〔註 23〕洪棄生，《瀛海偕亡記》，頁 37。
〔註 24〕王學新譯，《埔里社退城日誌暨總督府公文類纂等相關史料彙編》，頁 343。
〔註 25〕王學新譯，《埔里社退城日誌暨總督府公文類纂等相關史料彙編》，頁 343。
〔註 26〕王學新譯，《埔里社退城日誌暨總督府公文類纂等相關史料彙編》，頁 231。
〔註 27〕王學新譯，《埔里社退城日誌暨總督府公文類纂等相關史料彙編》，頁 231～232。
〔註 28〕高淑媛，〈日本統治臺灣初期之米價騰貴問題〉，《第四屆臺灣總督府檔案學術研討會論文集》（南投：國史館臺灣文獻館，2006），頁 509。

傳習所擔任教師的臺灣人雇員薪資，每月僅 12 圓，〔註29〕由此可見損失之
慘重。

　　從事件後的獎勵名單足以看出當時埔里各街庄民心向背的差異。事件發
生後，由於缺乏預算可供作獎賞之用，因此，一直延到明治 33 年（1900）總
督府才詳列經費需求，向內務大臣陳報「有關因土匪事件而獎本島人功勞者
案」的稟報書，當時擬獎賞的對象達 1,139 人，所需經費高達 8,237 圓，其中
屬於埔里社支廳的人數有 539 人，獎賞金額 3,533 圓，將近半數。〔註30〕列為
首位的功勞者是烏牛欄社社長潘定文，其次是北角總理潘進生與西角總理潘
應廉，三位都是平埔族，除了烏牛欄社長之外，名列「功勞者」的社長有 22
人，社眾有 452 人，〔註31〕其中可能包含一些客家人，例如獎賞名單除了列
「崁腳雙寮社」29 人之外，尚有「崁腳雙寮庄」8 人，這 8 位當中的劉阿成、
朱春風⋯⋯等人應該就是客家人。此外，赤崁腳庄 4 人、觀音山庄 16 人、內
城庄 15 人、內新城庄 8 人，從姓氏來看，大部份可能是客家人。〔註32〕以「獲
賞人數」來看，最多的是盆地西部的烏牛欄庄，包括獲賞金額最高的社長在
內，高達 64 人，其次是位於盆地北部的守城份庄和牛眠山庄，各 37 人。所
有獲賞的庄、社都是分布於埔里盆地西部、西北部至北部地區的聚落，各社
獲獎人數名單詳見表 2-1。

　　依據表 2，明治 29 年（1896）花螺米每石最低價格為 6.39 圓，最高價格則為
　　7.84 圓。

〔註29〕《臺灣總督府公文類纂》第 9396 冊第 5 件，頁 246。
　　　　這是埔里的地方菁英陳國廖於明治 30 年（1897）擔任國語傳習所「土語句讀」
　　　　課程教師時所領的月俸。

〔註30〕王學新譯，《埔里社退城日誌暨總督府公文類纂等相關史料彙編》，頁 264～265。

〔註31〕王學新譯，《埔里社退城日誌暨總督府公文類纂等相關史料彙編》，頁 265～
　　　　266。
　　　　包括守城份社長黃阿桂、蜈蚣崙社長味莫巳、牛眠山社長潘日新郡乃、虎仔
　　　　耳社長媽只、楓仔城社長大不利包堅、下史港坑社長欉林秀、內城庄社長莫
　　　　加留、內新城庄社長弓清風、五塊厝庄社長潘阿添、大湳庄社長潘武玉、房
　　　　里社長潘連珠、雙寮社長潘田進來、日北社長劉慶雲、日南社長林清安、水
　　　　尾日北社社長林登祥、大馬璘社長潘連生、下赤崁吞宵社長張世昌、赤崁腳
　　　　庄社長張慶雲、觀音山庄長蕭招福、頂梅仔腳社長潘和尚、阿里史社長潘登
　　　　發、八股吞宵社長莫善慶等 22 位。

〔註32〕王學新譯，《埔里社退城日誌暨總督府公文類纂等相關史料彙編》，頁 270、
　　　　272、282～283、289。

表 2-1：埔里退城事件有功獲賞者人數統計表

庄、社別 \ 賞金人數	50圓	30圓	10圓	8圓	5圓	總數	總理、社長姓名
烏牛欄社	1		2	28	33	64	社長潘定文
守城份社		1	1	35		37	北角總理潘進生、社長黃阿桂
房里社		1	1	16	5	23	西角總理潘應廉、社長潘連珠
蜈蚣崙社			1	8	31	40	社長味莫已
牛眠山社			1	10	26	37	社長潘日新郡乃
虎仔耳社			1		19	20	社長媽只
楓仔城社			1		4	5	社長大不利包堅
下史港坑社			1	6	12	19	社長欉林秀
內城庄			1	4	10	15	社長莫加留
內新城庄			1		7	8	社長弓清風
五塊厝庄			1			1	社長潘阿添
大湳庄			1			1	社長潘武玉
雙寮社			1			1	社長潘田進來
日北社			1	10	5	16	社長劉慶雲
日南社			1	12	13	26	社長林清安
水尾日北社			1	6	11	18	社長林登祥
大馬璘社			2	10	14	26	社長潘連生
下赤崁吞霄社			1	3	11	15	社長張世昌
赤崁腳庄			1	4	10	15	社長張慶雲
觀音山庄			1	4	11	16	社長蕭招福
頂梅仔腳社			1		7	8	社長潘和尚
阿里史社			1	8	6	15	社長潘登發
八股吞霄社			1	13		14	社長莫善慶
崁腳雙寮社				20	9	29	
崁腳雙寮庄				8		8	
總數	1	2	26	205	244	478	

說明：本表數據及姓名參考王學新譯，《埔里社退城日誌暨總督府公文類纂等相關史料彙編》，頁 265～289 內容整理完成。

2、「非職（停職）官吏檜山鐵三郎」處分案

殖民地統治初期，一切都處於草創階段，因此，常以同一位官員兼署多項職務，例如初期代理埔里社支廳長的檜山鐵三郎（生卒年不詳），除了兼任埔里社地方法院院長，並署理埔里社撫墾署長。明治 31 年（1898）2 月在任的埔里社辦務署長矢野武平，也兼任埔里社國語傳習所長，〔註33〕其後接任埔里社辦務署長的越智元雄（生卒年不詳），也同時代理埔里社國語傳習所長。〔註34〕由於有這樣兼職的關係，有時就會出現自己寫給自己的怪異公文，例如撥用埔里東門公有土地做為地方法院用地的公文，就由當時的代理埔里社支廳長的書記官檜山鐵三郎，寫公文給當時也擔任埔里社地方法院院長的自己。〔註35〕

由於一位官員可以身兼數職，加上埔里地處臺灣的內山，提供官員經商圖利的空間。日治初期曾經引起憲法爭議的「高野事件」，內容涉及從明治30年（1897）五月以來，發生前後共計五件有關臺灣總督府文官收賄的疑獄事件，包括三件中央官員及兩件地方官員。當時擔任高等法院長兼民政局法務部長的高野孟矩（1854～1919），因嚴苛地舉發這些事件，後來與行政機關反目，於當年 10 月 1 日收到「非職」（停職）的命令，由於不服，於是高唱司法權獨立，並將「辭令書」（派任、解任的命令文書）送回給當時的總理大臣松方正義（1835～1924），仍留在法院不願離去，於同月 18 日遭免除本職，返回日本後仍繼續抗爭。〔註36〕有關這些疑獄事件，可以參考檜山幸夫撰、黃紹恒譯〈戰前日本統治臺灣的權力構造〉、〔註37〕王泰升的《臺灣日治時期的法律改革》。〔註38〕

「高野事件」當中所涉及地方官員的兩件疑獄事件，其中一件就是與檜山鐵三郎有關的「埔里社支廳疑獄事件」。檜山鐵三郎利用職務之便，與日本人川澄惠之（1863～？）共同設立埔里社商會，經營雜貨、副食品等販賣事業，違反「官吏禁止營商」的規定，身兼埔里撫墾署長職務，卻於蜈蚣崙庄經營與生蕃交易之事業，並且對於私自進行生蕃交易者，採取強硬手段搜索其宅，以

〔註33〕《臺灣總督府公文類纂》第 332 冊第 51 件，頁 291。
〔註34〕臺中縣知事官房，《臺中縣職員錄（明治 31 年 9 月現在）》（臺中：臺中縣知事官房，1899），頁 26、37。
〔註35〕《臺灣總督府公文類纂》第 177 冊第 3 件，頁 24。
〔註36〕井出季和太，《臺灣治績志》（台北：南天，1997），頁 273～274。
〔註37〕國史館台灣文獻館編印，《臺灣總督府檔案之認識與利用入門》（南投：國史館臺灣文獻館，2002），頁 68～69。
〔註38〕王泰升，《臺灣日治時期的法律改革》（臺北：聯經，1999），頁 146～148。

「生蕃交易不法所得」為由，強奪其財物。恐嚇南門總理羅金水之妻及養子，騙取簽訂家屋贈與證書得逞。破壞與所居宅邸相鄰的南門外茄苳腳庄民蘇阿春、劉阿罵、賴萬生等家屋三棟，且欲將其用地圈入自己的宅邸內。〔註39〕

　　本案涉案者有日本人 4 人、臺灣人 4 人，其中遭到免職的涉案官吏共有 3 名，除了檜山鐵三郎外，還有竹田忠治、河內圭司等 2 人，竹田忠治為埔里社支廳內務課屬官（雇員），河內圭司為埔里社支廳通譯生（陸軍通譯）。〔註40〕另有一位日本人是在蜈蚣崙庄從事生蕃物品交換業的井上鼎。至於涉案的臺灣人，包括李清海（生蕃通事）、潘阿敦、潘肉端、李阿為，〔註41〕其中的潘阿敦，還發生從埔里社監獄逃脫的插曲。〔註42〕茲將事件過程摘錄概要於下表（見表 2-2）供參考，有關「埔里社支廳疑獄事件」之原由、過程與判決結果，可以參考《埔里社退城日誌暨總督府公文類纂等相關史料彙編》、〔註43〕《臺灣裏面史》。〔註44〕

表 2-2：檜山鐵三郎非職（停職）案概述表

年	月	日	內　　　　容
明治 30 年（1897）	5	20	總督向拓殖務次官發出電報，通報檜山鐵三郎已被羈押中，陳請審議處以停職處分。
		25	停職案獲批准。
	6	15	開庭公審。
		23	埔里地方法院判刑，處以重禁錮 1 年 3 個月，併科罰金 15 圓，檢察官與被告皆對於判決不服，雙方均提起上訴。
	7	16	總督陳報拓殖務大臣有關對於檜山鐵三郎等 3 名官員給予懲戒免官。
	8	27	由覆審法院判處重禁錮 1 年 3 個月，併科罰金 15 圓，被告不服判決再提起上訴。
	12	17	覆審法院駁回上訴，並確定判決。
明治 31 年（1898）	1	31	高等法院院長將有罪判決報告陳報給乃木總督。

〔註39〕王學新譯，《埔里社退城日誌暨總督府公文類纂等相關史料彙編》，頁 251～254。
〔註40〕《臺灣總督府公文類纂》第 9387 冊第 14 件，頁 48～49、57。
〔註41〕《臺灣總督府公文類纂》第 4536 冊第 35 件，頁 387～391。
〔註42〕《臺灣總督府公文類纂》第 4531 冊第 27 件，頁 247～248。
〔註43〕王學新譯，《埔里社退城日誌暨總督府公文類纂等相關史料彙編》，頁 242～255。
〔註44〕大園市藏，《臺灣裏面史》（臺北：日本植民地批判社，1936），頁 143～146。

說明：

一、本表引用王學新譯，《埔里社退城日誌暨總督府公文類纂等相關史料彙編》
（南投：國史館臺灣文獻館，2004）頁 242～255 所列資料整理而成。

二、本案的判決結果，大園市藏的《臺灣裏面史》頁 146 有不同的記載，檜山
鐵三郎爲重懲役 9 年，竹田忠治、井上鼎爲重禁錮 2 年。劉枝萬於「埔里
社之役」當中，也是引用此一說法，認爲「判處檜山以有期徒刑 9 年，竹
田、井上 2 人均有期徒刑 2 年。」，見「說明一」同書頁 346。

3、初期統治方針及措施

探險家笹森儀助（1845～1915）於《臺灣視察日記》當中，列出殖民統
治初期支廳在有限預算經費必須進行的七項急務如下：〔註45〕

（1）訂定對於所屬町村須管理事務的程度。

（2）戶籍的整理。

（3）租稅徵收事項。

（4）設置小學校。

（5）建立土地山林家屋臺帳。

（6）道路整修。

（7）墓地改正。

日軍進入埔里之初，次月（12 月）6 日埔里社出張所長檜山鐵三郎即陳
報 11 月份的事務報告，主要進行的工作有下列幾項：〔註46〕

（1）「街道清潔、收繳兵器」：指的應該是掃蕩反抗份子，報告中提到
「由於街道一開始就比他處清潔，故大爲省事。」應該就是指埔
里地區並無明顯的抗日活動。

（2）清查戶口、財產所有權及學務舊慣：派遣憲兵及巡查進行調查戶口、
土地家屋之所有權及有關學務之舊慣故例等工作。

（3）調查蕃地情形：僱用南北兩蕃通事進行調查。

（4）土地、山林管理：對於官有林之採伐、官有地之開墾、樟腦製造業
等方面的管理措施是發佈申請規定，以 12 月 20 日爲期限，要求開
墾者、經營者依規定提出申請。

（5）調查隘勇現況：針對霧峰林家所設置水底寮至大平頂的隘勇營進行

〔註45〕笹森儀助，《臺灣視察日記、臺灣視察結論（全一冊）》，頁 34。

〔註46〕王學新譯，《埔里社退城日誌暨總督府公文類纂等相關史料彙編》，頁 303～
306。

調查。

（6）召集轄內各庄頭人進行諭示：召集包括總理、社長、屯目、紳士等，並請守備隊長、憲兵隊長列席，向出席者諭示新政。

　　由上述可歸納出，殖民統治初期的主要工作要項包括「民政」、「理蕃」與「土地、山林開發與管理」等三大要項，民政最主要的就是「治安」問題。日治初期的理蕃事務原本屬於殖產局的業務，顯然是注重「開發山地富源」，後來改納入警察事務，改著眼於「治安」問題。最後設立專責機關統籌辦理，成爲兼具治安考量與開發山地富源的統制角色。第四任臺灣總督兒玉源太郎的施政方針，除了當前的治安問題外，也逐漸注意到財政收入的問題。〔註47〕因此，也將開發臺灣資源做爲未來的工作重點，並且條列「糖業的振興」、「森林的利用」、「米作的改良」……等做爲重要方向。〔註48〕

　　道路整修也是初期的要務之一，日軍出動工兵隊，花一個多月時間開鑿埔里通往臺中之間的軍用路，同時架設電信，以利與臺中的聯繫。〔註49〕

　　《台灣植民發達史》一書當中，將日本殖民統治前20年區分爲二期，第一期是和平確立與秩序整頓時代（明治28年至35年），第二期爲產業勃興與經濟發展時代（明治35年至大正4年），〔註50〕由此可以看出日治初期的「治安」與「產業」兩大政策方向。雖然在殖民統治初期即著手蕃地綏撫及拓殖事務的準備，不過當時認爲如果「治安問題」尚未解決之前就著手山地經營，將導致「同時追逐二兔，連一隻都得不到」的結局，〔註51〕基於現實環境的考量，於是在推行過程略有輕重緩急的先後順序。

二、行政、警政與保甲

1、地方行政

〔註47〕臺灣總督府編，《詔敕・令旨・諭告・訓達類纂（一）》，頁38～41。〈兒玉總督の施政方針訓示〉

〔註48〕臺灣總督府編，《詔敕・令旨・諭告・訓達類纂（一）》，頁64～68。〈殖產興業に關する兒玉總督の訓示〉

〔註49〕王學新譯，《埔里社退城日誌暨總督府公文類纂等相關史料彙編》，頁329。

〔註50〕東鄉實、佐藤四郎共著，《台灣植民發達史》（臺北：南天，1996），頁23。持地六三郎也將殖民統治前17年區分爲「平和秩序確立維持期」、「經濟發展時期（即產業勃興期）」兩期，詳見持地六三郎，《台灣殖民政策》（臺北：南天書局，1998），頁8。

〔註51〕持地六三郎，《台灣殖民政策》，頁16～17。

　　埔里盆地是臺灣中部地區盆地群中最大的盆地，除了位於中央位置，影響力涵蓋盆地及周邊範圍之外，更擴及蕃地，日治後期擔負能高郡蕃地行政業務的能高郡役所就設在埔里。盆地當中有製糖會社、官衙、學校……等完備設施，因此也成為發揮行政、地方工商業發展機能的街町。〔註52〕

　　明治28年（1895）7月1日，日本人進入埔里之前，即設置「埔里社警察署」及「埔里社守備隊」。同年11月20日，軍、憲、警、官吏共270餘名，一行人進入埔里。初期於大埔城內所設的官府廳舍及軍營皆是沿用清代的官衙與軍營，埔里撫民分府及撫墾署的舊址（今合作金庫）就成為埔里社廳的辦公廳舍，也是後來的能高郡役所。原來的北路協駐紮地（今城隍廟周圍一帶）就成為埔里社守備隊（後來稱為「陸軍分遣隊」）的營地（見圖2-1）。

圖2-1：埔里守備隊

圖片來源：引自醒靈寺文獻室典藏老照片。

地點位於回生醫院附近，參考圖2-27。

　　殖民統治初期，為了儘快蕩平地方的反抗行動，明治29年（1896）公布〈臺灣總督府臨時法院條例〉，法官隨時隨地可以開庭，一審終結。〔註53〕該

〔註52〕杉目妙光，《臺中州鄉土地誌》，頁68。

〔註53〕李國祁總纂，《臺灣近代史　社會篇》（南投：臺灣省文獻委員會，1995），頁251。

年（1896）埔里雖然曾經發生抗日軍來襲的「埔里社退城事件」，不過，前一年（1895）日軍進入埔里時，埔里居民不但沒有反抗行動，反而是懷抱著迎接新統治者的態度，初期的事務報告中就提到「一般人民之意向，看起來似乎喜悅新政府而大感安心。」〔註 54〕治安問題並不如西部平原來得艱困，加上許多地方士紳的協助，行政的重心很快就轉移到理蕃事務上。

行政組織上，地方行政單位為廳，南投廳下設置警察課、事務課與稅務課，警察既是廳長的主要助理人員，也是廳長與百姓之間的中間人。所負責的業務除了維護治安、掌管戶籍外，在交通較為不便的地區也兼任收稅員、教師、郵便局事務員等工作。〔註 55〕兒玉總督時期，更將警察的職權進一步擴大，除了負責一般警察的職責之外，也負責監督原住民、處理地方行政事務、執行公共衛生措施等工作。〔註 56〕南投廳底下設置埔里社支廳，最早擔任埔里社支廳長的是加藤昌逹，可能並未到任，因此，公文上雖署名「加藤昌逹」，仍由檜山鐵三郎代理。檜山鐵三郎代理一年後，即發生貪瀆的「疑獄事件」，埔里社支廳長一職改由書記官續彥三代理。〔註 57〕

明治 34 年（1901）地方官制改為二十廳以後，南投廳下設置埔里社支廳，管轄埔里社堡、北港溪堡及五城堡。支廳的工作以警務為主，必要時兼辦庶務和稅務等事項，因此，支廳長多以警視或警部充任，其部屬即警部、技手、警部補、巡查及巡查補等。〔註 58〕當時埔里社堡的上級行政機關包括上層的埔里社支廳及上上層的南投廳，主要官／職員名單見表 2-3。

表 2-3：日治前期埔里社堡及上層行政機關主要官／職員簡表（1902～1920）

年代／西元／職稱	南投廳長	南投廳參事（埔里籍）	埔里社支廳長	埔里社支廳雇（埔里籍）	埔里社公醫	埔里社支廳囑託（埔里籍）
明治 35　1902	小柳重道	潘踏比厘	大熊廣筠			

〔註 54〕王學新譯，《埔里社退城日誌暨總督府公文類纂等相關史料彙編》，頁 304。
〔註 55〕鄭順德譯，Réginald Kann 原著，《福爾摩莎考察報告》（臺北：中研院臺史所籌備處，2001），頁 29。
〔註 56〕鄭順德譯，Réginald Kann 原著，《福爾摩莎考察報告》，頁 36。
〔註 57〕《臺灣總督府公文類纂》第 161 冊第 37 件，頁 281～286。
明治 30 年（1897）5 月 20 日代理埔里社支廳長續彥三在任。
〔註 58〕張勝彥，《南投開拓史》（南投：南投縣政府，1984），頁 169。

明治36	1903	小柳重道	潘踏比厘	藤田良三			
明治37	1904	小柳重道	潘踏比厘	藤田良三		出田四郎	
明治38	1905	小柳重道	潘踏比厘	岩村慎吾（心得）			
明治39	1906	小柳重道	潘踏比厘	岩村慎吾（心得）	林其祥	出田四郎	
明治40	1907	能勢靖一	潘踏比厘	長倉用貞	林其祥	出田四郎	
明治41	1908	能勢靖一	潘踏比厘	長倉用貞	林其祥	兒島幸	
明治42	1909	能勢靖一	潘踏比厘	長倉用貞	林其祥	兒島幸	張進來
明治43	1910	久保通猷	潘踏比厘	依田盛男	林其祥	下村宏次郎	
明治44	1911	久保通猷	潘踏比厘	依田盛男	林其祥	下村宏次郎	
大正1	1912	石橋亨	潘踏比厘	依田盛男	林其祥 李生	下村宏次郎	
大正2	1913	石橋亨	潘踏比厘	依田盛男	林其祥	潮軍市	
大正3	1914	石橋亨	潘踏比厘	依田盛男	林其祥	潮軍市	
正4	1915	石橋亨	潘踏比厘	西澤時藏	林其祥	潮軍市	
大正5	1916	石橋亨	潘踏比厘	西澤時藏	林其祥	潮軍市	
大正6	1917	富島光治		西澤時藏	林其祥	潮軍市	
大正7	1918	御廚規三		木浦角太郎	林其祥	潮軍市	
大正8	1919	御廚規三		木浦角太郎	林其祥	潮軍市	
大正9	1920	御廚規三	蘇朝金	木浦角太郎	林其祥 張守經	潮軍市	

說明：本表參考《臺灣總督府及所屬官署職員錄》（明治35年～大正9年）整理完成。

　　依據《臺灣總督府職員名冊》，首次刊載埔東區、埔西區長的年代是明治38年（1905），當時的埔東區長為李春英（1869～1906）、埔西區長為林天龍（1860～1911）。第二次刊載埔東區、埔西區長的年代是明治44年（1911），一直延續到大正9年（1920）為止，埔東區、埔西區長都是由臺灣人擔任（見表2-4）。林天龍為集集人，明治34年（1901）擔任集集區長，〔註59〕明治42年（1909）也擔任過集集公學校雇員。〔註60〕依據戶口調查簿，李春英是客家人，出生於明治2年（1869），擔任埔東區長時才36歲，依族群別與年齡皆難以了解為何有資格擔任埔東區長，根據《熟蕃戶口及沿革調查綴》，李春

〔註59〕陳哲三總編纂，《集集鎮志》（南投：南投縣集集鎮公所，1998），頁859。
〔註60〕臺灣總督府，《臺灣總督府及所屬官署職員錄》（明治42年）（臺北：臺灣時報發行所，1909），頁264。

英於清末曾經擔任過埔里社撫民通判，〔註61〕極可能卸任後即定居埔里，日治初期才有資格擔任區長一職，可惜僅擔任一年，次年（1906）即逝世。

表2-4：日治前期埔東、埔西、北港區長及書記簡表（1902～1920）

年代	職稱 西元	埔東區長	埔東區書記	埔西區長	埔西區書記	北港區長	北港區書記
明治35	1902						
明治36	1903	李春英		林天龍			
明治37	1904						
明治38	1905						
明治39	1906						
明治40	1907						
明治41	1908						
明治42	1909						
明治43	1910						
明治44	1911	蘇朝金	東李順德	林逢春	乃鴻源	余步青	
大正1	1912	蘇朝金	東李順德 張阿獅	林逢春	乃鴻源 林其忠	蘇逢時	
大正2	1913	蘇朝金	東李順德 張阿獅	林逢春	乃鴻源 其忠	蘇逢時	蘇朝
大正3	1914	蘇朝金	東李順德 林清波	林逢春	乃鴻源 林其忠	蘇逢時	蘇朝
大正4	1915	蘇朝金	洪枝才 黃傑仔	林逢春	乃鴻源 林其忠	蘇逢時	蘇朝
大正5	1916	蘇朝金	洪枝才 黃阿德	林其忠	乃鴻源	蘇逢時	蘇朝
大正6	1917	蘇朝金	蔡輝 黃阿德	林其忠	乃鴻源 潘阿敦	蘇逢時	蘇朝
大正7	1918	蘇朝金	黃阿德 鄧標 張愈彬 陳鐲	林其忠	乃鴻源 潘阿敦	蘇逢時	蘇朝
大正8	1919	蘇朝金	陳清俊 鄧標 張愈彬	林其忠	乃鴻源 潘踏宇	林水性	洪秋林

〔註61〕邱正略，〈《熟蕃戶口及沿革調查綴》譯註（南投廳埔里社堡部分）〉，頁260。

| 大正9 | 1920 | 林其忠 | 鄧標
張愈彬
黃玉 | 潘玉山 | 乃鴻源
潘踏宇 | 林水性 | 洪秋林
李萬福 |

說明：本表參考明治35年至大正9年臺灣總督府編《臺灣總督府及所屬官署職員錄》
　　　（臺北：臺灣時報發行所，1902～1920）整理完成。

2、過渡時期的治安維護

　　基於治安環境與經費有限，為能大量減少行政人員的人數，許多職務都是由警察來擔任。[註62]當時由於警察員額有限，欲有效維護治安，就得依賴地方順服的居民，包括「護鄉兵」與「軍役壯丁」。[註63]

　　「護鄉兵」（見圖2-2）是日本軍隊最初採用臺灣本地居民擔任維護治安的措施，時間是明治30年（1897）的年底。初期僅於宜蘭、埔里、臺東等三地實施，先於熟蕃中挑選，進行簡易軍事教育的實驗，根據其結果來判斷如何將此隊伍加以運用。[註64]到了明治31年（1898），開始挑選人民自願者擔任「軍役壯丁」，使附屬於警備隊，由該旅長指揮，地點亦僅限於宜蘭、埔里、臺東，各限額80名。[註65]當時埔里社志願者有208人，受檢合格者145人，以抽籤決定，採用其中80人。[註66]「軍役壯丁」於明治32年（1899）9月解散，埔里地區的壯丁當中，原本擬選出其中20名轉任警丁，剩下的60名則是解散回去務農。[註67]到了9月解散之際，80名當中有38名表達有意轉任巡查補，[註68]最後有36名被採用。[註69]「軍役壯丁」至此理當消失，不過，明治36年（1903）埔里社守備隊當中還是有軍役壯丁。[註70]此顯示

[註62] 鄭順德譯，Réginald Kann原著，《福爾摩莎考察報告》，頁8。

[註63] 詹素娟，〈日治初期臺灣總督府的「熟番」政策〉，《臺灣史研究》第11卷第1期（臺北：中央研究院臺灣史研究所籌備處，2004.6），頁66～71。

[註64] 臺灣總督府警務局編、張北等10人譯，《台灣抗日運動史（四）》（臺北：海峽學術出版社，2000），頁1110～1127。
當時於埔里、臺東所招募的是「大隊」，宜蘭招募的是「中隊」，人數不詳，不過，大部份都是平埔族。

[註65] 臺灣總督府警務局編、張北等10人譯，《台灣抗日運動史（四）》，頁1129～1131。

[註66] 詹素娟，〈日治初期臺灣總督府的「熟番」政策〉，《臺灣史研究》第11卷第1期，頁68～69。
208名志願者當中，平埔族164人（佔79%），漢人44人（佔21%）。

[註67] 《臺灣日日新報》，1899年07月26日第二版，「埔里社の壯丁團」。
《臺灣日日新報》，1899年09月15日第二版，「埔里社軍役壯丁の解散」

[註68] 《臺灣日日新報》，1899年09月15日第二版，「埔里社軍役壯丁の解散」。

[註69] 《臺灣日日新報》，1899年09月23日第五版，「充巡查補」。

[註70] 《臺灣日日新報》，1903年05月15日第五版，「埔里社の椿事」。

日治初期還是採取召募順服的民力以彌補地方警力不足的做法，壯丁團的成立，即是提供這樣的功能。但是也可能依不同地區採取變通的方式，因此，軍役壯丁才在埔里繼續延用下去。

圖 2-2：埔里護鄉兵

圖片來源：引自醒靈寺文獻室典藏老照片。

3、警　政

　　日本對臺灣的殖民統治，是以警察為基礎，探討日治時期的警政，有助於了解日本人治臺政策的性質。〔註 71〕日治時期臺灣警力的建立，是緣自總督府內務部警保課長千千岩英一於明治 28 年（1895）6 月 20 日向民政長官水野遵提議，赴日本內地召募警察，同年年底先後召募兩批共 759 名前來臺灣，當時是以「陸軍雇員」的身份，聘任他們來臺擔任「警部心得」（代理警部）、巡查心得（代理巡查）等職。〔註 72〕

〔註 71〕陳純瑩，〈日據時期臺灣的警察制度〉，《警專學報》1 卷 2 期（臺北：警察專科學校，1989.6），頁 171。

〔註 72〕徐國章，〈臺灣日治時期「警察政治」體制之建立〉，《臺灣文獻史料理研究學術研討會論文集》（南投：臺灣省文獻委員會，2000），頁 104。日文「心得」為「代理」之意。

　　到了兒玉總督時期，總督府對於警察組織採取一元化的方式管理，於總督府內設置警察本署，主管爲警視總長，並巧妙運用支廳制，將地方行政警察化，支廳長多由警部擔任，廳內課員大多是由警察官（巡查）擔任，技手、雇員的配置人數並不多。由於日治初期治安維護是首要的問題，因此特別重視警察機構的擴大，在地方行政單位中，警察業務可以說是發展最快的部門。〔註73〕在這種「警察政治」的體制下，警察的任務不僅限於一般警務，還包括鴉片取締、保甲監督、理蕃事務，甚至專賣事務。〔註74〕到了日治末期，因應戰時體制，昭和13年（1938）7月增設經濟警察課，負責有關經濟方面違法事件的查核取締工作。〔註75〕經濟警察是利用強制的權力，確保維持社會經濟秩序爲目的的警察，統治者以法律手段，設立經濟統制規則，經濟警察以國家的力量來要求民衆切實遵守各種統制法令則。〔註76〕職務繁雜是日治時期臺灣警察制度的特色之一，也是警察職權極大的最佳證明。〔註77〕

　　埔里社警察署於明治28年（1895）11月21日開署辦公，地點在大埔城內的南門街，〔註78〕初期配置4名警部、20名巡查。〔註79〕明治29年（1896）2月，臺灣開設第一所監獄「臺北監獄」，同年6月各地已建立13處監獄，包括埔里社監獄。〔註80〕明治30年（1897）10月15日埔里地方法院畢廳（即關閉埔里地方法院）及廢除埔里社監獄支署後，11月便將原來埔里社監獄廳舍移轉做爲埔里社警察署廳舍使用。〔註81〕日治初期，由於「匪情不穩」，爲

此建議獲採納後，從日本內地各現任及前任警察官吏當中募得警部44名、巡查492名，並於同年（1895）9月27日送抵臺北。第二次又召募到警部23名、巡查200名，於同年10月7日抵達臺北。兩批共計759名。

〔註73〕陳純瑩，〈日據時期臺灣的警察制度〉，《警專學報》1卷2期，頁176。

〔註74〕徐國章，〈臺灣日治時期「警察政治」體制之建立〉，《臺灣文獻史料整理研究學術研討會論文集》，頁118～121。

〔註75〕陳純瑩，〈日據時期臺灣的警察制度〉，《警專學報》1卷2期，頁179。
小林英夫，《日本人の海外活動に関する歴史的調査 第十卷 台湾篇5》，頁127～129。

〔註76〕李理，《日據臺灣時期警察制度研究》（臺北：海峽學術出版社，2007），頁148～149。

〔註77〕陳純瑩，〈日據時期臺灣的警察制度〉，《警專學報》1卷2期，頁188。

〔註78〕《臺灣總督府公文類纂》第14冊第19件，頁81～82。

〔註79〕郭嘉雄，《日據初期警察及監獄制度檔案（全一冊）》（臺中：臺灣省文獻委員會，1979），頁74～75、77。

〔註80〕井出季和太，《臺灣治績志》，頁236。

〔註81〕《臺灣總督府公文類纂》第128冊第38件，頁103、108。

了防禦「土匪」，特別在西南邊的挑米坑庄設置警察官吏派出所，明治 35 年
（1902）4 月 9 日發生火災，全庄皆被燒毀，於是將派出所改設在生蕃空庄，
利用生蕃空庄的空廟整修之後，充當臨時派出所。〔註82〕

　　大正 5 年（1916），埔里社支廳管內的警察官吏派出所共有 18 所，包括
平地 12 所、蕃地 6 所。〔註83〕大正 9 年（1920）地方官官制改正後，埔里街
轄警察官吏派出所有 5 所，包括埔里街直轄（含埔里、枇杷城、大肚城、水
頭等大字）、挑米坑派出所（含挑米坑、生蕃空、珠子山等大字）、大湳派出
所（大湳）、烏牛欄派出所（含烏牛欄、房里、牛相觸、水尾等大字）、史港
派出所（含牛眠山、福興、史港坑、小埔社等大字）。〔註84〕

　　維護治安除了執行公權力的巡查之外，還需要法院的設置，以審理糾
紛、訴訟案件。臺灣總督府法院設立之初，除了本院以外，另設置 11 處支
部，包括埔里社支部，稱爲「埔里社地方法院」，管轄區域爲「臺灣民政支
部埔里社出張所管轄地」。〔註85〕埔里社地方法院於日軍進入埔里時即一併
開設。從明治 28 年（1895）11 月「臺灣監獄令」發布，至次年（1896）6
月止，全臺共計設置 13 所監獄，包括埔里監獄。〔註86〕埔里監獄設置之初，
由於因陋就簡的緣故，先後發生多起人犯脫監逃走的事件。〔註87〕明治 30
年（1897）2 月原本撥東門街北側官有地（即公路局員工宿舍）865 坪做爲
地方法院建築用地，〔註88〕由於審理的案件太少，同年 1 月至 7 月所受理
的裁判事件僅 45 件，因此認爲沒有存置的必要，〔註89〕同年 9 月就收到埔
里社地方法院將於 10 月 15 日閉廳的府令，臺中縣知事村上義雄也向總督提
出廢止埔里社監獄支署的稟申。〔註90〕

　　日治時期埔里地區並未發生較受矚目的重大刑案，比較值得注意的是大

〔註82〕《臺灣總督府公文類纂》第 4683 冊第 3 件，頁 8～9。
〔註83〕《臺灣日日新報》，1916 年 02 月 10 日第一版，「埔里社隨行（三）」。
〔註84〕《臺灣總督府公文類纂》第 10089 冊第 48 件，頁 402。
〔註85〕洪敏麟主編，《日本據臺初期重要檔案》，頁 192～193。
〔註86〕東鄉實、佐藤四郎共著，《台灣植民發達史》，頁 62。
　　　　包括臺北、新竹、宜蘭、臺中、苗栗、鹿港、埔里社、雲林、臺南、鳳山、
　　　　嘉義、恒春、澎湖島等 13 所。
〔註87〕《臺灣總督府公文類纂》第 4531 冊第 27 件，頁 247～248。
　　　　《臺灣總督府公文類纂》第 4531 冊第 33 件，頁 277～282。
〔註88〕《臺灣總督府公文類纂》第 177 冊第 3 件，頁 19～26。
〔註89〕《臺灣總督府公文類纂》第 128 冊第 27 件，頁 69。
〔註90〕《臺灣總督府公文類纂》第 178 冊第 24 件，頁 189～191。

正元年（1912）發生了史稱「南投事件」的抗日事件，揀東上堡水底寮庄民沈阿榮（陳阿榮）受到國民革命成功的鼓舞，於初冬開始在南投、埔里、東勢角等地召募黨員，擬俟機進攻南投廳，[註91] 獲得隘勇徐香（林圯埔街民）等 80 餘名支持，組織革命黨，後來因遭檢舉而紛紛被捕，「公判請求書」中所列違犯〈匪徒刑罰令〉29 人當中，有 6 名戶籍在埔里，個人資料詳見表 2-5。[註92]

表 2-5：南投事件（1912）埔里地區參與者簡表

姓　名	族群別	年齡	職　　業	村里別	刑　　期
林免	不詳	36	苦力	埔里社街	有期徒刑 5 年
王佳	福	29	埔里社製糖工廠工人	梅仔腳	有期徒刑 5 年
鄭梅	福	36	原任巡查補 無業	烏牛欄庄	有期徒刑 9 年
余成	不詳	37	苦力	大肚城	有期徒刑 7 年
林萬益	福	46	零工	大肚城	有期徒刑 5 年
曾闊嘴	福	38	青菜販	大湳	有期徒刑 7 年

說明：

一、本表參考程大學編譯，《臺灣前期武裝抗日運動有關檔案》（南投：臺灣省文獻委員會，1977），頁 443～445「公判請求書」、471～472「判決騰本」，並參考《戶口調查簿》內容整理完成。

二、《戶口調查簿》中所登錄鄭梅的職業為「埔里社支廳巡查」。

昭和 11 年（1936）3 月 1 日又發生臺灣人 20 餘名突襲距離埔里 10 餘里（39.2 公里）的日本軍事據點的案件，殺害日本警察 2 名之後，退入阿里山，臨行遺留下來數千張油印傳單，內容抨擊日本帝國主義侵華及壓迫臺灣人的種種罪行，號召臺灣人一致團結抗日、爭取獨立。事發之後，殖民政府進行大舉搜捕，捕獲許多參與者，[註93] 惟欠缺明確數字及詳細名單，無法確認是否有埔里的居民參與。

[註91] 臺灣省文獻委員會編，《臺灣史》（臺北：眾文，1990），頁 675。

[註92] 程大學編譯，《臺灣前期武裝抗日運動有關檔案》（南投：臺灣省文獻委員會，1977），頁 438。

[註93] 徐子為、潘公昭，《今日的臺灣》（下冊）（上海：中國科學圖書儀器公司，1946），頁 240。

4、保甲與壯丁團

　　兒玉總督時期，參酌臺灣舊慣實施保甲制度，做為警察之輔助機關。也就是利用傳統的村庄互助組織，將它轉化為輔助日本警察治安，彌補警備力不足的問題，以有效鎮壓抗日行動。〔註94〕保甲的組織是以 10 戶為 1 甲，10 甲為 1 保，分別設置甲長、保正，保甲役員屬於無給職，但並非完全沒有來自政府的補貼。〔註95〕保甲的施行對象僅限於本島人及華僑，日本人並不在組織之列。

　　保甲的主要任務包括戶口調查，各種災害與盜匪的警戒和搜查，傳染病、病蟲害、獸類防疫工作，查察取締鴉片，道路及橋樑的維修等，隨著保甲業務擴大，警察權限也隨之滲透到各街庄當中。〔註96〕

　　日治時期以警察官吏派出所為單位，設立保甲聯合會，早期大多設在派出所內，或輪借保正宅屋，或租民宅暫用，後期則大半另築會所，建於派出所附近，或與派出所毗鄰而立。〔註97〕埔里市區也設一處「保正共同事務所」（今之中山路與北平街交叉路口）。〔註98〕原則上，每一派出所設置一名保甲書記，以輔助警察行政。保甲書記一職創設於明治 44 年（1911），屬於有給職，〔註99〕於整個保甲組織的運作上位居舉足輕重的角色，在警務推行上，保甲書記也扮演類似顧問的重要角色，保甲書記最重要的職務是戶籍行政，由於保甲書記是專職，擔任保甲書記者通常得定期參加保甲事務講習會，一方面是在職研究，另一方面是接受官廳的監督。〔註100〕郡役所有時也會招集管內保正舉行會議（見圖2-3）。

〔註94〕陳純瑩，〈日據時期臺灣的警察制度〉，《警專學報》1 卷 2 期，頁 180。
〔註95〕許雪姬，〈張麗俊先生「水竹居主人日記」的史料價值〉，《中縣文獻》第 6 期（臺中：臺中縣政府，1998.1），頁 16。
〔註96〕陳純瑩，〈日據時期臺灣的警察制度〉，《警專學報》1 卷 2 期，頁 180。
〔註97〕蔡慧玉，〈日治時代臺灣的保甲戶籍行政〉，《臺灣風物》44 卷 3 期（臺北：臺灣風物雜誌社，1994.9），頁 122。
〔註98〕《臺灣日日新報》，1931 年 11 月 11 日第四版，「埔里聯合會決定保甲役員改選日程」。
〔註99〕蔡慧玉，〈日治時代臺灣保甲書記初探 1911〜1945〉，《臺灣史研究》1：2（臺北：中央研究院臺灣史研究所籌備處，1994.12），頁 7、15。
〔註100〕蔡慧玉，〈日治時代臺灣的保甲戶籍行政〉，《臺灣風物》44 卷 3 期，頁 122〜123。

圖 2-3：能高郡保正會議（昭和 12 年）

說明：引自《古早人　鄉土情》頁 121（何楨祥提供）。

　　大正 9 年（1920）地方官官制改正後，埔里街轄下有 16 大字，區分為 25
保、〔註 101〕279 甲，壯丁團 5 團。〔註 102〕

　　壯丁團是保甲的輔助組織，團員由居民中 17 歲以上 50 歲以下的男性中，
挑選品性善良、身體強健者充任，每一壯丁團設團長一名、副團長若干名，
所有壯丁團均為義務職。〔註 103〕保甲和壯丁團等所需一切費用，由保甲內各
戶來負擔。〔註 104〕

　　日治後期，州政府舉辦壯丁團檢閱活動，埔里的壯丁團在臺中州下曾經

<hr>

〔註 101〕據黃大鏐口述，保的區域曾經歸併調整，例如其父黃敦仁曾經先後擔任過第
　　　　　16 保、18 保的保正，其實是同一區域。因此，不能完全以編號來推測其所屬
　　　　　區域。各保所屬區域暫未整理，依據埔里公學校所編《埔里鄉土調查》頁 142
　　　　　所列各保區域包括 1 保（西門）、2 保（北門）、3 保（東門）、4 保（南門）、
　　　　　5 保（茄苳腳）、6 保（茄苳腳）、7 保（枇杷城）、8 保（枇杷城）、9 保（大
　　　　　肚城）、11 保（大肚城）、12 保（水頭）、24 保（茄苳腳）。
〔註 102〕《臺灣總督府公文類纂》第 10089 冊第 48 件，頁 402。
〔註 103〕陳純瑩，〈日據時期臺灣的警察制度〉，《警專學報》1 卷 2 期，頁 180。
〔註 104〕洪秋芬，〈日據初期臺灣的保甲制度（1895～1903）〉，《中央研究院近代史研
　　　　　究所集刊》第 21 期，頁 469。

創造榮耀的記錄，昭和 10 年（1935），埔里聯合壯丁團獲得臺中州下壯丁團
檢閱優勝，2 月 22 日在埔里青年會館舉辦祝賀會，有 300 多人參加。〔註 105〕
次年（1936）改稱為能高郡團，再次獲得優勝。〔註 106〕第三年也再次蟬連優
勝，在表揚服勤 20 年以上的模範團員當中，也包括埔里街挑米坑副團長潘清
結。〔註 107〕

　　昭和 11 年（1936）能高郡本身也舉辦壯丁團檢閱，地點在舊練兵場，共
計 9 團參加檢閱，結果由埔里團獲得第一，烏牛欄團獲得第二。〔註 108〕年底
再次舉辦，還是由埔里團獲得第一。〔註 109〕昭和 13 年（1938）舉辦時，還是
埔里團獲得第一。〔註 110〕壯丁團參與的工作很廣，也包括防火救災，埔里街
舉辦防火演練的時候，埔里壯丁團也會參加。〔註 111〕

三、語言及教育政策

　　殖民政府在臺灣實施新式教育，是來自總督府第一任學務部長伊澤修二
（1851～1917）的構想，伊澤當時向樺山總督所提出的教育方針，就強調「新
領地人民應快設法使之學習日本語，本土移住者，應設法使之學習日常需要
之彼方方言。」〔註 112〕

　　殖民政府初期著力於軍事鎮壓與產業發展，對於教育政策採取比較消極
的態度，以統治者的立場來看，首先要解決的是語言不通的問題，因此先開
辦「國語傳習所」，到了明治 31 年（1898）才開始設置公學校與小學校，明
治 38 年（1905）再設立蕃人公學校，確立了日本人、臺灣本島人（包括漢人

〔註 105〕《臺灣日日新報》，1935 年 02 月 26 日第三版，「優勝祝賀會」。
〔註 106〕《臺灣日日新報》，1936 年 02 月 03 日第八版，「臺中州下壯團檢閱埔里團優
　　　　　勝」。
〔註 107〕《臺灣日日新報》，1937 年 02 月 03 日第八版，「臺中州下壯團檢閱，能高再
　　　　　優勝」。
〔註 108〕《臺灣日日新報》，1936 年 01 月 15 日第四版，「能郡壯團檢閱——埔里優勝」。
　　　　　壯丁團 9 團的名次依序如下，埔里團、烏牛欄團、北港溪團、國姓團、北山
　　　　　坑團、龜子頭團、挑米坑團、大湳團、史港團。
〔註 109〕《臺灣日日新報》，1936 年 12 月 22 日第四版，「能高郡下壯團檢閱，一等仍
　　　　　埔里團」。
〔註 110〕《臺灣日日新報》，1938 年 02 月 15 日第九版，「埔里團優勝，能高郡壯丁團
　　　　　查閱」。
〔註 111〕《臺灣日日新報》，1937 年 12 月 04 日第八版，「埔里——埔里の防火デー」。
〔註 112〕周婉窈、許佩賢，〈臺灣公學校制度、教科和教科書總說〉，《臺灣風物》53
　　　　　卷 4 期（臺北：臺灣風物雜誌社，2003.12），頁 120。

與平埔族）與高山族的三元化教育政策，雖然大正 11 年（1922）的教育令規定中等以上學校採取日臺共學制度，但是並非無條件接受所有臺灣人申請入學，必須經過嚴格審核才能入學，審核的標準包括父母之地位、資歷、教育程度及歸化日本的程度。以大正 10 年（1921）的統計為例，就讀小學校的臺灣人僅佔 1% 而已，〔註113〕因此，日臺共學的情形尚不普遍。

以下依序介紹國語傳習所、埔里社公學校、埔里小學校及埔里家政女子學校、幼稚園的設立及發展概況，各分校、分教場不一一羅列，有關埔里地區學校設置時間詳見表 2-6。

1、國語傳習所

依據明治 29 年（1896）2 月埔里社支廳的調查，埔里社的義塾創於光緒初年，為教化番童而設立 24 所學館。〔註114〕日治初期的教育設施，首先是明治 29 年（1896）5 月於全臺灣各地共設置 14 所國語傳習所，次年（1897）4 月 1 日再增設埔里社、臺東兩處。〔註115〕設立國語傳習所的目的，是希望在短期內培養一些人才，能夠繼續進入師範學校及中學校就讀，或者是擔任吏員。〔註116〕埔里社國語傳習所設置之初，先由所長召集埔里社支廳管內各堡長，召募甲科生志願者，並借用支廳內一間房間作為事務所。〔註117〕初期僅募得甲科生 5 名、乙科生 23 名，同年（1897）9 月開始授課。〔註118〕明治 31 年（1898）3 月再於集集街、魚池庄等二處設置分教場。〔註119〕

當時所招收的學生分為甲、乙科兩種，甲科是針對具有漢文素養之成年男子授以日語，乙科則是對於兒童授以普通教育。甲科修業年限半年，學生年齡約在 15 歲至 30 歲間，除了授予日語外，兼教初步讀書作文。乙科修業年限 4 年，學生年齡介於 8 歲至 15 歲之間，除了教授日語，也兼教讀書、作文、習字及算術，對於女學生也可加授裁縫。〔註120〕為了獎勵就學，國語傳

〔註113〕李園會，《日據時期臺灣教育史》，頁 303～305。
〔註114〕伊能嘉矩手稿，微捲編號 T0021/58，「28、埔里社に於ける學校（明治 29 年，埔里社支廳調查）」，台北：臺灣大學圖書館特藏組典藏資料影本。
〔註115〕《臺灣總督府公文類纂》第 142 冊第 17 件，頁 99。
〔註116〕洪敏麟主編，《日本據臺初期重要檔案》（臺中：臺灣省文獻會，1978），頁 152。
〔註117〕《臺灣總督府公文類纂》第 166 冊第 75 件，頁 582。
〔註118〕臺灣教育會，《臺灣教育沿革志》（臺北：南天，1995），頁 192。
〔註119〕《臺灣總督府公文類纂》第 311 冊第 24 件，頁 162～164。
〔註120〕張勝彥，《南投開拓史》，頁 229。

習所公費支給規則中明訂給費制，對甲科生發給定額賞錢。〔註 121〕學生一人每月給予 3 圓 5 角，充做膳食費及購買筆墨紙文具的費用。〔註 122〕從埔里社國語傳習所於明治 30 年（1897）12 月所提出的學事報告，可以大致了解推動初期兒童的就學概況，甲科生 25 人當中，父母務農的佔 22 位，乙科生 34 人當中，父母務農的佔 30 位，從商的有 3 位，學童年齡介於 12～32 歲之間，甲科生的平均年齡爲 20.4 歲，是以青年爲主，其中 11 人已婚。乙科生平均年齡爲 15.4 歲，是以青少年爲主，全部未婚。由於初期入學的學生以平埔族青少年、青年爲主，因此，也會因爲配合農曆 11 月 15 日的「蕃仔過年」傳統習俗，臨時停課三天。〔註 123〕

　　埔里社國語傳習所的地點設置於埔里社北門街，由於該處地勢低漥、土地狹隘、衛生不良，因此，明治 31 年（1898）改選用東門街的陸軍補給廠倉庫（即今之第三市場）做爲傳習所用地。〔註 124〕同年 10 月 30 日廢除國語傳習所之後，將各地方國語傳習所的設備移交新成立的公學校使用。〔註 125〕

　　護鄉兵也是進行國語教授的適當對象，此計畫是明治 30 年（1897）10 月由軍方主動提出，當時陸軍幕僚建議，由國語傳習所的教員對於護鄉兵進行國語傳習，至於如何施行，擬定方式之後仍需上報。〔註 126〕明治 31 年（1898）開始對於埔里社護鄉兵進行國語教授，實施一年三學期的課程，每週 1 小時，四年可以畢業。對於上等兵以上者，再給予一週 4 小時的讀、寫訓練。〔註 127〕國語傳習所到了明治 38 年（1905）2 月廢止停辦。〔註 128〕從國語傳習所發展到公學校，最大的不同在於經費，前者由國庫支辦，後者由人民負擔，其次是由給費制改變爲收取學費，將原來甲科生編入速成科，乙科生編入本科，此亦顯示出教育對象及重點的轉變。〔註 129〕

2、公學校

　　臺灣總督府於明治 31 年（1898）7 月發佈〈臺灣公學校令〉及〈臺灣

〔註 121〕鄭梅淑，〈日據時期臺灣公學校之研究〉，頁 43。

〔註 122〕洪敏麟主編，《日本據臺初期重要檔案》，頁 153。

〔註 123〕《臺灣總督府公文類纂》第 275 冊第 12 件，頁 159～160。

〔註 124〕《臺灣總督府公文類纂》第 288 冊第 10 件，頁 155～162。

〔註 125〕李園會，《日據時期臺灣初等教育制度》（臺北：國立編譯館，2005），頁 43。

〔註 126〕《臺灣總督府公文類纂》第 142 冊第 24 件，頁 123～125。

〔註 127〕《臺灣總督府公文類纂》第 291 冊第 17 件，頁 282～283。

〔註 128〕鄭梅淑，〈日據時期臺灣公學校之研究〉，頁 43～44。

〔註 129〕鄭梅淑，〈日據時期臺灣公學校之研究〉，頁 45。

公學校官制〉，國語傳習所和國語學校附屬學校均改制爲公學校，成爲一般
臺灣人子弟主要的教育機關，教育主旨爲「施德教」、「授實學」、「使精通國
語」等三方面。〔註130〕實施初期，全臺共有55所公學校，到了昭和9年（1934）
增加爲769所，臺灣子弟的就學率也達到37.02%。昭和15年（1940）是改
制爲國民學校的前一年，全臺共有824所公學校，就學率提高至52.97%。
〔註131〕明治31年（1898），全臺55所公學校的教職員共計152名，包括日
本人97名，臺灣人55名，其中包括埔里社公學校5名教師（日本人3名、
臺灣人2名）。〔註132〕

　　埔里地區最早設立的「埔里社公學校」也於同年（1898）11月1日設
立，〔註133〕地點原本在埔里街內，即今之第三市場一部份，大正10年（1921）
改稱「埔里公學校」，大正12年（1923）4月設「補習科」，10月於梅子腳
新建一棟「分離教室」（也就是附屬於埔里公學校的梅子腳教室）。〔註134〕
大正11年（1922）「教育令」規定，六年制公學校可附設二年制高等科，主
要是收容無法進入中學之本島人學童，〔註135〕埔里公學校於大正15年
（1926）4月1日附設「高等科」。〔註136〕昭和10年（1935）遷移到今之
埔里國小。〔註137〕

　　由於平埔族並無重男輕女觀念，男童、女童就學意願都高，女童就學比
例之高，爲全臺所罕見。〔註138〕因此也於埔里社公學校設立同時，設立烏
牛欄女學校（即「埔里社公學校烏牛欄分教場」的前身），招收附近平埔族
女學童32名，明治34年（1901）也開始招收男學童，〔註139〕到了明治36

〔註130〕周婉窈、許佩賢，〈臺灣公學校制度、教科和教科書總說〉，《臺灣風物》53
　　　　卷4期，頁121～125。
〔註131〕周婉窈、許佩賢，〈臺灣公學校制度、教科和教科書總說〉，《臺灣風物》53
　　　　卷4期，頁124。
〔註132〕李園會，《日據時期臺灣初等教育制度》，頁122～123。
〔註133〕埔里街役場，《臺中州能高郡埔里街街勢要覽》（南投：埔里街役場，1934），
　　　　「教育」表、「公學校」欄。
　　　　埔里公學校，《埔里鄉土調查》，頁144。
〔註134〕埔里公學校，《埔里鄉土調查》，頁144。
〔註135〕鄭梅淑，〈日據時期臺灣公學校之研究〉，頁57。
〔註136〕埔里公學校，《埔里鄉土調查》，頁144。
〔註137〕陳春麟，《大埔城的故事——埔里鎮史》，頁47。
〔註138〕《臺灣日日新報》，1904年05月10日第四版，「熟蕃女子之就學」。
〔註139〕張勝彥，《南投開拓史》，頁235。

年（1903），對於該校 5 年級生還設有「機織科」，採隔日授課方式教授。
〔註 140〕

　　埔里社公學校初期的經費來源是以亢五租的收入爲基礎，再加上其他幾
項收入，經費充足，而且有千餘圓的基金可用。〔註 141〕明治 38 年（1905）
增設埔里社公學校烏牛欄分校，明治 44 年（1911）2 月 27 日廢除分校，改
設立烏牛欄公學校。〔註 142〕

　　早期埔里地區的公學校，主要是盆地東邊的埔里社公學校與西邊的烏牛
欄公學校兩所，其學區並不是以行政區域的「埔東區」、「埔西區」來劃分，
而是基於地緣關係略作調整（見圖 2-4）。後來所設立的埔里信用組合、烏牛
欄信用組合的區域範圍也是直接採用學區的範圍，而不是依行政區域。

　　昭和 16 年（1941）發佈「改正臺灣教育令」，規定小、公學校一律改稱
「國民學校」，昭和 18 年（1943）實施義務教育，〔註 143〕到了昭和 19 年
（1944），全臺國民學校共有 1,099 校。〔註 144〕日治晚期的公學校，多是以
一位導師負責全部科目的教學方式，低年級（1 到 3 年級）一位老師，升到
高年級（4 到 6 年級）再換另一位老師，不過，「農業科」的課程則會由另
一位老師負責教學。〔註 145〕依據《臺灣總督府官職員名錄》，埔里地區的公
學校老師幾乎都是臺灣人，校長則是全部由日本人擔任（參考表 2-7、表 2-8）。

　　除了國語傳習所會因應平埔族習俗彈性放假外，公學校也會配合地方民
俗節日調整作息，例如埔里恒吉宮的媽祖祭典，在農曆 3 月 23 日媽祖聖誕
日會放假一天，讓大家可以去看戲、迎媽祖。〔註 146〕

〔註 140〕《臺灣日日新報》，1903 年 04 月 08 日第二版，「埔里だより」。
〔註 141〕《臺灣日日新報》，1903 年 01 月 21 日第三版，「南投學況」。
〔註 142〕《臺灣總督府公文類纂》第 5393 冊第 11 件，頁 57～65。
〔註 143〕鄭梅淑，〈日據時期臺灣公學校之研究〉，頁 58。
〔註 144〕周婉窈、許佩賢，〈臺灣公學校制度、教科和教科書總說〉，《臺灣風物》53
　　　　　卷 4 期，頁 131。
〔註 145〕劉枝萬口述，林美容、丁世傑、林承毅訪問紀錄，《學海悠遊・劉枝萬先生訪
　　　　　談錄》，頁 26。
〔註 146〕劉枝萬口述，林美容、丁世傑、林承毅訪問紀錄，《學海悠遊・劉枝萬先生訪
　　　　　談錄》，頁 28～29。

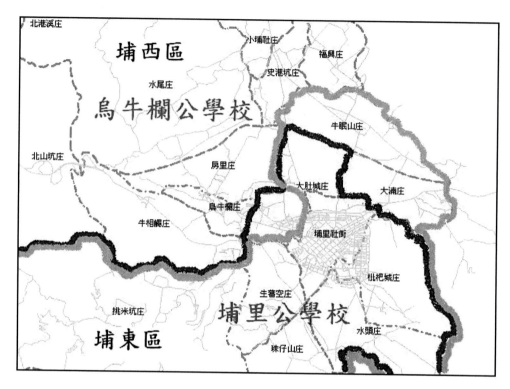

圖 2-4：日治初期埔里公學校學區圖

說明：本圖以「臺灣歷史文化地圖核心應用系統」繪製而成，紫色粗線爲區界，橘色
　　　粗線爲學區界，圖中虛線街庄界爲明治 37 年（1904）臺灣堡圖的街庄界，淺
　　　綠線爲今日道路。

　　公學校的就學人數，明治 38 年（1905）埔里公學校的學生人數有 128 名
（男 113 名、女 15 名），分爲 2 個學級別，第一級爲第 3～6 學年的學生，第
二級爲第 1～2 學年的學生。〔註147〕明治 44 年（1911）埔里社公學校有學生
200 餘名。〔註148〕明治 45 年（1912）有 240 餘名，畢業生 10 多名。〔註149〕
大正 5 年（1916）三所公學校共有 800 多名。〔註150〕大正 7 年（1918）埔里
社公學校的學生數爲 427 名（男 359 名、女 68 名）。〔註151〕昭和 11 年（1936）

〔註147〕《臺灣總督府公文類纂》第 4851 冊第 31 件，頁 200。
〔註148〕《臺灣日日新報》，1911 年 10 月 31 日第二版，「蕃界一巡（五）」。
〔註149〕《臺灣日日新報》，1912 年 03 月 11 日第一版，「埔里社の發展（三）」。
〔註150〕《臺灣日日新報》，1916 年 02 月 14 日第一版，「埔里社隨行（四）」。
〔註151〕《臺灣日日新報》，1918 年 01 月 23 日第六版，「埔校在學生數」，當時埔里
　　　　社公學校分爲七個學級。

四所公學校及一所分教場，5 所的學生共計 3,002 名。〔註152〕

　　就學率方面，明治 32 年（1899）臺灣人學齡兒童的就學率僅有 2.04%，明治 39 年（1906）提高為 5.31%，大正 5 年（1916）提高到 11.06%，雖然大正 10 年（1921）再提高到 27.22%，〔註153〕接下來幾年的就學率並無明顯提高，昭和 4 年（1929）為 29.7%，皇民化運動前後，就學率才有比較明顯的提高，昭和 11 年（1936）就學率提高到 48.1%。〔註154〕其中男童就學率為 66.37%，女童就學率卻僅有 34.08%，女子就學率偏低。〔註155〕到了昭和 15 年（1940），提高至 57.44%，昭和 19 年（1944）高達 71.17%，男童就學率為 80.76%，女童就學率為 60.73%。〔註156〕

3、小學校

　　埔里小學校可以追溯至明治 29 年（1896）9 月，埔里公學校從臺中小學校的派遣教授開始。〔註157〕明治 43 年（1910）設立南投尋常高等小學埔里社分教場，使用的是原本大埔城的西北邊城牆及附近約 1 甲的跡地（即今之埔里國中一部份），明治 44 年（1911）申請永久使用這塊官有地，做為埔里社分教場的用地。〔註158〕明治 45 年（1912）改為埔里尋常高等小學校。大正 5 年（1916）7 月再申請無償撥用旁邊另一段城牆跡地面積約 0.3 甲做為公學校校舍用地。〔註159〕

　　小學校的就學人數方面，明治 45 年（1912）有學生 40 餘名。〔註160〕大正 5 年（1916）增加到 70 名。〔註161〕大正 9 年（1920）北山坑水力發電所竣工，接著就是日月潭水力發電工程施工，為埔里帶來另一波的人口增長，尤其是日本人，最明顯的就是埔里小學校的學童數大量增長，例如大正 11 年

〔註152〕《臺灣總督府公文類纂》第 10089 冊第 48 件，頁 407。
〔註153〕李園會，《日據時期臺灣初等教育制度》，頁 103、195、282。
〔註154〕《臺灣總督府公文類纂》第 10089 冊第 48 件，頁 391。
　　　　小林英夫，《日本人の海外活動に関する歴史的調查 第十卷 台湾篇 5》，頁 62。昭和 15 年（1940）至昭和 19 年（1944），日本學童的就學率約在 99.55～99.66% 之間，接近 100%。
〔註155〕《臺灣總督府公文類纂》第 10089 冊第 48 件，頁 406。
〔註156〕小林英夫，《日本人の海外活動に関する歴史的調查 第十卷 台湾篇 5》，頁 63。
〔註157〕埔里公學校，《埔里鄉土調查》，頁 144。
〔註158〕《臺灣總督府公文類纂》第 1933 冊第 20 件，頁 223。
〔註159〕《臺灣總督府公文類纂》第 2499b 冊第 5 件，頁 225～233。
〔註160〕《臺灣日日新報》，1912 年 03 月 11 日第一版，「埔里社の發展（三）」。
〔註161〕《臺灣日日新報》，1916 年 02 月 14 日第一版，「埔里社隨行（四）」。

（1922）的學童數就有 205 人。〔註 162〕

　　大正 9 年（1920）是實施「日臺共學」的開始，由於屬於試驗階段，共學的兒童數不多，大正 11 年（1922）全臺共學兒童數爲 554 名，佔小學校兒童數 2.47%，雖然逐年增加，到了昭和 18 年（1943），共學兒童數爲 4,800 名，佔小學校兒童數 8.92%。〔註 163〕日臺共學制度的推動，允許部分臺灣人子弟從公學校轉入小學校就讀，巫永福與花岡一郎、花岡二郎（見圖 2-5）都在這一年轉入埔里小學校就讀。〔註 164〕昭和 5 年（1930）4 月，共學的兒童共有 13 名，包括本島人男性 11 名、女性 1 名，高山族女性 1 名。〔註 165〕昭和 7 年（1932）公學校的畢業生 203 名，小學校的畢業生 39 名。〔註 166〕昭和 11 年（1936）小學校的學生數爲 222 名。〔註 167〕

圖 2-5：花岡一郎與花岡二郎

說明：鄧相揚提供。

4、埔里家政女學校

　　日治晚期，昭和 18 年（1943）2 月將原來的「埔里小學校」改爲「街庄組合埔里家政女學校」，僅招收一班，學生數 56 人。次年（1944）改稱爲「臺灣公立埔里女子農業實踐學校」，戰後初期改稱爲「臺中縣立埔里女子家政學校」，由蕭木桂擔任校長，只有一屆畢業生。民國 35 年（1946）改制爲「臺中縣立埔里初級中學」，愛蘭黃家的黃大椿、牛眠山林家的林有川先後擔任校長，〔註 168〕劉

〔註 162〕埔里公學校，《埔里鄉土調查》，頁 146。
〔註 163〕李園會，《日據時期臺灣初等教育制度》，頁 352～358。
〔註 164〕「むつみ」特集号編集委員會，《異鄉の街　ポーレーシア》（日本：台湾埔里尋常高等小學校睦会，1982），頁 45。
〔註 165〕埔里公學校，《埔里鄉土調查》，頁 147。
〔註 166〕《臺灣日日新報》，1932 年 03 月 15 日第三版，「埔里點滴」。
〔註 167〕「むつみ」特集号編集委員會，《異鄉の街　ポーレーシア》，頁 25～26。
〔註 168〕美哉埔中校刊社，《美哉埔中》第 44 期（南投：美哉埔中校刊社，2006），頁 8。

枝萬從日本返臺不久，也在埔里國中擔任歷史教員。〔註169〕

5、幼稚園

　　埔里地區所設第一所幼稚園是昭和4年（1929）由能高寺（今之信愛幼
稚園）日本人住持佐藤顯孝於該寺私設的托兒所，後改稱爲「私立埔里幼稚
園」，僅招收日本人子弟，〔註170〕當時全臺私立幼稚園只有21所。〔註171〕
次年（1930）改爲公立，由埔里街役場經營，雖然兼收臺灣人子弟，但將學
童分開教育，日本人學童仍集中於能高寺，臺灣人學童則集中於青年會館（今
南盛街與西康路交叉口）。同年（1930）9月遷至埔里尋常高等小學校旁的
新園舍。〔註172〕昭和5年（1930）的學童數86名，包含男性48名、女性
38名。86名當中，內地人35名（含男性21名、女性14名），本島人51
名（含男性27名、女性24名），〔註173〕當時全臺私立幼稚園只有31所。
〔註174〕昭和12年（1937）4月再改爲私立，由埔里愛國婦人會經營，〔註175〕
到了太平洋戰爭時期停辦。經營期間每年就學人數皆未超過百人，開辦初期
僅40名日本學童，昭和13年（1938）學童人數最多時，亦僅91名。〔註176〕
此外，昭和9年（1934）埔里街亦設置有「梅子腳托兒所」，受托兒童數50
名。〔註177〕

表2-6：日治時期埔里地區學校設置時間簡表

學校名稱	地點	設置時間	設置西元年	招收對象	備　註
埔里公學校	埔里街	明治31年4月1日	1898	臺灣人埔里街及附	前身爲明治30年（1897）設立的「埔里社國語傳習所」。

〔註169〕劉枝萬口述，林美容、丁世傑、林承毅訪問紀錄，《學海悠遊・劉枝萬先生訪
　　　　談錄》，頁89。
〔註170〕張勝彥，《南投開拓史》，頁214。
〔註171〕臺灣教育會，《臺灣教育沿革志》，頁533。
〔註172〕張勝彥，《南投開拓史》，頁214。
〔註173〕埔里公學校，《埔里鄉土調查》，頁147。
〔註174〕臺灣教育會，《臺灣教育沿革志》，頁533。
〔註175〕竹中信子著、蔡龍保譯，《日治台灣生活史──日本女人在台灣（明治篇1895
　　　　～1911）》（臺北：時報文化，2007），頁162～163。愛國婦人會是日本內地
　　　　之組織，明治37年（1904）陸續於臺中廳、臺南廳、臺北廳設立支部，各自
　　　　直屬於東京本部，埔里愛國婦人會屬於臺中州支部。
〔註176〕張勝彥，《南投開拓史》，頁214。
〔註177〕臺中州，《臺中州管內概況及事務概要》（昭和9年），頁193。

				近村庄。	原來名稱爲「埔里社公學校」，大正9年（1920）改稱爲「埔里公學校」。 昭和16年（1941）改稱爲「埔里北國民學校」。
烏牛欄公學校	烏牛欄	明治43年2月27日	1910	臺灣人，烏牛欄、房里一帶村庄。	前身爲明治31年（1898）設立的「埔里社公學校烏牛欄分教場」。明治38年（1905）改稱爲「埔里社公學校烏牛欄分校」。 昭和16年（1941）改稱爲「烏牛欄國民學校」。
埔里尋常高等小學校	埔里街	明治45年4月1日	1912	日本人，埔里地區	前身爲明治42年（1899）4月設立的「南投尋常高等小學埔里社分教場」。
史港公學校	史港	大正13年4月1日	1924	臺灣人，史港、牛眠山、小埔社一帶村庄。	前身爲大正9年（1920）設立的「烏牛欄公學校史港分教場」。大正10年（1921）獨立爲「史港公學校」。〔註178〕 昭和16年（1941）改稱爲「史港國民學校」。
街立埔里幼稚園	埔里街	昭和5年4月1日	1930	臺灣人、日本人	前身爲昭和4年（1929）由能高寺日本人住持佐藤顯孝於該寺內私設之托兒所，專招收日本人子弟。次年（1930）改爲公立，昭和12年（1937）再改爲私立，由埔里愛國婦人會經營。
南公學校	埔里街	昭和11年4月1日	1936	臺灣人，埔里街東門、南門、枇杷城、十一份等庄	由埔里公學校部份學區分出，另設新校。並將溪南分教場改隸屬於南公學校。 昭和16年（1941）改稱爲「埔里南國民學校」。
溪南公學校	生蕃空	昭和15年4月1日	1940	臺灣人，生蕃空、珠仔山。	前身爲大正11年（1922）設立的「埔里公學校生蕃空分教場」。借用善天堂充當臨時校舍。〔註179〕 昭和2年（1927）改稱爲「埔里公學校溪南分教場」。

〔註178〕埔里公學校，《埔里鄉土調查》，頁145。
〔註179〕埔里公學校，《埔里鄉土調查》，頁145。

					昭和 11 年（1936）改隸屬於南公學校，改稱爲「埔里南公學校溪南分教場」。 昭和 16 年（1941）改稱爲「溪南國民學校」。
水尾國民學校	水尾	昭和 17 年4 月 1 日	1942	臺灣人，水尾	前身爲昭和 12 年（1937）設立的「烏牛欄公學校水尾分教場」。 昭和 16 年（1941）改稱爲「烏牛欄國民學校水尾分教場」
埔里家政女子學校	埔里街	昭和 18 年4 月 1 日	1943	臺灣人，埔里街	昭和 19 年（1944）改稱爲「埔里農業實踐女學校」，戰後即停辦。

說明：本表參考《臺灣總督府官職員名錄》、《南投開拓史》、《臺灣總督府公文類纂》、《埔里鄉土調查》等資料整理完成。

表 2-7：日治前期埔里地區學校重要教職員表（1902～1920）

校名 職稱 年代　西元	南投尋常高等小學埔里社分教場 / 埔里社尋常高等小學校		埔里社公學校	埔里社公學校 烏牛欄分校
	校長 / 教諭	囑　託	校　長	教　諭
明治 35 年　1902			塚越翠	
明治 36 年　1903			？	
明治 37 年　1904			和田富志夫	
明治 38 年　1905			中田哲夫	淵野孝之助
明治 39 年　1906			中田哲夫	淵野孝之助
明治 40 年　1907			內藤大助	淵野孝之助
明治 41 年　1908			內藤大助	淵野孝之助
明治 42 年　1909			內藤大助	淵野孝之助
明治 43 年　1910	小笠原敬太郎		內藤大助	太田嘉三太
明治 44 年　1911		下村宏次郎	內藤大助	太田嘉三太
大正 1 年　1912	小笠原敬太郎		內藤大助	太田嘉三太
大正 2 年　1913	小笠原敬太郎		內藤大助	太田嘉三太
大正 3 年　1914	小笠原敬太郎		片瀨近助	太田嘉三太
大正 4 年　1915	小笠原敬太郎		太田嘉三太	前木金三郎
大正 5 年　1916	小笠原敬太郎		太田嘉三太	前木金三郎

大正 6 年	1917	小笠原敬太郎			太田嘉三太	前木金三郎
大正 7 年	1918	小笠原敬太郎			太田嘉三太	前木金三郎
大正 8 年	1919	小笠原敬太郎			太田嘉三太	前木金三郎
大正 9 年	1920	中原貞義			太田嘉三太	小林實次

說明：

一、本表參考《臺灣總督府官職員名錄》整理完成，「？」號者爲不詳。

二、「南投尋常高等小學埔里社分教場」於明治45年（1912）4月1日廢止，改
設置「埔里社尋常高等小學校」，由當時的教諭小笠原敬太郎兼任小學校長
（參考《臺灣總督府公文類纂》第2065冊第28件，頁119～120。）。

表2-8：日治後期埔里地區學校重要教職員表（1921～1942）

年代 \ 校名 職稱 西元	埔里尋常高等小學校	埔里（北）公學校	烏牛欄公學校	埔里公學校生番空（溪南）分教場	史港公學校	埔里（南）公學校	烏牛欄公學校水尾分教場
	校長	校長	校長	訓導	校長	校長	訓導
大正 10 年　1921	中原貞義	谷口清之助	前木金三郎				
大正 11 年　1922	中原貞義	谷口清之助	前木金三郎	劉春華			
大正 12 年　1923	中原貞義	谷口清之助	前木金三郎	劉春華			
大正 13 年　1924	長倉清	谷口清之助	前木金三郎	劉春華	奧島憲慶		
大正 14 年　1925	佐藤一治	谷口清之助	前木金三郎	劉春華	奧島憲慶		
大正 15 年　1926	佐藤一治	谷口清之助	坂梨健孫	劉春華	奧島憲慶		
昭和 2 年　1927	佐藤一治	谷口清之助	坂梨健孫	劉春華	奧島憲慶		
昭和 3 年　1928	久谷豐吉	谷口清之助	坂梨健孫	劉春華、辜添泉	島袋嘉民		
昭和 4 年　1929	渡邊誠之進	谷口清之助	坂梨健孫	劉春華、辜添泉	島袋嘉民		
昭和 5 年　1930	渡邊誠之進	谷口清之助	小川滋	劉春華、蔡文慶、柯銀浦	島袋嘉民		

昭和6年	1931	渡邊誠之進	谷口清之助	小川滋	劉春華、蔡文慶、柯銀浦、李國禎	島袋嘉民		
昭和7年	1932	渡邊誠之進	谷口清之助	小川滋	劉春華、蔡文慶、柯銀浦	島袋嘉民		
昭和8年	1933	酒井學	渡邊城之進	高橋貴義	佐久田昌、辜添泉、柯銀浦	島袋嘉民		
昭和9年	1934	酒井學	渡邊城之進	高橋貴義	佐久田昌、辜添泉、柯銀浦	島袋嘉民		
昭和10年	1935	酒井學	渡邊城之進	高橋貴義	佐久田昌、辜添泉、董樹池	高澤三平		
昭和11年	1936	立石虎雄	渡邊城之進	高橋貴義	黃琬、林榮煌、董樹池	高澤三平	草水政友	
昭和12年	1937	立石虎雄	渡邊城之進	高橋貴義	和田忠孝、黃火獅、董樹池	高澤三平	草水政友	黃琬
昭和13年	1938	立石虎雄	渡邊城之進	高橋貴義	和田忠孝、黃火獅、董樹池	高澤三平	草水政友	黃琬
昭和14年	1939	立石虎雄	奧島憲慶	高橋貴義	和田忠孝、黃火獅、董樹池、池田藤助、小野邦正	高澤三平	草水政友	黃琬、陳添發、張雲騰
昭和15年	1940	立石虎雄	奧島憲慶	廣江清	日高成二	高澤三平	草水政友	黃琬、尤騰烈、鄭朝波
昭和16年	1941	井出秀勝	丸大好光	廣江清	日高成二	高澤三平	金城宮直	黃琬、鄭朝波、母瀨大三郎
昭和17年	1942	井出秀勝	丸大好光	廣江清	香坂武夫	堤隼人	喜友名朝順	

說明：本表參考《臺灣總督府官職員名錄》整理完成。

第二節　理蕃政策與產業調查

一、理蕃政策

臺灣住民當中的高山族佔總人口的比例並不高，明治38年（1905）為113,195人，僅佔總人口2,972,774人約3.8%，昭和9年（1934）增加為148,472

人，亦僅佔總人口 4,284,902 人約 3.5%，人口增加率亦不到漢人的一半。〔註 180〕不過，招服高山族一直是殖民統治所要面對的主要問題之一，經過漫長的理蕃政策推動，一直到昭和 6 年（1931），盤踞於六龜一帶タマホ的頭目アリマンシケン歸順為止，〔註 181〕才真正收服全臺灣的高山族。

　　日治初期殖民政府對於「蕃地統治」的問題，主要有兩種主張，一是「全滅主義」，就是把全島 10 萬人的蕃族全數消滅，二是「導化主義」。前者由於違反人類道義及統治本旨，蕃族盤據於佔臺灣全島一半以上面積的山地，欲實行「全滅主義」恐有困難，因此僅剩「導化主義」一途。〔註 182〕

　　採取「導化主義」，在執行上尚有幾種程度不等的差別，包括「以威壓手段」、「以綏撫手段」、「威壓為主，綏撫為從」、「綏撫為主，威壓為從」、「綏撫與威壓併行」等 5 種。經考量執行效益，殖民政府決定採取最後一項「綏撫與威壓併行」的手段，也就是「恩威並施」。〔註 183〕於是產生圖 2-6 的理蕃系統。

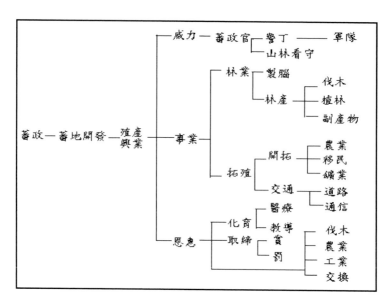

圖 2-6：日治初期蕃政系統圖

說明：本圖引自《理蕃誌稿》一卷，頁 134。

〔註 180〕井出季和太，《臺灣治績志》，頁 189。
〔註 181〕井出季和太，《臺灣治績志》，頁 194。
〔註 182〕臺灣總督府警務局，《理蕃誌稿》一卷（臺北：南天，1995），頁 131。
〔註 183〕臺灣總督府警務局，《理蕃誌稿》一卷，頁 132～133。

　　埔里盆地正好位於南北蕃的交接點，再加上有熟蕃、化蕃的研究資料，統治初期被認為是理蕃事業適當的中心位置。〔註184〕埔里社出張所長檜山鐵三郎進入埔里之後，首次呈給民政局長水野遵的報告中便提到，生蕃綏撫是本廳最重要的問題。〔註185〕

　　日治初期為了應付平地的反抗者，尚無暇對於高山族的統治制定出有效的方略，初期採取比較消極的安撫手段。等到平地的反抗勢力逐漸被消滅之後，開始採取比較積極的恩威並行策略，以隘勇線的防堵與軍隊討伐手段，逐步迫使高山族屈服於殖民統治之下。

　　綜觀日治時期理蕃措施的演變，可以說是從隘勇線系統轉變為駐在所系統的過程，此一轉變也可以視為殖民政府對於山地開發及有效統治高山族的歷史縮影。臺灣總督府從明治43年（1910）開始於山地稜線上佈設隘勇線，並且逐步向山地推進，一方面是做為圍堵未降服的高山族之防衛線，另一方面也成為官方力量從平地深入蕃地的動線。等到高山族的反抗減弱之後，開始於重要部落設置駐在所，對於高山族施以柔性的教化撫育，也著手興建連繫各部落的警備道路。大正9年（1920）以後，「集團化據點式」的駐在所，逐漸取代了隘勇線，配合集團移住政策，廣大山地逐漸轉變為以繞行溪谷的警備道路為骨幹，以警官駐在所為集中核心的新部落，徹底改變了山地的空間結構。〔註186〕

　　大正9年（1920）川崎警務局長曾經提到，理蕃的終極目的就是要讓當時在臺灣地圖上佔1／2的蕃界消失，將蕃界全部改變成為一般行政區。〔註187〕這是一個理想的目標，不過，要達到此目標，需經過一段時間的努力，以及付出相當的代價才可能完成。日治初期南投廳管內各蕃社的分布及人口數，可參閱森丑之助的《臺灣蕃族志》。〔註188〕以下就埔里地區理蕃過

〔註184〕《臺灣日日新報》，1903年04月08日第二版，「埔里社だより」。
　　　　「化蕃」一詞，清代是「歸化生番」的簡稱，日治時期則是專指日月潭邵族與新竹、苗栗一帶的賽夏族。
〔註185〕《臺灣總督府公文類纂》第26冊第26件，頁203。
〔註186〕林一宏、王惠君，〈從隘勇線到駐在所：日治時期李棟山地區理蕃設施之變遷〉，《臺灣史研究》第14卷第1期，臺北：中央研究院臺灣史研究所，2007.3，頁71～137。
〔註187〕臺灣總督府編，《詔敕・令旨・諭告・訓達類纂（一）》，頁332～337。〈理蕃行政に關する警務局長の演述〉
〔註188〕森丑之助，《臺灣蕃族志》（臺北：南天，1996），頁78～92。

程區分為「蕃害嚴重的問題」、「蕃地探險（檢）」、「理蕃機構的變遷」、「軟硬兼施的理蕃政策」、「蕃人撫育」、「隘勇線的圍堵」、「討伐行動與牽制策略」等幾個單元分別概述：

1、蕃害嚴重的問題

　　埔里附近的蕃害威脅，從清代延續到日治時期，同治年間甘為霖（William Campbell）來到埔里，聽當地人傳述，每年約發生 10 到 15 起左右的「獵頭事件」。〔註189〕明治 29 年（1896）年初，總督府殖產部派遣八戶道雄等 2 人到臺灣中部（苗栗至彰化）近山一帶進行殖產調查，在「巡回復命書」當中，也特別提到埔里附近生蕃危害的問題。〔註190〕探險家笹森儀助於《臺灣視察日記》當中，也記載了殖民統治初期埔里附近依然蕃害嚴重的問題。明治 29 年（1896）4 月 22 日進入埔里的途中，經過龜仔頭時，見到當月（4 月）1 日遭生蕃殺害的日本電信工人夫之墓，墓碑上標明「明治 29 年 4 月 1 日在大石鼓遭生蕃殺害」等字。又聽聞於清代時期，此道路沿線每年遭生蕃馘首者約 3、40 人，當年 1 至 4 月已有 11 人被馘首。25 日前往北港溪與加藤大尉見面時，還對於生蕃人的跋扈感到憤慨。更令笹森儀助難忘的是，他還親眼見到剛被馘首所留下來的一名埔里商人及兩名龜仔頭村農民橫屍的慘狀。〔註191〕

　　生蕃殺人的威脅還不僅限於山區與沿山地區，平原上的聚落有時也會遭受攻擊，〔註192〕也曾經有生蕃潛入大埔城內襲擊居民、放火燒屋的情形。〔註193〕生蕃有時也會在盆地周邊的半山腰構築一些銃掛臺，做為窺視及狙擊山下行旅的據點。〔註194〕為了防範生蕃的侵擾，殖民政府甚至大量砍除盆地西北邊小埔社一帶的林木，棄置於原地任其腐壞，目的只是為了掃除生蕃的遮蔽物，使無法躲藏以突襲往來的民眾。〔註195〕

　　由於隘勇扮演著防蕃的角色，也成為生蕃攻擊的目標。〔註196〕遭遇蕃害者，通常是隘勇首當其衝，遭生蕃殺害的案例頻傳。〔註197〕在隘勇線以內遇

〔註189〕甘為霖（William Campbell）著、許雅琦/陳珮馨譯，《福爾摩莎素描》，頁 51。
〔註190〕《臺灣總督府公文類纂》第 4506 冊第 18 件，頁 297。
〔註191〕笹森儀助，《臺灣視察日記、臺灣視察結論（全一冊）》，頁 35～36。
〔註192〕《臺灣總督府公文類纂》第 26 冊第 26 件，頁 203。
〔註193〕《臺灣日日新報》，1898 年 12 月 18 日第三版，「埔里社生蕃の靜穩」。
〔註194〕《臺灣日日新報》，1902 年 05 月 18 日第七版，「蕃情二件」。
〔註195〕甘為霖（William Campbell）著、許雅琦/陳珮馨譯，《福爾摩莎素描》，頁 262。
〔註196〕《臺灣日日新報》，1901 年 10 月 01 日第五版，「臺中縣埔里社方面の蕃害」。
〔註197〕《臺灣總督府公文類纂》第 164 冊第 13 件，頁 140。

害者，雖以小孩、老人為常見，有時也有年輕人遇害，不僅是一般民眾，連擔任通事職務的人也不例外，例如明治 30 年（1897）10 月，南蕃干卓萬社通事李阿輝（20 歲）遭北蕃霧社總頭目殺害，即是起因於蕃社間的仇恨而殺害對方蕃社通事的案例。〔註 198〕隨著隘勇線的設置，蕃害事件也逐年減少，明治 32 年（1899）全臺尚有 680 件，到了明治 36 年（1903）隘勇線初步設置完成，蕃害事件降到只有 289 件。〔註 199〕茲將《臺灣日日新報》有關埔里及附近地區蕃人襲擊事件的報導整理成表 2-9。

表 2-9：《臺灣日日新報》有關埔里及附近蕃人襲擊事件報導簡表

流水號	日期（西元）	版面	標　題	地　點	概　　況	受害情形	備註
1	1898.10.11	5	生蕃郵便物を襲ふ	龜仔頭	郵便遞送人與 6、7 名生蕃遭遇，護衛之憲兵將之擊退。	無	
2	1898.11.02	4	蕃害	未指明	埔里社地方的生蕃日益跋扈，頻頻出沒掠首。	未提	
3	1899.02.04	4	埔里社の生蕃	八幡峠	生蕃 35 名襲擊通行的土人數名，被隘勇擊退。	未提	
4	1899.03.30	4	埔里社の蕃戰	五城堡	若干生蕃襲擊土人。	無	1 名蕃人被銃殺
5	1899.10.14	4	兩遭蕃害	義民祠庄	陳炳其堂弟於義民祠庄小睡時被生蕃取去首級。	2 死	共計 2 件
				虎耳山	幾日後，陳炳其之子於虎耳山採樵又遇生蕃而遭取去首級。		
6	1901.10.01	5	臺中縣埔里社方面の蕃害	下福興庄	農民陳阿養遭兇蕃襲擊負傷。	受傷	共計 3 件
				守城份庄	壯丁們於福興庄附近與霧社蕃人衝突，一名蕃人被殺。	無	
				八幡峠	隘丁何子義遭蕃狙擊死亡。	1 死	

〔註 198〕《臺灣總督府公文類纂》第 4541 冊第 2 件，頁 35。
〔註 199〕鄭順德譯，Réginald Kann 原著，《福爾摩莎考察報告》，頁 22～23。
　　　　有關蕃害的統計，持地六三郎的《台灣殖民政策》有明治 31 年（1898）至明治 43 年（1910）的蕃害件數與死亡人數統計，詳見持地六三郎，《台灣殖民政策》，頁 392～393。

7	1901.12.11	4	蕃界出來事	新興	生蕃襲擊，本島人一名遭馘首。	1 死	共計 2 件
				獅仔頭庄	四名本島人遭馘首，且住宅被放火燒燬。	4 死屋被燒毀	
8	1901.12.20	4	埔里社管內の蕃害	北港溪	本島人二名遭蕃人馘首	2 死	
9	1902.05.01	2	生蕃と守備隊の大衝突	蜈蚣崙庄	守備隊山地行軍通過蜈蚣崙庄時，與生蕃發生衝突。	1 重傷 19 負傷 3 失蹤	蕃人死傷20餘名
10	1902.05.02	2	埔里社衝突事件後聞	同上	同上，較詳細之報導。猜測失蹤者恐已被馘首。	同上	與 9 同一件
11	1902.05.03	2	埔里社事件と搜索隊	同上	派出 250 多名入山搜索三名失蹤者，並無所獲。	同上	與 9 同一件
12	1902.05.16	2	埔里社事件善後策	同上	派人調查詳細過程，並且研擬善後策略，向上陳報。	同上	與 9 同一件
13	1902.08.06	4	蕃害數件	加道坑	墾民 10 人吃午餐時，遭 15、6 名蕃人來襲，一名蕃人被擊斃。	無	共計 3 件 2 件 與埔里有關
				埔里社	同日下午，生蕃 14、5 名來襲，男子 3 人、女子 1 人被馘首	4 死	
14	1903.07.29	3	埔里社蕃害	埔里社	蕃人來襲，一女子被擄，一男子被馘首。二次來襲時，斬馘蕃丁一人。	1 死	斬馘蕃丁 1 人
15	1903.08.06	2	烏牛欄の蕃害	烏牛欄	庄民於烏牛欄庄的西南方距離約 11 町（約 1200 公尺）處遭馘首，壯丁們於加害蕃人（猜測為萬大蕃）通路上攔截，抓到一名蕃人。	1 死	
16	1903.08.08	3	埔里社蕃害	埔里社	同 14，被斬馘之蕃丁並非第二次來襲時被殺，而是壯丁於攔截蕃人之逃路上所殺。	同 14	與14同一件
17	1903.10.07	2	中部隘勇線前進其後の模樣	不詳	第一部隊大砲陣地有蕃人四十名來襲。	2 死	
18	1904.01.22	3	各地之蕃害	埔里社	本島人一名遭馘首。	1 死	另一件在花蓮

19	1905.08.10	2	蕃人を擊退す	距蜈蚣崙不到一里的眉溪谷	因從事水圳工事，派巡查、巡查補、隘勇等六人警戒時，約40名蕃人來襲。蕃人被擊斃數名、負傷數名而退去。	無	生蕃死亡數名
20	1905.0812	2	埔里社の蕃害	隘寮	蕃人 20 名襲擊隘寮，蕃人 1 人被殺，1 人重傷。		蕃人 1 死 1 重傷
21	1905.12.12	2	埔里社隘勇線前進	猴舊山附近	眉原社蕃人約 20 名來襲。	無	
22	1907.04.26	2	腦丁首級を奪還す	眉溪支流石墩溪之溪口	牛眠庄熟蕃潘加包郡乃及另外一名於溪口附近放牛，同行的埔里社街鄭氏春於溪底煮飯時，四名兇蕃出沒，鄭氏春、潘加包郡乃皆被馘首，附近腦寮五名腦丁前來救援，兇蕃捨棄潘加包郡乃首級逃走，一名兇蕃被殺。	2 死	1 名生蕃死亡
23	1908.07.10	5	蕃害一束	埔里社支廳管內蕃界	一名隘勇遭蕃人擊殺死亡。	1 死	共計 5 件，1 件在埔里
24	1910.05.11	5	生蕃馘首せらる	過坑	一位通事於過坑通往蕃社路上發現一位已被馘首的生蕃屍體。		1 名生蕃死亡
25	1913.04.05	6	埔里社蕃害	馬斯科瓦蘭監督所區內威力分遣所	隘勇林捲押在鄰樓分遣所擔任警戒任務時，突遭凶蕃擊斃。	1 死	
26	1919.02.09	7	腦寮の慘劇	關刀山製腦地第十六號	蕃人放火燒腦寮，從新竹竹南一堡斗換坪庄來的腦丁賴阿盛同妻、一子二女，一家五口全數被燒死。	5 死	
27	1919.02.18	7	關刀山腦寮の慘劇後報	同上	同上。賴阿盛與妻二人被馘首，行兇者應為霧社蕃人。	同上	與 26 同一件

說明：

一、「流水號」欄代表報導的則數，扣除同一事件多則的報導數 5，再加上同一則報導多件 5，兩相抵消，共計報導 27 件。

二、「受害情形」欄只記載漢人、平埔族受害情形，高山族死傷情形記於備註欄。

　　明治 30 年（1897）總督府設置生蕃刑罰令調查委員會，著手擬定〈生蕃刑罰令〉，當時新任的埔里撫墾署長長野義虎便向總督乃木希典提出不認同的

看法，所持的理由如下：

（1）生蕃各社團結力很強，一、兩人觸法，同社必定相互庇護、隱匿，犯者難以捕獲，連該社的土目恐怕都無法承諾可以交出犯者。

（2）以木瓜社與七腳川社的爭鬥為例，起因只在於木瓜社蕃丁於狩獵時誤傷一名七腳川社的蕃丁，便引發兩社嚴重的爭鬥，並非處罰一人就可以平息兩社爭端。

（3）若蕃社土目不願交出犯者，欲採取討伐方式使之臣服也是有困難的，以清朝統治時期對南部生蕃的討伐、日軍對牡丹社的討伐為例，蕃人必定頑抗到底。

從歷史經驗可以了解生蕃的傳統習性，長野義虎認為採取懲戒的處分方式是不合宜的，應該要恩威並用，於是進一步提出「義勇蕃隊組織」的建議。〔註200〕所謂「義通蕃隊組織」就是採取志願或者是由土目選拔的方式，集合蕃人少壯者，以保護蕃社為目的的組織，花費極少的費用即可達到維護治安的目的，其實就是「以蕃制蕃」的手段，蕃地有事時擔任討伐任務，無事時還可以協助修路、造橋等各項建設工程。〔註201〕不過，似乎未獲採納。

2、蕃地探險（檢）

欲了解蕃情，最直接的方法還是進行蕃地探險（檢）。不幸的是，第一次的官方探險隊，即深堀安一郎大尉一行 14 人於明治 30 年（1897）1 月入山，出發幾天後就遭難。由於失去消息，當時埔里社撫墾署長檜山鐵三郎於 3 月派遣技手竹田忠治入山探查下落，除了埔里社守備隊幾位士兵隨行外，也請在蜈蚣崙庄的生蕃婦帶路，花了 5 天的時間並未尋獲。〔註202〕後來證實這些人皆已被生蕃馘首，官方為了懲罰蕃社，實施封鎖策略，嚴密管控蕃人與平地之間的交易。〔註203〕主要是嚴禁食鹽、鐵器等生計用品進入山區，可稱為「生計大封鎖」。在蜈蚣崙出張所，則藉由一些物品來籠絡、招撫原住民。〔註204〕

不過，這樣的悲劇並沒有阻斷其他人前往蕃地探險的嘗試，明治 31 年（1898）9 月 28 日，就有三名日本的冒險者從守城份庄出發，前往蕃界進行

〔註200〕《臺灣總督府公文類纂》第 4534 冊第 11 件，頁 209～231。
〔註201〕《臺灣總督府公文類纂》第 4534 冊第 11 件，頁 226。
〔註202〕《臺灣總督府公文類纂》第 4533 冊第 18 件，頁 278～287。
〔註203〕藤崎濟之助，《台灣の蕃族》（臺北：南天書局，1988），頁 899。
〔註204〕鄧相揚，《霧社事件》，頁 32。

冒險，其中一名就是當時已於守城份庄從事生蕃物產交易人，人稱「生蕃近藤」的近藤勝三郎（1873～？）。〔註205〕埔里社撫墾署長長野義虎也先後兩次進行生蕃地探險。〔註206〕明治33年（1900）南投辨務署埔里社支署長大熊廣筠也曾親自到「トロック」（太魯閣社）、「タウツアー」（道澤社）兩社巡視，並向總督兒玉源太郎提出一份報告，內容也包括深堀大尉一行人遭難的調查。近藤勝三郎（見圖2-7）也是隨行者之一，此行也協助尋獲深堀大尉一行人的一些遺物。〔註207〕近藤勝三郎由於與高山族接觸頻繁，取得高山族的信任，也娶巴蘭（バーラン）社頭目チツック的長女ユワンロバウ為妻（見圖2-8），與檜山鐵三郎都是早期日本人「和蕃」的例子。

圖 2-7：深堀大尉之妻與近藤勝三郎

說明：引自《臺灣治績志》頁278，左邊站立者即近藤勝三郎。

〔註205〕《臺灣日日新報》，1898年10月14日第五版，「壯夫死を決して蕃界に投す」。有關「生蕃近藤」的事蹟，詳見ポール・バークレ（Paul D. Barclay），〈「生蕃近藤」の物語：中央山脈橫斷に命を懸けた日本人の小伝〉，《台湾原住民研究》第8号（東京：風響社，2004.3），頁105～151。

〔註206〕《臺灣總督府公文類纂》第4534冊第11件，頁220。

〔註207〕《臺灣總督府公文類纂》第4627冊第2件，頁147～160。

圖 2-8：近藤勝三郎之妻

說明：引自《臺灣治績志》頁 278，ユワンロバウ是巴蘭（バーラ
ン）社頭目チツツク的長女。

3、理蕃機構的變遷

　　光緒 3 年（1877）福建巡撫丁日昌（1823～1882）擬定之〈撫番開山善
後章程〉，在恒春、埔里社、卑南三縣廳設「撫番」公局、招墾局及置撫墾
委員，為臺灣設置專責治理「生番」機關之嚆矢。日治初期，參酌清代舊制
設撫墾署，負責「蕃人」及「蕃地」事務。〔註208〕明治 29 年（1896）敕令
第 93 號公布〈臺灣總督府撫墾署官制〉，第一條提到撫墾署所掌理的事務包
括「蕃人的撫育授產等相關事項」、「蕃地開墾相關事項」、「山林樟腦製造相
關事項」等三項重點工作。〔註209〕當時全臺灣共設立的 11 處撫墾署即包括

〔註208〕王世慶，〈日據初期臺灣撫墾署始末〉，《臺灣文獻》第 38 卷第 1 期（南投：
　　　　臺灣省文獻委員會，1987.3），頁 203。
〔註209〕臺灣總督府警務局，《理蕃誌稿》一卷，頁 11。

「埔里社撫墾署」在內，埔里撫墾署管轄區域爲埔里社支廳管內。〔註 210〕
當時撫墾署是納於總督府民政局殖產部管轄之下。殖產部長對於各撫墾署長
提出 13 點業務上的注意要項，其中第 7 點「殖民地選定相關事項」，要求各
署儘速著手實地調查，並撰寫詳細報告。〔註 211〕由於將理蕃機構置於殖產
部門之下，顯見當時主要重點還是放在「開發山地富源」，包括找尋內地人
移民適當開發的地點。

　　埔里社撫墾署雖然設立於明治 29 年（1896）5 月 25 日，〔註 212〕但實際
開署的日期是同年 7 月 23 日，〔註 213〕也就是在「埔里退城事件」發生之後。
撫墾署主要負責理蕃事務，撫墾署長於蕃人來署時會給予接待，除了交換蕃
物產之外，也會贈送一些物品，明治 31 年（1898）4 月曾經因爲蕃社帶著受
贈物品歸社時，經過其他蕃社，引起羨慕，進而襲擊並搶奪物品，導致兩社
攻殺，互有死傷。爲了平息兩社的紛爭，埔里社撫墾署長長野義虎還親自前
去調停。〔註 214〕辦務署長越智元雄於明治 31 年（1898）12 月擔任埔里辦務
署長期間，曾發生生蕃潛至埔里社城內殺人及放火燒屋的事，〔註 215〕於是多
次派軍隊進行討伐，以期減少受到滋擾。〔註 216〕

　　日治初期，臺中縣知事對總督府民政局長提出轄下撫墾署（包括東勢、
埔里社撫墾署）較詳細的事務報告。以明治 31 年（1898）1 月份的事務報告
爲例，內容主要是所負責的理蕃事務，包括蕃人社數及人口統計、送給蕃人
的物品數量、與蕃人交易物品種類及數量。〔註 217〕有時也會提到蕃害件數及
內容，〔註 218〕或者一些其他的業務，例如負責森林立木砍伐申請案件的審核
工作、〔註 219〕製腦申請案的認可等。〔註 220〕明治 30 年（1897）11 月，臺中
縣知事村上義雄向總督府申請埔里社撫墾署於蜈蚣崙庄增設一處蜈蚣崙出張

〔註 210〕臺灣總督府警務局，《理蕃誌稿》一卷，頁 12。
〔註 211〕臺灣總督府警務局，《理蕃誌稿》一卷，頁 16～17。
〔註 212〕王學新譯，《埔里社退城日誌暨總督府公文類纂等相關史料彙編》，頁 329。
〔註 213〕臺灣總督府警務局，《理蕃誌稿》一卷，頁 22。
〔註 214〕《臺灣日日新報》，1898 年 05 月 10 日第五版，「北蕃の戰爭」。
〔註 215〕《臺灣日日新報》，1898 年 12 月 18 日第三版，「埔里社生蕃の靜穩」。
〔註 216〕《臺灣日日新報》，1898 年 12 月 22 日第三版，「威鎮蕃社」。
〔註 217〕《臺灣總督府公文類纂》第 323 冊第 21 件，頁 285～295。
〔註 218〕《臺灣總督府公文類纂》第 323 冊第 22 件，頁 311。
〔註 219〕《臺灣總督府公文類纂》第 323 冊第 22 件，頁 299。
〔註 220〕《臺灣總督府公文類纂》第 4541 冊第 2 件，頁 35。

所，每年所需經費爲 3,350 圓。〔註221〕明治 31 年（1898）3 月 5 日順利增設蜈蚣崙出張所，負責蕃物品交換及蕃人管理相關事務。〔註222〕曾經擔任過埔里社撫墾署長的有檜山鐵三郎（代理）、〔註223〕橫山壯次郎、〔註224〕長野義虎〔註225〕等人。

到了明治 31 年（1898）6 月，撫墾署廢止之後，將原本管轄的事務移交辦務署辦理。當時全臺設 17 處辦務署，包括埔里辦務署。〔註226〕明治 34 年（1901）11 月，再將蕃務移交各廳總務課負責，明治 36 年（1903）1 月，改由警察本署主管。明治 42 年（1909）10 月，總督府設立蕃務本署，並在各地方廳設置蕃務課，進行理蕃機關的擴張，蕃務本署儼然像是一種類似武裝警察隊的軍隊指揮中心。〔註227〕明治 43 年（1910）至大正 3 年（1914）開始實行第一個五年理蕃計畫。〔註228〕大正 3 年（1914）開設霧社支廳，配置支廳長 1 名、警部 2 名、警部補 8 名、巡查 169 名、巡查補 44 名、雇員 3 名、警手 20 名及隘勇 256 名。〔註229〕從日治初期的理蕃機構變遷過程可以看出，蕃務原本屬於殖產局的業務，顯然是注重「開發山地富源」，後來改納入警察事務，改著眼於「治安」問題。最後設立專責機關統籌辦理，成爲兼具治安考量與開發山地富源的統制角色。

4、軟硬兼施的理蕃政策

根據法國人雷吉納樂德・康（Réginald Kann）1907 年所寫的報告，日本

〔註221〕《臺灣總督府公文類纂》第 260 冊第 7 件，頁 158～161。
〔註222〕《臺灣總督府公文類纂》第 323 冊第 23 件，頁 312～314。
〔註223〕笹森儀助，《臺灣視察日記、臺灣視察結論（全一冊）》，頁 33。
　　　　臺灣總督府警務局，《理蕃誌稿》一卷，頁 125。從明治 29 年（1896）5 月 25 日代理至明治 30 年（1897）5 月 25 日遭免職爲止。
〔註224〕《臺灣總督府公文類纂》第 164 冊第 13 件，頁 135。在任時間爲明治 30 年 6 月 4 日，署名「埔里社撫墾署長事務取扱，民政局技師橫山壯次郎」。由長野義虎的任職日期可知，其代理時間並不長。
〔註225〕《臺灣總督府公文類纂》第 4534 冊第 11 件，頁 209。
　　　　臺灣總督府警務局，《理蕃誌稿》一卷，頁 126。長野義虎於明治 30 年（1897）6 月 30 日代理撫墾署長，7 月 15 日即擔任本職，直到明治 31 年（1898）6 月 20 日廢官爲止。
〔註226〕王世慶，〈日據初期臺灣撫墾署始末〉，《臺灣文獻》第 38 卷第 1 期，頁 209。
〔註227〕潘繼道，〈二十世紀初東台灣最大的一場戰爭〉，《臺灣文獻》第 55 卷第 4 期，頁 67。
〔註228〕東鄉實、佐藤四郎共著，《台灣植民發達史》，頁 139。
〔註229〕《臺灣總督府公文類纂》第 2243 冊第 22 件，頁 167～184。

殖民政府對於高山族採取的討伐行動，成效並沒有比清代官兵對高山族的討伐行動來得大。〔註230〕經過蕃地討伐之後，體認到討伐行動犧牲太大，首任蕃務本署署長大津麟平認為，在有限經費與人力的限制下，只用武力來對付高山族是沒有辦法的，於是提出「恩威並行」的政策方針。〔註231〕也就是「軟硬兼施」的理蕃策略，軟的手段是採取「和蕃」、「蕃產物交換」以及「施給惠與品」方式來收攏高山族的心。平地警察與蕃地警察有明顯區別，平地警察從事地方行政事務，蕃地警察則是軍事警察的角色，〔註232〕殖民統治前20年，蕃地警察以軍事力量，採取恩威並用的方式，逐步收服高山族，後30年，警察則扮演著蕃地邁向文明的監督者的角色。〔註233〕

明治28年（1895）12月，埔里社支廳長檜山鐵三郎開始與霧社的高山族進行交涉，檜山鐵三郎派遣埔里東北邊（蜈蚣崙）熟蕃的生蕃妻替他傳話，以及致贈「惠與品」（贈送的物品）給霧社社長兼北蕃總頭目，同月底，總頭目帶領從屬的5個部落頭目及蕃眾，包含女性與小孩約300人，一同下山到埔里與檜山鐵三郎見面，檜山鐵三郎也對他們發表「一視同仁」的演說。檜山鐵三郎與總頭目初次見面，也以牛隻、食鹽、米、酒等物品贈予同行者，蕃人們也主動提出需要食鹽與酒的請求。〔註234〕

在撫蕃方面，檜山鐵三郎除了明治31年（1898）在盆地東北邊蜈蚣崙庄設立蕃地交換所之外，〔註235〕也積極地從事「和蕃」策略，親自迎娶一名18歲的生蕃女。〔註236〕隨著日本人在霧社地區勢力的擴張，埔里社支廳也鼓勵各部落的警察與主要部落頭目之妹或女兒結婚，一方面可以取得部落情報，另一方面可以利用頭目在部落的權勢，對於蕃地達到更有效的統馭。不過一事常有兩面，遺棄問題也被認為是發生霧社事件的原因之一，也就是近藤儀三郎娶了馬赫坡社頭目莫那魯道之妹狄娃斯魯道（見圖2-9），後來卻不告而

〔註230〕鄭順德譯，Réginald Kann 原著，《福爾摩莎考察報告》，頁 22。

〔註231〕陳秀淳，《日據時期臺灣山地水田作的展開》，頁 17。

〔註232〕持地六三郎，《台湾殖民政策》，頁 83。

〔註233〕李理，《日據臺灣時期警察制度研究》，頁 235～236。

〔註234〕ポール・バークレ（Paul D. Barclay），〈蕃產交易所に於ける「蕃地」の商業化と秩序化」〉，《台湾原住民研究》第 9 号（東京：風響社，2005.3），頁 77～78。

〔註235〕王世慶，〈日據初期臺灣撫墾署始末〉，《臺灣文獻》第 38 卷第 1 期，頁 223。臺灣總督府警務局，《理蕃誌稿》一卷，頁 49。

〔註236〕笹森儀助，《臺灣視察日記、臺灣視察結論（全一冊）》，頁 33。

別，引發莫那魯道的不滿。〔註237〕

圖 2-9：近藤儀三郎與狄娃斯魯道

資料來源：鄧相揚提供

　　官方與蕃人溝通必需仰賴通事，日治初期埔里社撫墾署所任用的生蕃通事當中，有三位是因為他們娶了生蕃婦為妻，這三位嫁到埔里的生蕃婦包括潘踏比厘之妻「イワン」、李清海之妻「ビラク」與味木杞之妻「イワンノ」，明治 30 年（1897）暫代埔里社撫墾署長的橫山壯次郎，認為這三名蕃婦在撫蕃工作的執行上很有幫助，於是以 3～9 圓不等的薪資聘用她們，另有一名生蕃通事李老龍，由於功能不彰，暫時廢除不用。〔註238〕不過，在明治 30 年（1897）5 月的埔里社撫墾署署員名單中，還是列出四位生蕃通事，包括李清海、潘踏比厘、李老龍、蕭萬福等 4 人。〔註239〕

〔註237〕鄧相揚，《霧社事件》，頁 59。
〔註238〕《臺灣總督府公文類纂》第 164 冊第 13 件，頁 137～138。每月付給潘踏比厘夫婦 9 圓、李清海之妻 6 圓、味木杞之妻 3 圓。李清海因為涉及檜山鐵三郎的弊案，從 12 圓減為 6 圓。
〔註239〕《臺灣總督府公文類纂》第 164 冊第 13 件，頁 142。

　　日治初期，撫墾署將「惠與品」視爲一項對付高山族的武器，明治30年（1897）4月，埔里撫墾署長檜山鐵三郎主張日本的法律不適用於臺灣蕃人，對於蕃人發生馘首事件或反抗時，最好的手段就是完全斷絕給他們鹽、酒等惠與品。同年2月發生的深堀安一郎大尉等14名遠征隊員遭難，總督府於是採取停止與霧社蕃人交易、禁止供應食鹽、彈藥及銃做爲懲罰，長達 8 年之久。〔註240〕明治38年（1905）至大正3年（1914）期間，總督府對於從事蕃產物貿易的人進行嚴密的監督，佐久間左馬太推動「5年計劃理蕃事業」期間，管控更加嚴格。明治 42 年（1909）以來，包括タウツア（道澤群）、トロック（太魯閣群）、マレッパ（馬力巴群）等社群所提的降伏（投降）條件，就是能夠交換食鹽、火柴等生活必需品。〔註241〕蕃務課長大津麟平也認爲食鹽是日本應付高山族最佳的武器。對於殖民統治當局而言，與蕃人的交易品既是「糖」也是「鞭」，透過「禁止貿易」的手段來掌控蕃人，既簡單又便宜，比起採取鎮壓手段的效果來得良好。〔註242〕

　　山地的蕃人們透過與平埔族、漢人的交易，以及向殖民政府強力的要求，取得彈藥、食鹽、火柴、布匹、小刀等物品，與蕃人的交涉過程，也培養出一批專門從事蕃產物交換的商人。〔註243〕有些靠近蕃地的聚落，逐漸與蕃人建立交換關係，甚至通婚關係。交換的物品除了食鹽等日常用品之外，也包括火藥在內。〔註244〕有些腦丁爲了自保，採取私下提供彈藥給蕃人的方式，藉以收買蕃人的歡心，如此反而增強蕃人危害的能力。〔註245〕因此，控制與蕃人物品交換的封鎖手段也成爲消減蕃人抵抗力的方法之一。封鎖期間，高山族便派遣女性擔負物品交換任務。〔註246〕

　　至於交換的物品，與蕃人交換或送給蕃人的物品以工具類爲主，例如蕃刀、鍬、剃刀、火柴……等，還有包括酒、米、生薑、鹽……等食品。〔註247〕

〔註240〕ポール・バークレ（Paul D. Barclay），〈蕃產交易所に於ける「蕃地」の商業化と秩序化〉，《台湾原住民研究》第9号，頁80。
〔註241〕臺灣總督府警務局，《理蕃誌稿》一卷，頁724～725。
〔註242〕ポール・バークレ（Paul D. Barclay），〈蕃產交易所に於ける「蕃地」の商業化と秩序化〉，《台湾原住民研究》第9号，頁85～86。
〔註243〕ポール・バークレ（Paul D. Barclay），〈蕃產交易所に於ける「蕃地」の商業化と秩序化〉，《台湾原住民研究》第9号，頁71。
〔註244〕《臺灣日日新報》，1903年05月26日第三版，「埔里社密交換者」。
〔註245〕《臺灣日日新報》，1903年07月18日第二版，「現時の隘勇線（二）」。
〔註246〕《臺灣日日新報》，1903年05月26日第三版，「埔里社密交換者」。
〔註247〕《臺灣總督府公文類纂》第4541冊第2件，頁36～38。

蕃人輸出的物品以獸類製品（包括鹿皮、鹿角、熊皮、猿皮……等）、物產（苧、柑、落花生等）及蕃布爲主。〔註248〕

　　埔里社撫墾署長長野義虎對於「限制銃砲火藥類的供給」方面，曾提出差別對待的意見，由於「南蕃」布農族比較溫和，可以適用，至於「北蕃」的泰雅族，則認爲供給他們這些物品是極爲危險的。〔註249〕

　　埔里社支廳所轄蕃地的物品交換工作，原本由官方開辦官營蕃地交易所。大正4年（1915）3月，埔里社支廳管內蕃地設置阿冷山、眉肉蚋、卓社、干卓萬、過坑等 5 處官營蕃地交易所，霧社支廳也於同時設置霧社、トロック、白狗、サラマオ、シカヤウ等 5 處官營蕃地交易所。〔註250〕後來由愛國婦人會臺灣支部所經營，〔註251〕原本於支廳下設置 4 處蕃產物交換所，明治41年（1908）又在苗栗廳大湖支廳管內設置 3 處。〔註252〕該部將交換得的蕃產品陳列臺北停車場的建築物內販賣。〔註253〕

　　與蕃地一年的蕃產交易金額，明治 43 年（1910）埔里社廳爲 7,056 圓，明治 44 年（1911）至大正 2 年（1913）三年間都維持在 5,000 至 6,000 圓之間，到了大正 3 年（1914）由於太魯閣討伐的影響，遽降爲 636 圓。大正 4 年（1915）開設官營蕃地交易所之後，交易金額提到爲 1,500 圓左右，大正 7 年（1918）則高達 4,157 圓。〔註254〕蕃物產交易除了有官營的交易所之外，也有個人經營的交易，以明治 44 年（1911）下半年爲例，官營交易所的交換供給金額爲 1,479 圓，其他個人經營的交換供給金額爲 3,685 圓。〔註255〕

　　到了日治晚期，已經可以看到一些高山族結伴帶著山產，到埔里街上與街民進行買賣的景象，由於必需經過日本警察許可，因此，多由警察領隊集

〔註248〕ポール・バークレ（Paul D. Barclay），〈蕃產交易所に於ける「蕃地」の商業化と秩序化〉，《台湾原住民研究》第 9 号，頁 79。
〔註249〕臺灣總督府警務局，《理蕃誌稿》一卷，頁 42。
〔註250〕臺灣總督府警務局，《理蕃誌稿》三卷，頁 154～155。
〔註251〕竹中信子著、蔡龍保譯，《日治台灣生活史——日本女人在台灣（明治篇 1895～1911）》，頁 169～173。
　　　　由於愛國婦人會協助蕃地討伐的支援活動，可能因此取得蕃物產交易的特權。
〔註252〕《臺灣日日新報》，1908 年 08 月 12 日第二版，「愛國婦人會と蕃產物」。
〔註253〕《臺灣日日新報》，1907 年 04 月 06 日第二版，「蕃產物陳列」
〔註254〕南投廳，《大正七年南投廳第一統計書》（臺北：南投廳，1920），頁 53～55。
〔註255〕《臺灣日日新報》，1912 年 03 月 29 日第一版，「下半期の理蕃成績（二）——南投廳」。

體帶下山，如此也可以避免遭到不肖商人欺詐。〔註256〕

5、蕃人撫育

對於生蕃撫育，總督府為高山族子弟開設「蕃童教育所」，由警察官吏負責教學。〔註257〕霧社蕃童教育所設立於明治44年（1911），從7月1日開始授課。〔註258〕大正3年（1914）總督府發布〈蕃人公學校規則〉，〔註259〕次年（1915），除了霧社設置「霧社公學校」外，也另外設置萬大、馬赫坡、道澤、太魯閣等4處乙種教育所。〔註260〕大正4年（1915）在蕃地所設的醫療機構有療養所5處、施藥所1處。〔註261〕大正10年（1921）開始挑選公學校及教育所畢業的學生中成績優良者繼續就學，並給予生活費，當時包括霧社公學校畢業的花岡一郎、花岡二郎，都被安排進入埔里小學校，分別就讀豫科第三學年及第二學年。〔註262〕昭和10年（1935），以收容高山族子弟為主的公學校共29校，學童就學率高達74%。〔註263〕

「蕃人授產」主要是以水田耕作、養蠶、畜牧等項為主，逐步教導蕃人改變以打獵為主的既有生產方式。撫墾署時期，中北部生產樟腦地區，教導蕃人從事製腦工作，五指山、大湖及埔里社撫墾署並輔導蕃人從事養蠶事業。〔註264〕大正4年（1915）的報導指出，南投廳管內已經有愈來愈多的蕃人從事農耕時使用耕牛，這些耕牛絕大部份都是從集集街或埔里街購入。〔註265〕

〔註256〕劉枝萬口述，林美容、丁世傑、林承毅訪問紀錄，《學海悠遊·劉枝萬先生訪談錄》（臺北：國史館，2008），頁18。
〔註257〕周婉窈、許佩賢，〈臺灣公學校制度、教科和教科書總說〉，《臺灣風物》53卷4期，頁133。
〔註258〕《臺灣日日新報》，1911年07月11日第一版，「蕃童教育開始」。
〔註259〕周婉窈、許佩賢，〈臺灣公學校制度、教科和教科書總說〉，《臺灣風物》53卷4期，頁132。
〔註260〕臺灣總督府警務局，《理蕃誌稿》三卷，頁146～147。
〔註261〕臺灣總督府警務局，《理蕃誌稿》三卷，頁151。
　　　　5處療養所分別位於バイバラ、霧社、白狗、トロック、シカヤウ，施藥所位於シカヤウ。
〔註262〕臺灣總督府警務局，《理蕃誌稿》四卷，頁160～161。
　　　　花岡一郎本名ダッキス・オビン，當時13歲，花岡二郎本名ダッキス・ナウイ，兩人都是荷歌社蕃童，但不是兄弟。
〔註263〕周婉窈、許佩賢，〈臺灣公學校制度、教科和教科書總說〉，《臺灣風物》53卷4期，頁132。
〔註264〕王世慶，〈日據初期臺灣撫墾署始末〉，《臺灣文獻》第38卷第1期，頁224。
〔註265〕《臺灣日日新報》，1915年12月03日第二版，「南投通信——蕃界の近情」。

官方更勸誘蕃人遷移到比較平坦的地方居住，並且給予農業的獎勵，大正 4 年（1915）南蕃所開鑿的 8 甲水田就有 180 石的收穫。北蕃除了從事米作外，也開始飼養牧牛。〔註266〕

　　大正 9 年（1920）「サラマオ（薩拉矛）事件」〔註267〕之後，更加積極推動撫育的理蕃政策，廢除霧社支廳，改隸能高郡警察課霧社分室。霧社成為理蕃的行政中樞，聚居霧社的日本人也增加。〔註268〕於各部落成立蕃童教育所，設置「霧社療養所」，由埔里街的日本醫師支援勤務，由警察協助配藥。蕃人授產方面，設立「霧社產業指導所」、「養蠶指導所」，教導定耕的水田農作，取代過去的山田燒墾，並且推廣養蠶副業。〔註269〕大正 10 年（1921）即開始教導養蠶，大正 13 年（1924）設置桑園及養蠶指導所，舉辦蕃地產繭品評會，到了大正 15 年（1926），已設置 22 所養蠶指導所。〔註270〕

6、隘勇線的圍堵

　　殖民政府對付高山族的方法，消極的攻擊方法就是限制物品交換，積極的攻擊方法是採用隘勇線的前進，對山地實施砲擊，迫使高山族歸順。〔註271〕對於高山族改採圍堵的守勢策略，就是在山區接近高山族領域的地方設置一條隘勇線，從宜蘭蘇澳一直延續到埔里為止。每距離 218 公尺設置一處隘寮，其上再設置分駐所，更上一層再設置監督所，由警察擔負起防衛的任務，隘勇線不僅逐步向前推進，更在部份地區佈置鐵絲流電網，以阻絕高山族對於平地居民的威脅。〔註272〕這些鐵絲流電網也常導致一些意外發生，包括腦丁、蕃婦甚至水牛，都頻傳遭電死之意外，〔註273〕有時包括隘勇、士兵、警手也會不慎遭電死。〔註274〕

〔註266〕《臺灣日日新報》，1916 年 02 月 14 日第一版，「埔里社隨行（四）」。
〔註267〕鄧相揚，《霧社事件》，頁 39。
　　　　大正 9 年（1920）由於部落發生流行性感冒，泰雅族人藉出草獲取首級以為巫術袚的法物，薩拉矛（今佳陽）、斯卡謠（今環山）兩族族人發動奇襲攻擊合流點分遣所，殺死七名日警及眷屬，史稱「薩拉矛事件」。
〔註268〕鄧相揚，《霧社事件》，頁 40。
〔註269〕鄧相揚，《霧社事件》，頁 40～42。
〔註270〕臺灣總督府警務局，《理蕃誌稿》三卷，頁 15～17。
〔註271〕臺灣總督府警務局，《理蕃誌稿》一卷，頁 648。
〔註272〕鄭順德譯，Réginald Kann 原著，《福爾摩莎考察報告》，頁 22。
〔註273〕臺灣總督府警務局，《理蕃誌稿》四卷，頁 121～124。
〔註274〕臺灣總督府警務局，《理蕃誌稿》三卷，頁 571。

　　清代的隘勇原本是具有防番功能，目的在保護製腦工作者安全。不過，其功能也延伸到保護商人行旅們的安全，〔註 275〕成爲移民進入埔里的一道安全路線，此外，兼具郵件運送的功能。〔註 276〕日治初期，防蕃設施延續自清代晚期的中路棟字營隘勇線，從小埔社開始，經大坪頂到達東勢角一帶的水底寮，約有 10 日里（大約 40 公里），沿線建有碉堡以防禦高山族。〔註 277〕各屯所的隘勇並非領取官費，仍是屬於私人的武裝組織，人數有 320 人，主要目的是保護製樟腦工人的安全，也兼及保護往來的通行旅人。〔註 278〕當時是由林朝棟之弟林紹堂所掌管，也獲得殖民政府每月 2,000 圓的補助費，〔註 279〕並且提供銃器彈藥。撫墾署官吏如有需要時，亦可請求調用隘勇，當時從水底寮至三層埔的隘勇線有隘勇 225 名，從三層埔經過大坪頂經小埔社，以及從三層埔至內國聖（內國姓）到龜仔頭的支線則有隘勇 180 名。此外，埔里南邊的白葉坑嶺側鹿高仔附近也設有隘勇 14 名。〔註 280〕支領的「手當」（津貼），帶頭的「管帶」月俸爲 120 圓，哨官的月俸 16 圓、隘勇的月俸 6 圓。〔註 281〕

　　林家的隘勇在明治 34 年（1901）臺中縣改爲廳後，原來二營的隘勇仍獲允許保留一營，以保護水底寮至埔里社間的製腦業者。〔註 282〕到了明治 35 年（1902）將全部隘勇改爲官設，〔註 283〕埔里南邊白葉坑至土地公安嶺設置 25 名官設隘勇，後來又增加「臨時隘勇」50 名。另外也運用埔里辦務署豫算餘額，召募 20 名臨時隘勇，配置於埔里東邊蜈蚣崙附近山麓做爲防蕃之用。

　　　　　臺灣總督府警務局，《理蕃誌稿》四卷，頁 124～125。
〔註 275〕《臺灣日日新報》，1899 年 02 月 04 日第四版，「臺中片信——埔里社の生蕃」。
〔註 276〕《臺灣日日新報》，1898 年 11 月 02 日第四版，「郵便物襲擊せらる」。
〔註 277〕笹森儀助，《臺灣視察日記、臺灣視察結論（全一冊）》，頁 35。
〔註 278〕笹森儀助，《臺灣視察日記、臺灣視察結論（全一冊）》，頁 58～59。
　　　　　《臺灣總督府公文類纂》第 26 冊第 26 件，頁 198。本文件提到的隘勇人數約 500 人。
〔註 279〕井出季和太，《臺灣治績志》，頁 281。
　　　　　除了殖民政府每月補助 2,000 圓之外，林家另給予隘勇每人每月 8 圓。
〔註 280〕臺灣總督府警務局，《理蕃誌稿》一卷，頁 238。
〔註 281〕臺灣總督府警務局，《理蕃誌稿》一卷，頁 229～231、236、238。同書頁 236 記載補助金額爲 2,800 圓，而且提供銃器彈藥。
〔註 282〕黃富三，〈日本領臺與霧峰林家之肆應——以林朝棟爲中心〉，《日據時期臺灣史國際學術研討會論文集》（臺北：臺灣大學歷史學系，1992），頁 101。
〔註 283〕藤崎濟之助，《台灣の蕃族》，頁 553。

〔註284〕

　　隘勇線的推進工作並非一次完成的計畫，而是分次逐步推進。初期一年花在防蕃設備的經費高達 30 萬圓。西部沿山地區，南端從埔里的大林庄（即內大林）往北至臺北深坑的坪林尾。於南投廳管內的隘勇線約 14 里（約 55公里）。〔註285〕明治 36 年（1903）10 月，著手埔里社隘勇線前進計畫，於臺中廳與南投廳兩廳交界處，延伸隘勇線約三里餘（大約 12 公里），南投廳境內增設置隘寮 40 個所，臺中廳境內增設置 13 個所。除了原有的隘勇之外，再增加數拾名隘勇，分成五隊。〔註286〕其中南投廳所組成的四隊，包括警部、巡查、隘勇等，約 230 餘人，本部設於北港溪，往水長流的上游推進。前進隊一天所動用的人夫約千人，每 120 間（約 218 公尺）構築一所隘寮，40 個據點只花兩個禮拜就完成。原本還擔心隘勇線的推進會引來高山族的反抗，剛出發時卻很順利。〔註287〕不過，才過三天，就引來 40 餘名蕃人的襲擊，導致多人傷亡，但前進計畫還是繼續完成。〔註288〕隨著隘勇線的推進，襲擊事件也發生多次，雙方皆有一些死傷。〔註289〕但也促使部份蕃社歸順。
〔註290〕

　　明治 37 年（1904）春夏之間，南投廳同意南蕃卓社的一部分蕃人移住五城堡過坑原野。到了 11 月，決定加道坑方面隘勇線前進，將路線延長 1 里半（約 5 公里）同月 25 日開始施工，次月（12 月）8 日即完成。〔註291〕由於加道坑方面隘勇線的前進，使得加道坑至蜈蚣崙的隘勇線形成凹弧形，於是決定將蜈蚣崙一帶的隘勇線拉直，從蜈蚣崙通過鯉魚潭連接過坑，如此一來，即將鯉魚潭附近的百餘甲土地畫歸於隘勇線內，由於有便利的灌溉水源，可以開拓成良田，於是同意將這一片土地的開墾權交給埔里的資產家游禮堂、

〔註284〕臺灣總督府警務局，《理蕃誌稿》一卷，頁 246～247。

〔註285〕《臺灣日日新報》，1903 年 07 月 18 日第二版，「現時の隘勇線（二）」。

〔註286〕《臺灣日日新報》，1903 年 10 月 03 日第二版，「埔里社隘勇線前進の計畫」。

〔註287〕《臺灣日日新報》，1903 年 10 月 06 日第二版，「埔里社隘勇線の前進（抵抗なし）」。

〔註288〕《臺灣日日新報》，1903 年 10 月 07 日第二版，「中部隘勇線前進其後の模樣」。

〔註289〕《臺灣日日新報》，1903 年 10 月 14 日第二版，「中部隘勇線前進の詳報」。

〔註290〕《臺灣日日新報》，1903 年 10 月 13 日第二版，「埔里社の生蕃歸順す」。

　　　　《臺灣日日新報》，1905 年 03 月 09 日第二版，「埔里社搜索隊の衝突」。

　　　　《臺灣日日新報》，1906 年 05 月 30 日第二版，「霧社前進線の完成（承前）——前進線の效果」。

〔註291〕臺灣總督府警務局，《理蕃誌稿》一卷，頁 368、372。

蘇朝金、蔡戀等人，並由他們負擔這附近隘寮全部的建築費用。〔註292〕

　　埔里地區的舊隘勇線是從蜈蚣崙往南，經過五港泉到達內大林。此段隘勇線原本是北蕃中最猛惡的霧萬社蕃人等出草必經之路，新的隘勇線往前推進後，此處已經沒有蕃人出草的形跡，鯉魚潭及大湳庄附近一帶的田地也得以進行水圳工事，增加的水田有 30 甲，旱田有 100 甲，其他還有大片山林可以伐木製炭。〔註293〕

　　埔里東邊山地闊葉林中有極豐富的樟樹，守城大山的針葉林中有茂密的杉木，守城份庄民稱之為「杉仔林山」。濁水溪兩岸，從北邊的霧社萬大社以南，至干卓萬社一帶地區，不僅有豐富的樟樹，而且有不少適宜開墾的平地。北港溪上游一帶除了有茂密的樟樹林、檜木林值得開發，兩岸的平地適合開墾成田園，也被畫入安全線內，製腦與土地開發利源都很值得期待。〔註294〕隘勇線的推進，也間接促使山地的開發範圍更向外擴展。這種以強硬方式將原住民的傳統領域佔領的方式，也引發原住民族的反抗，較強烈的就是眉原社的反抗，因為該社不少耕地都被劃入警戒線內。〔註295〕但該社還是在同年（1906）10 月 2 日歸順，歸順時提供三個首級與銃器，〔註296〕並且要求移住到警戒線以內，也就是能夠耕作其原有的土地，此要求也獲得允許。〔註297〕臺中廳下的阿冷社的情形也一樣，大部分社蕃申請線內移住，以耕作線內的土地，還有一部分社蕃遷移到南邊埔里社支廳管內的線內耕地從事開墾。〔註298〕據明治 44 年（1911）的統計，埔里社支廳管內隘勇線內移住蕃的戶口有過坑 28 戶 147 人、木屐囒 19 戶 92 人、眉原 6 戶 22 人、阿冷山 26 戶 124 人，共計有 79 戶 385 人。〔註299〕

　　這一次的隘勇線推進，從明治 38 年（1905）12 月 9 日開始，到明治 39 年（1906）1 月 4 日埔里社隘勇線設置完成的一個月間，曾有眉原社、萬大社蕃人各一次的抵抗行動。〔註300〕另一段「霧社前進線」則於同年（1906）

〔註292〕臺灣總督府警務局，《理蕃誌稿》一卷，頁 377。
〔註293〕《臺灣日日新報》，1905 年 05 月 26 日第二版，「隘線前進の效果」。
〔註294〕《臺灣日日新報》，1906 年 05 月 23 日第二版，「霧社前進線の完成（承前）」。
〔註295〕《臺灣日日新報》，1906 年 06 月 05 日第二版，「新隘勇線の蕃情」。
〔註296〕《臺灣日日新報》，1906 年 10 月 13 日第二版，「眉肉蚋社の歸順」。
〔註297〕《臺灣日日新報》，1907 年 03 月 15 日第二版，「蕃人の線內移住」。
〔註298〕《臺灣日日新報》，1907 年 04 月 14 日第二版，「埔里社の蕃社新設」。
〔註299〕《臺灣日日新報》，1912 年 03 月 29 日第一版，「下半期の理蕃成績（二）──南投廳」。
〔註300〕《臺灣日日新報》，1906 年 01 月 11 日第二版，「埔里社隘勇線の完了」。

5月 26 日完成。〔註301〕完成後的隘勇線較舊隘勇線約往前推進 1 里（3.927 公里）左右，北起北港溪阿冷線中長崙山，南至濁水溪岸埋石山，約 10 里（39.27 公里）左右，北港溪岸原屬眉原社的耕地，半數都被畫入新的隘勇線範圍內。〔註302〕

　　明治 41 年（1908）至 42 年（1909）完成南投廳下霧社ハック（白狗）バイバラ（眉原）社方面，長達 9 里 13 町（約 36.7 公里）的隘勇線設置。明治 42 年（1909）5 月再完成北港溪左岸長約 3 里（約 11.8 公里）的隘勇線。期間並進行多次規模不等的討伐行動。〔註303〕爲了遮斷サラマオ與マレッパ之間的往來，還在蕃人交通路線上埋設地雷。明治 44 年（1911）開始著手バイバラ方面隘勇線前進，經過幾波的行動，戰死 14 名、負傷 19 名，終於蕩平バイバラ一帶的反抗。〔註304〕明治 45 年（1912）埔里附近隘勇線推進情形見圖 2-10。〔註305〕

　　隘勇線對於蕃人進行威壓及防堵，然後逐漸在各主要部落設置分遣所或駐在所。明治 44 年（1911）增設馬赫坡駐在所，大正元年（1912）增設眉溪駐在所。大正 3 年（1914）將霧社警察官吏駐在所升格爲霧社支廳。將泰雅族區分爲霧社、馬力巴兩監視區，各隘勇前進所、監督所皆改爲駐在所。大正 5 年（1916）設置過坑駐在所，同年 9 月開始興築能高越嶺道。〔註306〕

　　日治初期隘勇線的前進只是消極地接近蕃地，保護製腦及森林開墾事業的利益而已，也就是「防蕃主義」。由於蕃害頻仍，有些腦丁爲了保全自己的首級，必要時爲了收買蕃人的歡心，私下提供彈藥給蕃人，反而蘊釀更大的弊害。隘勇線的設置以及如何有效管理與蕃人交換的事務，成爲理蕃政策上兩個重要問題。〔註307〕即使隘勇線推進，新的隘勇線附近還是無法扼止蕃害事件的發生，明治 38 年（1905）3 月埔里社搜索隊於眉溪上游霧社、萬大交會處通過時，又遭潛伏的蕃人襲擊，激戰中隘勇潘斗肉中彈遭馘首。〔註308〕

〔註301〕《臺灣日日新報》，1906 年 05 月 29 日第二版，「霧社前進線の完成」。
〔註302〕《臺灣日日新報》，1906 年 05 月 30 日第二版，「霧社前進線の完成（承前）」。
〔註303〕東鄉實、佐藤四郎共著，《台灣植民發達史》，頁 143。
〔註304〕臺灣總督府警務局，《理蕃誌稿》二卷，頁 355～356、763～774。
〔註305〕有關隘勇線的推進，亦可參考持地六三郎，《台灣殖民政策》，「隘勇線前進調」，頁 387～390。
〔註306〕鄧相揚，《霧社事件》，頁 38。
〔註307〕《臺灣日日新報》，1903 年 07 月 18 日第二版，「現時の隘勇線（二）」。
〔註308〕《臺灣日日新報》，1903 年 10 月 13 日第二版，「埔里社の生蕃歸順す」。

甚至也有直接襲擊隘寮的例子。〔註 309〕

　　隨著隘勇線的推進，隘勇線的據點距離平地愈來愈遠，物資搬運極為不便，於是徵發埔里的保甲民，以低廉的工資負責糧食的搬運，每人一個月只給 1 圓 20 錢。〔註 310〕 從明治 36 年（1903）隘勇線分段逐步推進，加上明治 43 年（1910）以來對於萬大社、霧社、トロック（太魯閣群）社、タウッアー（道澤群）各社的討伐行動，使這些蕃社一一投誠歸順。當時認為隘勇線的推進已經達成階段性任務，於是開始進行隘勇線撤退工作，為了臨時應變需要，在拔仔蘭、タッタカ、三角峰等三處建造砲臺。完成之後開始將拔仔蘭線、眉溪線、ハボン線、タッタカ線、三角峰線，也就是從濁水溪右岸到達三角峰線追分分遣所約 8 里 9 町（約 32.4 公里）隘勇線撤退，並裁減 300 名隘勇，這是隘勇線撤退嚆矢，當時認為是理蕃政策上值得慶賀的一件事。〔註 311〕

　　隘勇線撤退工作是開啟理蕃政策的另一新階段，一方面撤廢舊設的隘勇線，例如從阿冷山到田口原、三角峰追分分遣所以西到達濁水溪岸等。另一方面則是在原住民部落設置蕃務官吏駐在所，例如マヘポ（馬赫坡）社、タウッアー（道澤）社、トロック（太魯閣）社等處。除了實施蕃童教育，部分地方也實施農作授產事業，例如對於南蕃過坑移住蕃教導農作技術。〔註 312〕 隨著隘勇線警備員的裁減，以及霧社支廳的開設，非但沒有造成埔里社街的衰微，反而促使地方產業的發展，尤其是開墾事業的勃興。〔註 313〕

　　為能有效掌握蕃情，並且迅速向上級通報，埔里社郵便局自明治 45 年（1912）4 月 24 日開始為蕃務本署提供特別通迅服務，也就是在埔里社郵便局設置一具專用的電信機，供蕃務本署收發有關蕃情的特別電報。〔註 314〕 大正 2 年（1913）進行蕃地討伐時，更進一步擴大運用於軍隊通訊服務上。〔註 315〕

〔註 309〕《臺灣日日新報》，1905 年 08 月 12 日第二版，「埔里社の蕃害」。
〔註 310〕臺灣總督府警務局，《理蕃誌稿》一卷，頁 704。
〔註 311〕《臺灣日日新報》，1911 年 12 月 23 日第二版，「南投隘線撤退」。
〔註 312〕《臺灣日日新報》，1912 年 03 月 29 日第一版，「下半期の理蕃成績（二）——南投廳」。
〔註 313〕《臺灣日日新報》，1916 年 10 月 28 日第三版，「埔里社の近況」。
〔註 314〕《臺灣總督府公文類纂》第 2034 冊第 28 件，頁 294～299。
〔註 315〕《臺灣總督府公文類纂》第 2163 冊第 3 件，頁 31～33。

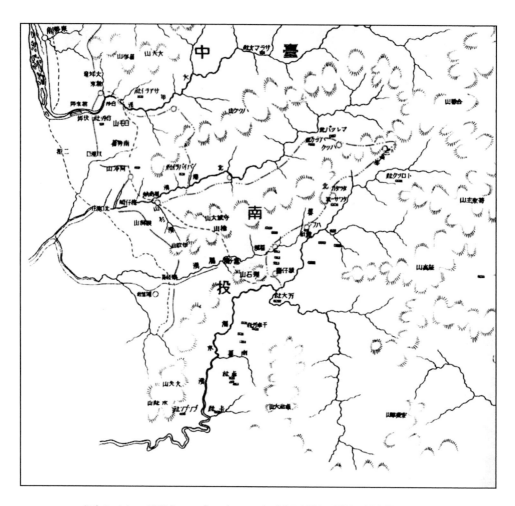

圖2-10：明治45年（1912）埔里附近隘勇線推進圖

說明：本圖節引自持地六三郎著《台灣殖
　　　民政策》（明治45年7月發行），
　　　頁440之附圖「隘勇線前進圖」。

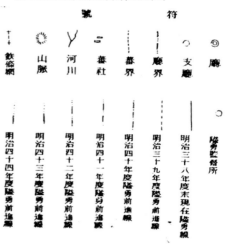

7、討伐行動與牽制策略

　　霧社事件發生之前，殖民政府的
理蕃政策大致分可分為四期，即第一
期的懷柔政策（1895～1903）、第二期
的討伐政策（1903～1909）、第三期的
「理蕃事業五年計劃」（1910～1915）
與第四期的「撫育、教化」方針（1916

～1930）。〔註316〕由於殖民政府希望開發山地富源，日軍將勢力推進到山地之後，太魯閣族就成為開發樟腦、林業、礦業的最大障礙，因此，必需採取較強硬的手段進行障礙掃除。〔註317〕

　　蕃務總長大津麟平於確立理蕃計劃的項目中特別強調，理蕃最大的問題在於原住民持有槍械，因此把「槍械的處理」列為理蕃的重點，進行蕃地討伐的工作之一就是繳收槍械。〔註318〕

　　對於埔里附近的蕃地進行討伐的行動，前後發生多次，早在第一期的末期，明治 34 年（1901）3 月，即以隘勇和警察部隊組成前進隊，對於霧社山區展開討伐行動。〔註319〕第三期的初期，明治 43 年（1910）12 月由於霧社地區派遣警備員前往宜蘭方面支援，形成霧社方面蕃況不穩，霧社方面蕃人乘機襲擊腦寮，〔註320〕於是接續第二期的討伐手段，明治 43 年（1910）總督佐久間左馬太命令南投廳對於霧社方面蕃人進行討伐。〔註321〕當時編成的討伐隊一千餘名，花了三個月進行討伐，沒收 1,200 挺的銃器。〔註322〕從明治 43 年（1910）至大正 4 年（1915）期間的「五年計畫理蕃事業」，動員人數高達 8,000 人，再加上軍隊，大約 1 萬人左右，〔註323〕花費的經費總額 1,600 多萬圓，死傷人數達 2,200 餘名，收押槍械 18,000 把。〔註324〕

　　大正 3 年（1914）的太魯閣討伐行動，是「五年理蕃計畫」對於未歸順的高山族進行討伐行動的最後一次，也是最重大的一次戰役。〔註325〕這次戰役並非因為該年日軍遭受到襲擊，或爆發蕃亂而產生的應對行動，而是一連串衝突的最後結局。〔註326〕這場戰役中，埔里就扮演著中部地區重要的後勤

〔註316〕戴嘉玲編譯，《Formosa 原住民寫真&解說集》（臺北：前衛，2000），頁 97。
〔註317〕潘繼道，〈二十世紀初東台灣最大的一場戰爭〉，《臺灣文獻》第 55 卷第 4 期，頁 63。
〔註318〕戴嘉玲編譯，《Formosa 原住民寫真&解說集》，頁 99～100。
〔註319〕鄧相揚，《霧社事件》，頁 32。
〔註320〕鄧相揚，《霧社事件》，頁 35。
〔註321〕《臺灣日日新報》，1910 年 12 月 18 日第三版，「南投蕃討伐始末（一）」。
〔註322〕藤崎濟之助，《台灣の蕃族》，頁 899。
〔註323〕井出季和太，《臺灣治績志》，頁 193。
〔註324〕戴嘉玲編譯，《Formosa 原住民寫真&解說集》，頁 99。
〔註325〕王學新，〈大正三年（1914）「討蕃」役夫的徵召情形〉，《臺灣文獻史料整理研究學術研討會論文集》（南投：臺灣省文獻委員會，2000），頁 346。
〔註326〕潘繼道，〈二十世紀初東台灣最大的一場戰爭〉，《臺灣文獻》第 55 卷第 4 期，頁 67。

補給點，〔註327〕埔眉輕鐵也是在這樣的環境需求下所興建，〔註328〕當時陸軍徵用役夫分發各倉庫的 38,908 人次，半數用在霧社倉庫，但也有 2,568 人次用於埔里社倉庫。〔註329〕南投廳役夫出役人數爲 25,869 人，埔里社堡的徵用人數也有 2,540 人。〔註330〕討伐隊的陸軍病院也設在埔里社，〔註331〕也開始於幾條溪流之間架設釣（吊）橋。〔註332〕總督佐久間左馬太於同年（1914）5月 15 日亦親率討伐軍司令部的高級幹部來到埔里，夜宿日月館。當時從各地方調集而來的部隊約有 4,000 名。〔註333〕停留四天後，於 19 日啓程，經過霧社前往追分。〔註334〕當時採取的戰略是東西二路夾擊，西路由軍隊組成，爲攻擊的主力，東路則是由警察組成，主要務在於牽制較外圍的太魯閣群，佐久間總督自任太魯閣蕃討伐軍司令官，並於 5 月 14 日將太魯閣蕃討伐軍陸軍部隊司令部設於埔里，〔註335〕由此可見埔里在這次討伐行動中的重要地位。經過一番討伐，所沒收的銃器累計有 6,346 挺。〔註336〕大正 5 年（1916）對於卓社、干卓萬再進行銃器收繳行動，召喚頭目、勢力者 85 名前來支廳，由廳長給予訓示，又收繳 130 挺銃械。〔註337〕

殖民政府也採取「以蕃制蕃」的互相牽制策略，將其他與反抗者敵對蕃社、順服日方的蕃丁組成「味方蕃」（友蕃），協助統治者打擊自己的族人。〔註338〕埔里西邊的卓社大山，山的南面有屬於布農族的卓社蕃和干卓萬蕃

〔註327〕臺灣總督府警務局，《理蕃誌稿》二卷，頁 919～1037。

〔註328〕潘繼道，〈二十世紀初東台灣最大的一場戰爭〉，《臺灣文獻》第 55 卷第 4 期，頁 82。

〔註329〕王學新，〈大正三年（1914）「討蕃」役夫的徵召情形〉，《臺灣文獻史料整理研究學術研討會論文集》，頁 364～365。「表一：陸軍徵用役夫分發各倉庫統計表」

〔註330〕王學新，〈大正三年（1914）「討蕃」役夫的徵召情形〉，《臺灣文獻史料整理研究學術研討會論文集》，頁 373。

〔註331〕《臺灣日日新報》，1914 年 05 月 26 日第五版，「討蕃情報」。

〔註332〕《臺灣日日新報》，1914 年 05 月 13 日第二版，「中部討蕃輸送狀況」。

〔註333〕《臺灣日日新報》，1914 年 05 月 18 日第三版，「總督抵埔里社」。

〔註334〕《臺灣日日新報》，1914 年 05 月 20 日第五版，「總督發埔里社」。

〔註335〕潘繼道，〈二十世紀初東台灣最大的一場戰爭〉，《臺灣文獻》第 55 卷第 4 期，頁 83～84。

〔註336〕臺灣總督府警務局，《理蕃誌稿》二卷，頁 1035。

〔註337〕臺灣總督府警務局，《理蕃誌稿》三卷，頁 251～252。

〔註338〕鄧相揚，《霧社事件》，頁 39。「味方」指的是「我方」、「伙伴」之意，「味方蕃」是指日本人認爲「站在日本人這邊」的高山族，可以視爲「友蕃」。

的領域，被稱之爲「南蕃」，北面有屬於賽德克族的霧社蕃及屬於泰雅族的
萬大蕃的領域。〔註339〕以及西北邊泰雅族澤敖利群的眉原蕃，〔註340〕被稱
之爲北蕃。北蕃與南蕃長久以來關係就不睦，時常互相攻殺，尤其是霧社一
帶的北蕃與卓社、干卓萬社等南蕃，數十年來已有多次爭鬥，明治 33 年
（1900）也曾經發生較大規模的衝突。〔註341〕明治 36 年（1903）再次發生
衝突，結果南蕃干卓萬社及卓社獲得勝利。這次發生衝突的原因是起於官方
近來封鎖蕃地，無法與平地進行交換，日用品逐漸窮乏，於是北蕃提議，欲
聯合南蕃共同抵抗日本軍，南蕃假裝同意，並邀北蕃於出草前先至南蕃處會
合，結果，等北蕃前來時，暗設伏兵，一舉從四面攻擊，造成 104 人死亡，
南蕃毫無死傷，卓社與干卓萬社分別收刮留下來的刀、槍、蕃衣等戰利品。
〔註342〕事後攜帶 27 顆首級獻給埔里社支廳，〔註343〕報載雖未明言，顯然
是向官方表達投誠之意。

　　不僅是南蕃與北蕃鬥，同屬北蕃的眉原蕃（或稱埋覓納社、眉肉蚋社、
眉貓臘社、バイバラ）與霧社蕃亦時有衝突，霧社蕃也會到眉原蕃的領域去
馘首。由於受到封鎖蕃地的影響，眉原蕃的食鹽、彈藥嚴重缺乏，爲了防備
霧社蕃再來襲，甚至所有彈藥都不用於打獵。〔註344〕

　　眉原蕃於明治 39 年（1906）10 月 2 日，由副土目帶領 30 餘名蕃丁向阿
冷山監督所本部表達歸順。〔註345〕於次年（1907）請求容許前來埔里社觀光。
官方於 2 月 11 日紀元節安排該社蕃眾 19 人前來埔里參觀慶祝活動，並且由士
兵安排角力比賽等餘興節目，以及參觀公學校等地。夜宿埔里街，隔天參觀
守備隊的射擊演習。〔註346〕霧社蕃亦於同年歸順。〔註347〕

〔註339〕鹿野忠雄著、楊南郡譯註，《山、雲與蕃人──臺灣高山紀行》（臺北：玉山
　　　　社，2000），頁 238。
〔註340〕簡史朗，《水沙連眉社古文書研究專輯》，頁 28～29。
〔註341〕《臺灣日日新報》，1900 年 12 月 26 日第三版，「生蕃激戰」。
〔註342〕《臺灣日日新報》，1903 年 10 月 22 日第三版，「南北蕃鬥詳報」。
〔註343〕《臺灣日日新報》，1903 年 10 月 22 日第三版，「南北蕃鬥詳報」。
〔註344〕《臺灣日日新報》，1904 年 01 月 10 日第五版，「埔界社蕃情」。
〔註345〕《臺灣日日新報》，1906 年 10 月 13 日第二版，「眉肉蚋の歸順」。
〔註346〕《臺灣日日新報》，1907 年 02 月 22 日第二版，「バイバラ蕃の埔里社觀
　　　　光」。
〔註347〕藤崎濟之助，《台灣の蕃族》，頁 899。

二、初期殖民地調查報告

臺灣總督府民政局殖產課勤務橫山壯次郎等三位，於明治 30 年（1897）5 月 13 日從臺北出發，前往埔里進行殖民地調查約一個月，6 月 21 日返回臺北，並於同年 12 月向乃木總督提出一份詳盡的〈埔里社地方殖民地調查報告〉。〔註348〕除了「緒言」之外，分為「第一章　埔里社地方ノ概況」、「第二章　原野各區ノ狀況」等兩章。〔註349〕並於報告中附上一張「埔里社殖民地撰定圖」，這份報告可以說是了解殖民地統治初期埔里地區概況最直接且詳實的紀錄，報告中也可以看出，總督府特別關心的重點之一，仍在於地方向待開發的土地分佈概況及權屬。緒言一開頭就提到，原本以為埔里社平原是開發比較晚的地方，應該可以畫出很大面積的原野荒埔做為官有地，結果與預期的落差極大，依當時的估計，埔里社平原的面積約 1,050 萬坪，折算甲數約為 3,579 甲。〔註350〕本次調查只找到埔里社平原的東邊、南邊及五城堡內共六處原野，總面積不超過 163 萬坪，折算甲數約僅 556 甲，〔註351〕大約只是埔里社平原面積 15% 而已，令調查人員感到非常失望。以下略述〈埔里社地方殖民地調查報告〉中所羅列的六處原野概況，有關這六處原野的土地權屬見表 2-10：

1、蜈蚣崙原野（又稱為鯉魚窟原野）

位於蜈蚣崙庄的東南方，三面環山，東接蜈蚣崙山，西到文頭股山麓、南達鯉魚窟山下的鯉魚窟，北邊以蜈蚣崙庄與眉溪原野相隔（見圖 2-11）。總

〔註348〕《臺灣總督府公文類纂》第 302 冊第 2 件，頁 35～95。
參與調查的民政局殖產課職員包括技師橫山壯次郎、技手森貞藏、雇上領小太郎等三位。

〔註349〕《臺灣總督府公文類纂》第 302 冊第 2 件，頁 35～95。
「第一章　埔里社地方ノ概況」內容介紹埔里的位置、地形、水利、地質、地味（土壤肥沃度）、氣候、生物一班（動植物）、人種及風俗、土人卜熟蕃及生蕃トノ關係（族群關係）、產業（包括農況、樟腦業、商況等三項）、交通、市街及村落、行政區分、埔里社ノ開初及沿革、地租沿革等 15 項。「第二章　原野各區ノ狀況」內容主要是介紹蜈松崙、眉溪、五港泉、長崙坑、過溪、內加道等六處埔里盆地周邊及臨近的原野概況。

〔註350〕《臺灣總督府公文類纂》第 302 冊第 2 件，頁 43。埔里社平原東西三千間、南北三千五百間，面積約二方里餘，1,050 萬坪。一方里為 1,591 甲，二方里餘即超過 3,182 甲。以一甲為 2,934 坪換算，1,050 萬坪即約 3,578.7 甲。

〔註351〕《臺灣總督府公文類纂》第 302 冊第 2 件，頁 42。報告當中提到此六處原野的總面積不超過 155 萬坪，以一甲為 2,934 坪折算甲數約僅 528 甲，不過，報告中分別羅列的面積合計為 1,631,200 坪，折算甲數約僅 556 甲。

面積約 307,200 坪，約 105 甲。本原野雖然缺乏水源，但東南邊山中有一個水源形成一條溪流，貫通原野中央，平時河床雖然全部乾涸，但降雨量多的時候偶爾會出現水流。另外，鯉魚窟也是位於原野南邊的一個大水池，雖然可以提供灌溉，但仍需一些資本來開鑿水圳。大部份地方表土很淺，爲一般砂壤，土地不易改良，惟有鯉魚窟附近的土地較爲肥沃。〔註352〕

2、眉溪原野

位於蜈蚣崙庄北邊，東南邊接鄰蜈蚣崙山，西邊與守城份、蜈蚣崙間的平野相連，北至關刀山爲界，南邊隔著蜈蚣庄與蜈蚣崙原野相接（見圖 2-11）。是分布在眉溪兩岸的狹長原野，總面積約 211,600 坪，約 72 甲。雖然方便引取眉溪的水流灌溉，多雨時節也難免受水害之苦。大部份屬於砂礫地，僅眉溪右岸關刀山麓的平地河床土質較爲良好。〔註353〕

3、五港泉原野

位於埔里社東南邊長崙仔山的山腳下，從五港泉庄起算，南北亙延的狹長草原地，南方以一個溪床與長崙坑原野相隔，西邊依牛車路與十一份庄荒埔接鄰，北邊經過五港泉庄連接廣闊的平野（見圖 2-11）。總面積約 288,800 坪，約 98 甲。水利方面，雖然有長崙坑溪流劃過原野的南端，但平時河床乾涸，有流水的機會不多，加上地勢稍高，無法引水灌溉。土地屬於砂壤土，混雜一些砂礫，一般而言，土質良好，雖然適宜開墾，但缺乏水利灌溉難免成爲減低生產力的缺點。〔註354〕

4、長崙坑原野

位於埔里社平原東南方，北邊隔著長崙坑溪水與五港泉原野相鄰，南邊接鄰被廷山（即廓亭山），東邊與長崙仔山脈相連，爲三面蕃地山脈圍繞的狹長原野（見圖 2-11）。屬於蕃地界內，總面積 184,000 坪，約 63 甲。長崙坑溪平時亦屬乾涸狀態，水源極少，有降雨時才稍見細流。由於是腐植質物砂壤土所形成，土地非常肥沃，惟中央有水源的地方屬於砂礫地，土質不佳。〔註355〕

〔註352〕《臺灣總督府公文類纂》第 302 冊第 2 件，頁 76～83。
〔註353〕《臺灣總督府公文類纂》第 302 冊第 2 件，頁 84～85。
〔註354〕《臺灣總督府公文類纂》第 302 冊第 2 件，頁 85～88。
〔註355〕《臺灣總督府公文類纂》第 302 冊第 2 件，頁 88～89。

5、過溪原野

位於埔里社正南方，通往南蕃卓社的道路橫越其間，與五城堡木屐囒相隔約一里半，屬於蕃地界內，總面積 447,200 坪，約 152 甲。除了與內加道坑原野相連續，四面皆山地包圍。南烘溪的上游過溪環繞原野的西邊，與內加道原野以河相隔。地勢上形成兩段丘塊，範圍呈現長三角形，西北一方較開濶（見圖 2-11）。由於過溪的水流充足，河谷頗深，水利灌溉尚稱便利，土壤也很肥沃。〔註 356〕

6、內加道坑原野

與過溪原野皆屬五城堡內的蕃界土地，隔著過坑溪流與過溪原野相連，南至內加道坑山腳為限，東北依過溪流域，東方側木屐囒溪為止（參閱圖 2-11）。總面積 192,400 坪，約 66 甲。由於與過溪原野為同一段丘地，地勢與水利與過溪原野差不多。〔註 357〕

報告中有「地味」（即土地肥沃程度）一項，簡明扼要地說明埔里社平原土地的肥沃度，埔里社平原是沖積土所形成，雖然一般而言土地豐沃，但眉溪域沿邊一帶是砂磧土地，不利開墾，埔里社市街附近的土地比較普通。〔註 358〕或許正因為埔里社市街一帶地勢略高一些，灌溉較不便利，因此，並未被開墾成農田，反而成為較晚形成的市街聚落。

臺灣做為日本的殖民地，目的之一就是要把部分的日本居民移殖到臺灣，尤其是農民，殖民政府於是在臺灣各地尋找適當的開墾地點設置移民村。臺中州也選定北斗郡 1,000 甲官有未墾地、濁水溪新生地等處設置移民村，埔里盆地並未成為移民村設置的選擇地點，主要原因即是沒有適當寬廣且肥沃的未墾官有地可供開墾，缺乏設置移民村有利的條件。〔註 359〕

〔註 356〕《臺灣總督府公文類纂》第 302 冊第 2 件，頁 90～92。
〔註 357〕《臺灣總督府公文類纂》第 302 冊第 2 件，頁 93。
〔註 358〕《臺灣總督府公文類纂》第 302 冊第 2 件，頁 46。
〔註 359〕小林英夫，《日本人の海外活動に関する歴史的調查 第七卷 台湾篇 2》，頁 63～64。

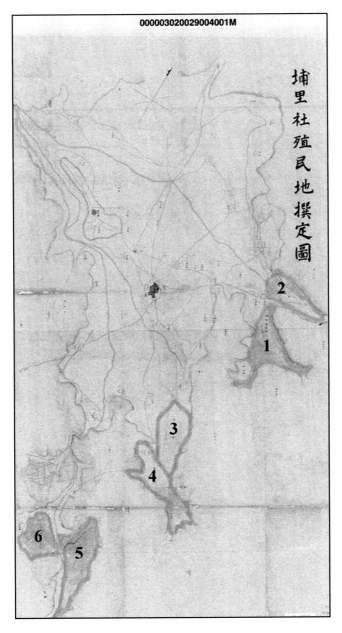

圖 2-11：〈埔里社地方殖民地調查報告〉所列六處原野位置圖

說明：本圖引自《臺灣總督府公文類纂》第 302 冊第 2 件，附圖修改完成。圖示數字
　　　所代表原野名稱如下，粉紅色粗線代表該原野範圍。
　　　1、蜈蚣崙原野　2、眉溪原野　3、五港泉原野　4、長崙坑原野
　　　5、過溪原野　　6、內加道坑原野

表 2-10：〈埔里社地方殖民地調查報告〉六處原野土地權屬簡表

	面　　積	水　利	土　地　權　屬
蜈蚣崙原野（鯉魚窟原野）	307,200 坪約 105 甲	缺乏	原爲化蕃所有地，土目督律將開墾權讓渡給平埔族，契約由大湳庄長潘納目保存。除了私契約之外，清政府亦發給墾照。蜈蚣崙庄長味莫圯（味目杞）亦提出契字，聲稱擁有所有權。土地權屬複雜，已開墾的範圍僅一小部份。
眉溪原野	211,600 坪約 72 甲	雖可引眉溪灌溉，但雨季時有水害。	由林朝棟配下的隘勇長林永泰（林榮泰）所開墾，但缺少能夠証明的文件。
五港泉原野	288,800 坪約 98 甲	缺乏	屯番余青雲光緒 3 年（1877）向官方取得開墾許可，後來將一半土地讓渡給烏牛欄庄黃利用、黃宇道、枇杷城庄阿竹埔、潘得等四人。
長崙坑原野	184,000 坪約 63 甲	缺乏	原野北端接鄰的土地爲十一份庄余步青的開墾地，本原野的權屬則不明。
過溪原野	447,200 坪約 152 甲	可利用過溪灌溉。	木屐囒庄頂社人吳進興擁有本原野的墾照，光緒 10 年（1884）割讓其中一部分給洪長遠。
內加道坑原野	192,400 坪約 66 甲	同上	同上。

說明：本表參考《臺灣總督府公文類纂》第 302 冊第 2 件，頁 76～93 整理完成。

三、土地調查

1、土地調查過程與範圍

　　明治 31 年（1898）7 月，總督府以律令第 13 號發布〈臺灣地籍規則〉、第 14 號發布〈土地調查規則〉，著手準備土地調查相關事務。同年（1898）9月設置臨時臺灣土地調查局。〔註360〕臨時臺灣土地調查局除了負責土地調查相關事項，也將「舊慣調查」納入調查方針的一大要項中。〔註361〕南投廳管內設置南投、北投、埔里社、集集等 4 處派出所，〔註362〕明治 35 年（1902）全臺進行土地調查，明治 36 年（1903）12 月 7 日埔里社土地調查局派出所設立於埔里社街警察署，〔註363〕並於五城堡魚池庄設置一處分派所，〔註364〕

〔註360〕吉川精馬，《臺灣經濟年鑑》（臺北：實業之臺灣社，1925），頁 13。
〔註361〕鄭政誠，〈日治初期臺灣舊慣調查事業的開展〉，《臺灣社會文化變遷學術研討會論文集》，頁 240。
〔註362〕《臺灣總督府公文類纂》第 4225 冊第 14 件，頁 67。
〔註363〕《臺灣總督府公文類纂》第 4286 冊第 115 件，頁 277。

負責的測量區域是埔里、魚池一帶共 33 街庄，面積共計 3,220 甲，包含 1,248 甲（佔 38.8%）的平地與 1,972 甲（61.2%）的山坡地（詳見表 2-11），〔註 365〕調查的範圍並未包含北山坑庄，次年（1904）5 月 6 日調查事務結束。〔註 366〕埔里社堡土地調查作業完成後，堡下 16 街庄所做成的簿冊及圖面主要包括土地臺帳共 62 冊、土地臺帳連名簿 17 冊、地租名寄帳 17 冊、官大租名寄帳 15 冊、地圖 191 張。〔註 367〕堡圖的測繪雖然只在蕃界以內，仍不能不防範生蕃的危害，因此需有隘勇協助護衛，〔註 368〕埔里調查區的堡圖測繪於明治 37 年（1904）5 月 5 日完成。〔註 369〕明治 38 年（1905）臺灣開始實施土地登記，全臺共設土地登記所 27 處，中部包括臺中、彰化、南投、埔里社範圍內設置 5 處。〔註 370〕臺北地方法院臺中出張所埔里社登記所，管轄埔里社堡、五城堡及北港溪堡的土地登記業務。到了明治 42 年（1909），因行政區域之重劃，乃將五城堡拔社埔庄歸南投登記所管轄。大正 8 年（1919）改稱爲臺中地方法院埔里社出張所，次年（1920）再改稱爲臺中地方法院埔里出張所，管轄能高郡及新高郡魚池庄的登記業務。〔註 371〕

光緒 15 年（1889）臺灣巡撫劉銘傳完成全臺清丈田畝工作，當時埔里社清丈結果，並沒有上則田、上則園，而且田賦的繳納金額大約僅是其他地方（例如集集堡）的三分之一左右而已。〔註 372〕

埔里社平原的土地雖然肥沃，也有眉溪、南烘溪兩條流經平原的河流，惟灌溉設施仍嫌不足，加上日治初期幾年發生旱災，還有由於退城事件時抗日民兵來襲，許多居民避居他地，導致日治初期的農況不振，以仰賴雨水爲主的旱田耕種陸稻，年產量約 72,000 石，僅供管內消費，很少有餘糧可以輸出。〔註 373〕

〔註 364〕《臺灣總督府公文類纂》第 4457 冊第 35 件，頁 141～142。
〔註 365〕《臺灣總督府公文類纂》第 4229 冊第 38 件，頁 173～179。
〔註 366〕《臺灣總督府公文類纂》第 4286 冊第 115 件，頁 277。
〔註 367〕《臺灣總督府公文類纂》第 4254 冊第 12 件，頁 132。
〔註 368〕《臺灣總督府公文類纂》第 4285 冊第 45 件，頁 167。
〔註 369〕《臺灣總督府公文類纂》第 4286 冊第 58 件，頁 113。
〔註 370〕《臺灣日日新報》，1905 年 06 月 30 日第三版，「登記所之開廳」、「中部登記所之開始」。
〔註 371〕黃公備，〈埔里志——陸、建置篇〉，《埔里鄉情》第 11 期（南投：鄉里鄉情雜誌社，1981.10），頁 90。
〔註 372〕《臺灣總督府公文類纂》第 302 冊第 2 件，頁 75～76。
〔註 373〕《臺灣總督府公文類纂》第 302 冊第 2 件，頁 55～56。

表2-11：埔里社土地調查局派出所調查範圍表

街庄名稱	總甲數	平坦地甲數	山坡地	
			比　例	甲　數
埔里社街	190	190		
大肚城庄	200	200		
房里庄	160	160		
福興庄	90	90		
大湳庄	130	130		
枇杷城庄	220	220		
小埔社庄	80		全部	80
水尾庄	100		全部	100
史港坑庄	70		全部	70
牛相觸庄	60		全部	60
挑米坑庄	130		全部	130
生蕃空庄	80		全部	80
珠仔山庄	90		全部	90
加道坑庄	4		全部	4
鹿蒿庄	7		全部	7
蓮華池庄	2		全部	2
大雁庄	40		全部	40
山楂腳庄	30		全部	30
新城庄	60		全部	60
魚池庄	300		全部	300
長寮庄	60		全部	60
木屐囒庄	100		全部	100
大林庄	83		全部	83
司馬按庄	60		全部	60
貓囒庄	100		全部	100
茅埔庄	4		全部	4
水社庄	120		全部	120
頭社庄	120		全部	120
拔社埔庄	80		全部	80

銃櫃庄	30		全部	30
水頭庄	180	126	3 成	54
烏牛欄庄	100	20	8 成	80
牛眠山庄	140	112	2 成	28
共 33 庄	3,220	1,248		1,972

說明：本表引自《臺灣總督府公文類纂》第 4229 冊第 38 件，頁 175～176，文字略做
　　　修改。

2、亢五租與官租地

　　亢五租是埔里地區的一種番大租，或稱為「草地租」。本意是一種「不定
額租」，也就是收取總收獲量 5%的租額，收獲 1 車（10 石）就繳納 5 斗租穀。
起源有幾種不同的說法，光緒 3 年（1877）理番分府彭桂芬發出告諭，賦予
番秀才望麒麟收取亢五租的權利。〔註 374〕到了光緒 13 年（1887）清丈田畝以
後，經撫民分府吳本杰與埔里社西堡總理張大陸相議之後，由不定額租改為
定額租，每甲田收取 1 石 8 斗，每年約收取 2,400 石租額，其中 1,000 石分送
埔眉社番，其餘 400 石充做徵收費用，1,000 石由官府收取，充做撫番費用及
教育費用。〔註 375〕

　　日治初期將亢五租分為五份，受領亢五租者共計 4 組人，望麒麟之女望
阿參 2/5、白福順的祖母與余定邦之父 1/5、牛眠山的潘阿申一族 1/5、蘇明（即
「馬來」）等數人 1/5。〔註 376〕

　　日治初期埔里社出張所長檜山鐵三郎於行政事務報告中提到：「官田在轄
內確實不少，埔里社城外到處都是。職以為不如將這些標售給人民方為上策。」
〔註 377〕至於究竟有多少官田、其中標售給人民的又有多少，尚未見到明確的
資料，不過，確實有一些官田成為地方士紳承租取利的標的。羅金水於日治
時期承租大肚城的官租地，8 筆地目為「田」的抄封地，面積共約 18.7 甲，
另有 1 筆 0.13 甲的「池」，這些官租地應是清治時期的官有地，原本承租的佃
人就是羅金水，日治時期羅金水申請繼續承租，每年繳納的小作糧 448 石，
官簿上的佃戶雖然是羅金水，實際耕作的佃戶是大肚城庄的蕭宣爐、籃林秀、

〔註 374〕簡史朗、曾品滄主編，《【水沙連】埔社古文書選輯》，頁 60～61。
〔註 375〕《臺灣總督府公文類纂》第 302 冊第 2 件，頁 74～75。
〔註 376〕鈴木滿男，《「漢蕃」合成家族の形成と展開：近代初期における臺灣邊疆の
　　　　　政治人類學的研究》，頁 253。
〔註 377〕王學新譯，《埔里社退城日誌暨總督府公文類纂等相關史料彙編》，頁 306。

鄭茂與烏牛欄庄的談添丁等 4 人。〔註 378〕

再從眉社文書來看，編號六與七是同一件事的先後兩次契約，內容是由羅金水與林逢春兩人共同合作贌耕官田的契約。〔註 379〕地點不是在雙方所居住的盆地北方、東方，而是在偏西方的大肚城庄。官租高達 800 圓，由兩人對半均分完納。這筆官租地可能即為上述的官租地，後來羅金水再將一半的權利轉移給林逢春，從這個例子顯示出埔里地區的大戶家族之間也存在著某種程度的互動與合作關係。

第三節　影響埔里的重大事件

一、埔里大地震

1、大地震與市街改正

根據中央氣象局出版《台灣十大災害地震圖集》一書所羅列日治時期 5 大震災，災情最嚴重的是墩仔腳大地震（見表 2-12），埔里大地震所造成的災情雖不算非常嚴重，特別的是它屬於「四個災害地震組成的地震系列」當中的兩次地震，〔註 380〕一方面帶給居民莫大的驚恐，另一方面，也為埔里的市容帶來決定性的影響。以下就針對這兩次地震說明其過程及影響。

表 2-12：日治時期主要地震災情概覽表

地 震 名 稱	發生時間	震源深度（公里）	地震規模	死　傷		房屋受損程度		
				死亡	重傷	全毀	半毀	大破
斗六地震	1904/11/06 04：25	7	6.1	145	50	590	1,085	395
嘉義（梅山）地震	1906/03/17 06：43	6	7.1	1,275	759	7,361	5,377	6,425
南投地震系列	1916/08/28 15：27	45	6.8	16	41	613	954	774
	1916/11/15 06：31	3	6.2	1	6	107	200	232

〔註 378〕《臺灣總督府公文類纂》第 13133 冊第 2 件，頁 9～17。
〔註 379〕簡史朗，《水沙連眉社古文書研究專輯》，頁 134～137。
〔註 380〕鄭世楠、葉永田、徐明同、辛在勤，《台灣十大災害地震圖集》（臺北：中華民國交通部中央氣象局，1999），頁 1。

	1917/01/05 00：55	很淺	6.2	53	51	492	667	801
	1917/01/07 02：08	很淺	5.5					
新竹－台中地震（墩仔腳大地震）	1935/04/21 06：02	5	7.1	3,279	2,723	17,927	11,446	9,836
中埔地震	1941/12/17 06：47	12	7.1	360	194	4,481	6,787	11,292

說明：本表數引自《台灣十大災害地震圖集》頁 3「表 0001、台灣十大災害地震和地
　　　震系列震源參數一覽表」，參考同書內容整理完成。其中有關「南投地震系列」
　　　的災情數字與《臺灣日日新報》大正 6 年（1917）1 月 18 日一版所報導的數據
　　　略有不同。

　　大正 5 年（1916）8 月、11 月南投地區發生地震時，也給埔里居民帶來
不小的恐慌，幸好並未帶來太大的災害。〔註381〕8 月地震發生後，到了 10 月
市街已漸漸恢復舊貌，不過，這次的地震也導致因災半毀的埔里社支廳廳舍
無法使用，打算花費 2、3 萬圓先建造一個臨時辦公處所。〔註382〕11 月發生
的地震，所帶來的災害損失相對小了許多。令人難料的是，次年（1917）1 月
5 日凌晨零時 50 分，再度發生一次對於埔里造成嚴重災情的大地震，造成 48
人罹難。〔註383〕埔里對外的主要交通工具輕便車道，也因軌道、橋樑受損嚴
重無法通行。〔註384〕7 日上午 2 時 10 分再發生一次強震，埔里市區土造房屋
都發生龜裂無法居住，北門一帶損害最為嚴重。〔註385〕由於震央在蓮華池附
近，〔註386〕5 日第一次主震以挑米坑、春粿坑（種瓜坑）、北山坑受災最為嚴
重，7 日第二次主震則以埔里社街受災最嚴重。〔註387〕地震災情見圖 2-12 至
圖 2-23。

〔註381〕《臺灣日日新報》，1916 年 09 月 19 日第七版，「震害は大ならず，近藤所長
　　　　の視察談」。
〔註382〕《臺灣日日新報》，1916 年 10 月 28 日第三版，「埔里社の近況」。
〔註383〕《臺灣日日新報》，1917 年 01 月 06 日第五版，「南投強震の慘害，埔里社最
　　　　も激甚，死傷者三十餘名」。
　　　　《臺灣日日新報》，1917 年 01 月 07 日第七版，「震災の慘狀，壓死五十名」。
〔註384〕《臺灣日日新報》，1917 年 01 月 07 日第六版，「南投強震慘害」。
〔註385〕《臺灣日日新報》，1917 年 01 月 10 日第六版，「南投再次強震」。
〔註386〕《臺灣日日新報》，1917 年 01 月 18 日第一版，「埔里社地方の烈震，臺北測
　　　　候所報告」。
〔註387〕《臺灣日日新報》，1917 年 01 月 16 日第六版，「埔里社震災第三報」。

圖 2-12：埔里社支廳地震災情
（1917）

說明：引自醒靈寺文獻室典藏老照片。

圖 2-13：埔里社支廳震災後臨時
事務所（1917）

說明：引自醒靈寺文獻室典藏老照片。

圖 2-14：埔里衛戍病院地震災情
（1917）

說明：引自《台灣十大災害地震圖集》。

圖 2-15：埔里社街市場入口地震
災情（1917）

說明：引自《台灣十大災害地震圖集》。

圖 2-16：大埔城內地震災情-1
（東門，1917）

說明：引自《台灣十大災害地震圖集》。

圖 2-17：大埔城內地震災情-2
（西門，1917）

說明：引自《台灣十大災害地震圖集》。

圖 2-18：大埔城內地震災情-3
（南門，1917）

圖 2-19：大埔城內地震災情-4
（北門，1917）

說明：引自《台灣十大災害地震圖集》。

說明：引自《台灣十大災害地震圖集》。

圖 2-20：枇杷城地震災情（1917）

圖 2-21：大肚城地震災情（1917）

說明：引自《台灣十大災害地震圖集》。

說明：引自《台灣十大災害地震圖集》。

圖 2-22：生蕃空興安宮地震災情
（1917）

圖 2-23：挑米坑福同宮地震災情
（1917）

說明：引自《台灣十大災害地震圖集》

說明：引自《台灣十大災害地震圖集》。

　　由於這次地震發生在冬天，寒風刺骨已夠悲涼，卻又驟雨淋漓，使得災民衣衫盡濕，欲哭無淚。〔註388〕餘震又頻頻來襲，城內的人晚上都睡在屋前的街道中，舖著草蓆過夜。〔註389〕南投廳長富島光治除了冒雨巡視市街、慰問災民，也積極從事救助工作，首先是在支廳前後及市場等處緊急建造三座臨時屋，充作災民的收容所，也撥出埔里俱樂部做爲日本人的災民收容所。〔註390〕傷者收容於公醫潮軍市宅與埔里小學校，〔註391〕也召集埔里的臺灣人開業醫師 5 名，對於傷者進行救助。〔註392〕收容災民的臨時屋，先後共建造三角小屋 6 棟，每棟約可容納約 50 人。由於下雨不斷，臨時避難的小屋屋頂也滲水，讓災民苦不堪言。〔註393〕埔里社支廳統計的損失，死亡 50 人、重傷 39 人、輕傷 48 人，家屋全毀共 107 戶、半毀 275 戶、「大破」627 戶、「小破」990 戶，需救助人數達 2,009 名。〔註394〕《臺灣日日新報》曾於報導中，比較這回地震兩次主震與前一年兩次地震的受災情形，詳見表2-13。

表 2-13：大正 5、6 年南投地震系列四次主震埔里受災情形比較表

發生年份 日本紀年（西元年）	月份／月日	死　傷		房屋受損程度		
		死亡	重傷	全毀	半毀	大破
大正 5 年（1916）	8 月 28 日		3	47	105	325
大正 5 年（1916）	11 月 15 日		1	5	17	30
大正 6 年（1917）	1 月 5 日	50	40	117	275	627
大正 6 年（1917）	1 月 7 日		5	182	218	147

說明：本表數據引自《臺灣日日新報》大正 6 年（1917）1 月 18 日一版報導內容。

　　地震發生後，總督府撥給南投廳 1,000 圓做爲罹難救助費。〔註395〕後來

〔註388〕《臺灣日日新報》，1917 年 01 月 10 日第六版，「埔里再次強震」。
〔註389〕陳春麟，《大埔城的故事——埔里鎮史》，頁 11。
〔註390〕《臺灣日日新報》，1917 年 01 月 10 日第六版，「埔里再次強震」。
〔註391〕《臺灣日日新報》，1917 年 01 月 16 日第六版，「埔里社震災第三報」。
〔註392〕《臺灣日日新報》，1917 年 01 月 14 日第六版，「埔里社震災第一報」。
〔註393〕《臺灣日日新報》，1917 年 01 月 14 日第七版，「慘澹なる埔里社街（第二輯）」。
〔註394〕《臺灣日日新報》，1917 年 01 月 15 日第四版，「埔里社震災第二報」。
〔註395〕《臺灣日日新報》，1917 年 01 月 10 日第二版，「罹災救助金，南投に一千圓支出」。

南投廳再稟請增加救助費，16 日總督府再撥下 1 萬圓。〔註 396〕許多官員也陸續前來視察，造成日月館與埔里社館等旅館全部客滿，反而是料理店乏人問津，因為災後滿目瘡痍，影響不大的有錢人，也不敢在此場景下前來醉飽。〔註 397〕

　　災後緊急善後工作之一就是住家重建，地震發生後，埔里社街所有的土确厝幾乎全部受損無法居住，唯有日本人所興建的木造家屋能夠使用。〔註 398〕大地震之後，埔里街家屋重建時，都採木造，不敢再建造土确厝。〔註 399〕埔里社支廳長西澤時藏，召集埔里地區日本人、臺灣人之重要人士磋商，議定由臺灣人有力者於「市區改正」完畢後，興建 60 間家屋，所需木材則從官有林砍伐使用。〔註 400〕「市區改正」也拜地震之賜，得以順利進行。

　　日治初期各地傳染性疾病頻傳，殖民政府認為主要原因在於生活環境不良，為了防範這些「風土病」，方法之一就是進行「市區改正」。〔註 401〕「市區改正」即今所謂「都市計畫」，日治時期臺灣全島所公布之都市計畫共計74 處，以開辦的時間先後看來，埔里街是第 18 處，〔註 402〕是屬於開辦時間較早的地方。由於臺灣是地震發生頻繁的地區，許多市區改正也都伴隨著地震後的重建著手擬定，74 處市區改正當中，與地震災害相關者超過 3 成。〔註 403〕

　　埔里街的「市區改正」早在地震之前，明治 45 年（1912）6 月 22 日，南投廳便向總督府提出埔里社市區改正的申請案。次年（1913）11 月再提出市區豫定線的圖面，此時的市區道路規畫大致已經確定（參考圖 2-24）。〔註 404〕

〔註 396〕《臺灣日日新報》，1917 年 01 月 19 日第二版，「救助費電送」。
〔註 397〕《臺灣日日新報》，1917 年 01 月 16 日第六版，「埔里社震災第三報」。
〔註 398〕《臺灣日日新報》，1917 年 01 月 14 日第六版，「埔里社震災第一報」。
〔註 399〕《臺灣日日新報》，1917 年 09 月 11 日第六版，「埔里社近況」。
〔註 400〕《臺灣日日新報》，1917 年 01 月 16 日第六版，「埔里社震災第三報」。
〔註 401〕廖鎮誠，〈日治時期台灣近代建築設備發展之研究〉（桃園：中原大學建築學系碩士論文，2007），頁 30。
〔註 402〕黃武達，《日治時代臺灣都市計畫歷程之建構（1895～1945）》（臺北：南天，2000），頁 168～171。
〔註 403〕黃武達，《日治時代臺灣都市計畫歷程之建構（1895～1945）》，頁 203。
　　　　　依據黃武達的統計，與明治 39 年（1906）、昭和 10 年（1935）、昭和 16 年（1941）所發生的三次大地震相關的市區改正計畫共有 22 處，佔 74 處的 29.7%。其中尚未計入大正 6 年（1917）的埔里大地震與埔里市區改正，因為埔里市區改正的時間在地震之前。
〔註 404〕《臺灣總督府公文類纂》第 2249 冊第 2 件，頁 25～32。

雖然地震之後曾經提出市區改正計畫變更的申請，但新舊圖面並無明顯差異。〔註405〕

　　大正5年（1916）市區改正的部份工程已著手進行，先打通埔里社支廳至埔里社製糖場之間的道路，並計畫次年（1917）進行東門、南門方面的部份工程。〔註406〕大正6年（1917）1月5日與7日的大地震，正好為市區改正的推動製造一個好機會，〔註407〕由於大部份公家廳舍及民房都已倒塌，2月即開始著手市區改正的一些工程，改正計畫大體與先前市街改正委員會的計畫相同。〔註408〕同年（1917）12月市區改正的工程已經完成七成左右。〔註409〕

　　災後重建工作之一，就是開始清理市街附近的塚埔，範圍大致在今城隍廟附近，一直延續至埔里酒廠邊的大片土地，這項工作持續到大正8年（1919）才告終。〔註410〕

　　改正後的市街，橫向的道路由北至南依序命名為紅葉通、梅園通、文房通、二城通、恒吉通、桃山通、白葉坂通，大部份採日本式的命名，少數則具有在地性，例如「二城通」，是指大埔城通往大肚城的道路，「恒吉通」應是引用媽祖廟恒吉宮的名稱。縱向道路並未命名，而是做為市街區塊分隔的界線，將橫向道路切割成段，由左而右依序為一丁目至六丁目（見圖2-24）。從圖2-24也可以了解市街改正之前大埔城內的公共用地分布位置。

〔註405〕《臺灣總督府公文類纂》第2656a冊第16件，頁230～234。
〔註406〕《臺灣日日新報》，1916年11月21日第三版，「埔里社の市區改正」。
〔註407〕《臺灣日日新報》，1917年12月14日第八版，「震災後の埔里社」。
〔註408〕《臺灣日日新報》，1917年02月09日第三版，「埔里社市區改正」。
〔註409〕《臺灣日日新報》，1917年01月14日第六版，「埔里社震災第一報」。
〔註410〕陳春麟，《大埔城的故事——埔里鎮史》，頁16。

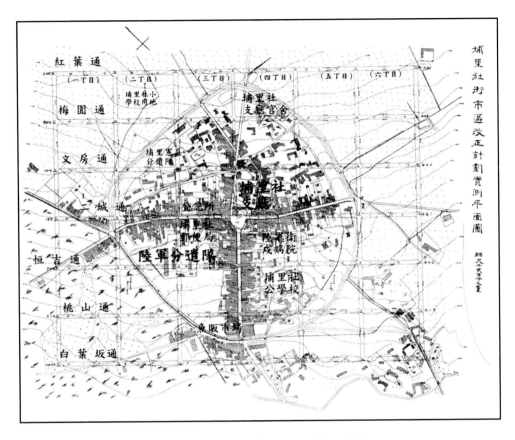

圖 2-24：埔里社街市區改正圖

說明：本圖引自《臺灣總督府公文類纂》第 2249 冊第 2 件，附圖。

　　市街改正後，市中心圓環的水池（見圖 2-25），除了增加市容美觀、提供休閒場所外，也具有消防功能。〔註411〕市街改正的推動，營造出整齊的市街景象（見圖 2-26、圖 2-27），除了促進都市發展，也活絡了地方經濟。埔里街的發展將有一片榮景，有眼光的人也開始收購市街附近的土地。〔註412〕

〔註411〕黃天祥，〈日治時期臺灣火災災害對建築與都市發展影響之研究〉（桃園：中原大學建築學系碩士論文，2007），頁 271。
〔註412〕《臺灣日日新報》，1918 年 06 月 05 日第六版，「埔里近信——購近街地」。

圖 2-25：埔里市中心圓環的水池

說明：本街景的方向是面向北門中山路方向，右前方爲埔里社支廳（鄧相揚提供）。

圖 2-26：東門街景（1921）

說明：本街景是從圓環面對中正路東門方向。（鄧相揚提供）

圖 2-27：南門街景（1921）

說明：本街景是從圓環面對中山路南門方向。（鄧相揚提供）

二、日月潭水力發電工程

1、工程的推動與延宕

明治 36 年（1903）總督府開設的臺北電氣作業所，開啓了官營電氣事業，民營的電燈會社始於明治 44 年（1911）成立的嘉義電燈會社。其後，各地逐漸產生私營電氣會社，包括埔里電燈株式會社在內。〔註413〕

臺灣電力株式會社和臺灣銀行、臺灣拓植株式會社同是日治時期臺灣三大國策會社。這是爲了興建日月潭水力發電工程而設立的會社，也是從事臺灣發電建設的主要單位。改變臺灣產業體質的日月潭水力發電工程，是臺灣工業化的第一步。〔註414〕台灣總督府要在既有的殖民基礎上發展輕工業，並多方面充分利用水力資源，以提供工商發展所需以及廉價的電力，大正 5 年（1916）間總督府高級技師山形要助，負責全島的水力調查計劃，另任命國弘長重技師進行日月潭水力發電計劃。日月潭水力發電計劃經由詳細的調查與規劃下，預定在濁水溪的上游姊妹原（今仁愛鄉曲冰）一帶建壩築堤，然後由取水口引水，流經達二十公里長的導水隧道、明渠、暗渠，將其導入日月潭，並用標高 727 公尺的日月潭貯水，引水到水里溪畔的門牌潭，利用有效落差 320 公尺之水力來推動發電機。這是埔里大地震之後的幾項重要改變之一，這樣預計有 11 萬馬力的水力發電計劃也透過媒體披露。〔註415〕

大正 8 年（1919）明石元二郎就任台灣總督之後，努力促成半官半民的台灣電力株式會社，資本爲 3,000 萬，其中政府出資 1,200 萬。〔註416〕同年 7 月 31 日召開創立總會，由總督府中央研究所所長高木友枝出任第一任社長，發行股票募得資金，當年 8 月間著手日月潭水力發電計劃的實施。〔註417〕首先建設的是供應工程所需電力來源的北山坑發電所，和往來於二水與門牌潭之間的材料運送鐵道。同時，也著手合併民營電燈株式會社，以臺灣西部來說，首先就在大正 9 年（1920）將埔里電燈株式會社合併。〔註418〕

〔註413〕井出季和太，《臺灣治績志》，頁 205～206。

〔註414〕林蘭芳，〈工業化的推手——日治時期臺灣的電力事業〉，頁 57。

〔註415〕《臺灣日日新報》，1917 年 12 月 14 日第八版。「震災後の埔里社」

〔註416〕林蘭芳，〈工業化的推手——日治時期臺灣的電力事業〉，頁 58～60。
臺灣電力株式會社採取半官半民的經營方式，是因應預算不足所採取的折衷方案。

〔註417〕吉川精馬，《臺灣經濟年鑑》，頁 22～23。

〔註418〕林蘭芳，〈工業化的推手——日治時期臺灣的電力事業〉，頁 188。

　　為了提供日月潭水力發電工程所需的電力，在進行工程之前，即在北山坑（今南投縣國姓鄉北山村，見圖 2-28）建設一座 1,800 瓩的水力發電廠，向總督府申請租用 4.7 甲官有地，做為隧道、水槽、鐵管等設施的用地，〔註 419〕建堰堤攔南港溪之溪水，以壓力鐵管引水帶動水輪機來發電，大正10 年（1921）7 月竣工，並在埔里街茄苳腳興建一所變電所，供應日月潭水力發電工程施工之用。〔註 420〕大正 11 年（1922）開始送電，除了供應工程所需電力，也供應埔里街點燈 2,100 盞的電力，剩餘的電力則傳送至臺中使用。〔註 421〕

圖 2-28：北山坑發電廠今貌

說明：鄧相揚提供。

〔註 419〕《臺灣總督府公文類纂》第 7394 冊第 12 件，頁 147〜165。
〔註 420〕鄧相揚，《臺灣的心臟》（南投：日月潭風景管理處，2002），頁 50〜51。
　　　　井出季和太，《臺灣治績志》，頁 621。引南港溪的水流，開鑿導水隧道約 15 町（約 1635 公尺），利用 172 尺（約 52 公尺）的落差發電。
〔註 421〕能高郡役所，《能高郡管內概況》昭和七年版，頁 39〜40。

從埔里社至車埕間的輕便車鐵道，是由埔里社製糖株式會社所建，主要為運輸埔里社所生產的蔗糖（兼營客運），然後再延伸到二水的輕便車道，匯入南北縱貫線，舖設工程於大正 5 年（1916）完成。大正 8 年（1919）台灣電力株式會社著手興建日月潭水力發電工程，為運送建築工程材料，乃將二水至外車埕之鐵道加以拓寬，匯入西部縱貫線，於大正 11 年（1922）1 月 15日通車。〔註 422〕

到了大正 10 年（1921），雖然主要基礎工程已陸續完工，由於受到第一次世界大戰戰後經濟恐慌的影響，工程資金的籌措開始發生困難。大正 11年（1922）9 月，因工程費用週轉困難，不得不發表工事暫緩興建的聲明，〔註 423〕工程也因此延宕了近十年。

2、工程竣工

日月潭水力發電計劃已投入巨額資金，沒有放棄興建的道理，昭和 6 年（1931）10 月 1 日復工。日月潭水力發電工程終於在昭和 9 年（1934）6 月30 日竣工。〔註 424〕

3、對埔里地區的影響

日月潭水力發電工程前後共花費將近 15 年的時間，經歷過十位台灣總督，總共動用工程經費 6,400 餘萬圓。由於工程位置正位於埔里的東方至東南方，〔註 425〕第一工區（也就是最大的工事武界堰場）及第二工區在能高郡管內，〔註 426〕部份工程也直接與埔里相關，工程所帶來的人潮也促使埔里街一時商業的興盛。例如昭和 6 年（1931）重新復工時，前來埔里、魚池、司馬鞍求職者激增，開工後，魚池及埔里的旅館每天至少增加 20 名投宿者，旅館幾乎客滿。〔註 427〕同時也引來一些外地的商販，使地方的景氣為之上

〔註 422〕由於日月潭水力發電工程延宕，加上資金短缺，1927 年由台灣總督府承購並進行路線改善，成為鐵道部（今台鐵）所轄支線，即現今「集集支線」。

〔註 423〕林蘭芳，〈工業化的推手——日治時期臺灣的電力事業〉，頁 129。

〔註 424〕林蘭芳，〈工業化的推手——日治時期臺灣的電力事業〉，頁 134。

〔註 425〕濁水溪全長 178.6 公里。本流源於霧社（今仁愛鄉之東北境）山區高山地帶，溪水流至萬大村落之前，匯入萬大溪，再流經姊妹原（今曲冰）至武界水壩，大部分溪水被引入地下 15.12 公里引水隧道流到日月潭，其出水口即日月潭大竹湖之「日月湧泉」，此為日月潭的第一道活水。

〔註 426〕《臺灣日日新報》，1931 年 09 月 19 日第四版。「埔里實業會電祝落札」。

〔註 427〕《臺灣日日新報》，1931 年 07 月 20 日第四版。「日月潭興工，求職者甚多」。

揚，〔註428〕原本平靜的埔里街變得熱鬧起來，〔註429〕連帶的煙與酒的需求量也大增。〔註430〕昭和 6 年（1931）日月潭水力發電工程重新開工，兩年來也連帶提高了煙酒的銷售量 2 成以上，昭和 9 年（1934）完工後，銷售量很快又回到開工前的水準。〔註431〕當時埔里街民很不希望日月潭工程中止，〔註432〕此工程也成為地方官民向臺中州知事陳情著手開鑿裏南投道路的理由之一。〔註433〕

　　另一方面，日月潭工事當然也為埔里帶來一些負面的影響，從《臺灣日日新報》即可看出當時的一些景況。由於外來人口增加，其中難免也包含一些無賴，竊案因此也隨之增加。〔註434〕對於埔里的經濟方面也有不良的影響，物價暴漲二成至五成，〔註435〕造成民眾的購買力降低。〔註436〕對於收入沒有因此增加的當地農民、中下階層民眾而言，造成不小的衝擊。大正 9 年（1920）3 月，埔里信用組合與烏牛欄信用組合以物價騰貴、電力工事開工導致資金需求增加等理由，同時提出「定款變更」申請，將出資金額提高為 1 口 25 圓。〔註437〕重新復工之前，報紙上便有呼籲有關當局要注意勞力供求問題、避免同時間大規模施工，以免造成物價暴漲。〔註438〕埔里實業協會甚至直接打電話向官方表達此見解。〔註439〕

〔註428〕《臺灣日日新報》，1931 年 07 月 21 日第三版。「埔里地方は早くも，凄い電力景氣，一儲目當の商賣人殺到で，血眼のさわぎ」

〔註429〕《臺灣日日新報》，1931 年 09 月 28 日第三版。「平和鄉『埔里』が殷賑の巷となる，日月潭工事の著手で」

〔註430〕《臺灣日日新報》，1931 年 11 月 13 日第三版，「工事景氣で樽酒の需要激增（埔里）」。

〔註431〕《臺灣總督府專賣局檔案》第 6681 冊第 1 件，頁 20。

〔註432〕《臺灣日日新報》，1931 年 09 月 26 日第四版。「日支時局で，日月潭は中止せぬ，埔里街民の懸念につき，電力當局語る」

〔註433〕《臺灣日日新報》，1931 年 09 月 24 日第四版。「埔里臺中間鑿自動車道希望短縮竣工期」

〔註434〕《臺灣日日新報》，1933 年 05 月 02 日第四版。「埔里賊案何多」

〔註435〕《臺灣日日新報》，1929 年 04 月 18 日第二版。「日月潭工事と埔里」

〔註436〕《臺灣日日新報》，1931 年 11 月 03 日第五版。「日月潭の準備工事と魚池の景氣，實際所要の人夫入山は本月中旬購買力は昔ほどではない」

〔註437〕《臺灣總督府公文類纂》第 6899 冊第 20 件，頁 340～353。
　　　　《臺灣總督府公文類纂》第 6899 冊第 19 件，頁 323～338。

〔註438〕《臺灣日日新報》，1929 年 04 月 18 日第二版。「日月潭工事と埔里」

〔註439〕《臺灣日日新報》，1929 年 07 月 27 日第二版。「埔里實業協會，日月潭問題で，政府へ打電」

三、霧社事件〔註440〕

　　昭和5年（1930）10月27日爲臺灣神社例祭日的前一天，上午在霧社公學校舉辦每年例行的運動會，〔註441〕能高郡守小笠原敬太郎也出席主持。マヘポ等六社，突然襲擊霧社附近的分駐所、郵局、宿舍、民家；以及聚集在霧社公學校的所有日本人，造成134名日本人及2名臺灣人死亡，能高郡守小笠原敬太郎（見圖2-29）也遇害，史稱霧社事件。〔註442〕

　　事發當時，從現場逃脫的郡視學菊川孝行，大約2小時後即抵達埔里，到能高郡役所報告詳情，消息傳到埔里後，也造成埔里地方人心惶惶。埔里地區的日本人全體集中於埔里糖廠（今埔里酒廠）接受警察保護。召集壯丁團及過坑的高山族，與警察、隘勇合力守備，〔註443〕當夜日本人於埔里大湳、蜈蚣崙至牛眠山內埔庄之間地區架設高壓電線，防止原住民攻入埔里。〔註444〕爲了蕃情偵察及治安維護的必要，立刻向軍部要求出動軍隊及飛機來支援警察隊。〔註445〕

　　當時街民有力者不約而同聚集於能高郡守小笠原敬太郎的辦公室，包括埔里街長林其祥（1881～1951）、助役長井實一（1882～？）、深山要助（臺灣製糖株式會社埔里製糖所所長，1883～？）、黑澤元吉（生卒年不詳）、坂元軍二（1868～？）、芝原太次郎（1869～？）、山下藤太郎（1875～？）、原

〔註440〕有關霧社事件的詳細內容，可參閱戴國煇編著、魏廷朝翻譯，《臺灣霧社蜂起事件【研究與資料】上、下》（臺北：國史館，2002），以及鄧相揚撰《霧社事件》（臺北：玉山社，1998）。

〔註441〕菅浩二，《日本統治下の海外神社──朝鮮神宮・台湾神社と祭神》（日本東京都：弘文堂，2004），頁309。

〔註442〕藤崎濟之助，《台灣の蕃族》，頁895。包括マヘポ（馬赫坡）社、ボアルン（波亞倫）社、ホーゴー（荷歌）社、ロードフ（羅多夫）社、タロワン（塔羅灣）社、スーク（斯克）社等六社。
戴國煇編著、魏廷朝翻譯，《臺灣霧社蜂起事件【研究與資料】下》，頁365～366、705。
根據拓務省管理局長生駒高常所寫的〈霧社蕃騷動事調查覆命書〉，霧社蕃11社當中，參加本次行重者有8蕃社，只有巴蘭社、托干社、西巴烏社沒有參加，參加蕃社的人口數1,425人，壯丁數345人。不過，事件後對於行兇蕃人處罰名單中，也包括這三個沒有參加行動蕃社的蕃丁39人。詳見臺灣總督府警務局的〈霧社事件誌〉。

〔註443〕陳春麟，《大埔城的故事──埔里鎮史》，頁44。

〔註444〕鄧相揚，《霧社事件》，頁121。

〔註445〕藤崎濟之助，《台灣の蕃族》，頁916。

田源吉（1873～1945）、平田榮太郎（生卒年不詳）、作山泰武（生卒年不詳）、施雲釵（1901～1960）、羅銀漢等（1895～1979）。當時眾人商議後，擬定下列6點對策：〔註446〕

1、先由警部補尾形宇一郎組成一隊20餘名的警察隊，前往獅子頭防禦。

2、緊急召集在鄉軍人，組成救援隊，前往獅子頭支援尾形部隊，以防禦高山族來襲。

3、由街長電報上呈臺中州知事，請求派出軍隊及飛機救援。

4、街民一戶派出一人，組成「自警團」，負責街內警備及維持秩序，受隊長指揮，二人一組，分日、夜進行區域巡邏警戒，本部設於保甲事務所內。〔註447〕

5、若獅子頭的防線被攻破，則以大湳堤防做為第二道防線，於堤防前方約3、40間（約3、4百公尺）的地方，從守城份到大湳之間架設鐵絲網做為防備。

6、萬一這道防備線還是被攻破，則將所有婦女、小孩集中於臺灣製糖會社埔里製糖所工場及專賣局埔里出張所倉庫避難。

當時由警部補尾形宇一郎所率領的警察隊僅25人，加上前往支援的在鄉軍人所組成的兩個分隊共21人，總數仍未達50人，在情況不明之下，如果高山族果真大舉來襲，恐怕無法抵擋。眾人商議之後，接受退役憲兵少尉高羽貞將（1871～1932）的意見，捨棄獅子頭駐在所，退守大湳堤防。〔註448〕

原本是日本人娛樂中心的能高俱樂部，此時也成為30餘名下山避難日本人的臨時收容所。〔註449〕由於霧社位於埔里街附近，民蕃接觸的機會較其他蕃族來得頻繁，事件發生當時，在當地的日本人有157人，臺灣人有111人，有日本人經營的旅館、雜貨屋各一間，臺灣人經營的雜貨店有三間。其中一位店主是茄苳腳人巫金墩，霧社事件發生時，不但未被殺害，蕃人還讓他平安下山，此事觸怒日本警察，以為他有參與陰謀，立即被捉到能高郡役所警

〔註446〕小池駒吉、五十嵐石松，《霧社事件實記》（臺北：臺灣經世新報社埔里支局，1931），頁49～53。
〔註447〕小池駒吉、五十嵐石松，《霧社事件實記》，頁62。
〔註448〕小池駒吉、五十嵐石松，《霧社事件實記》，頁53～60。
〔註449〕小池駒吉、五十嵐石松，《霧社事件實記》，頁68。

察課訊問，後來無罪獲釋。〔註450〕事件當中兩位被誤殺的臺灣人，霧社遇害的 9 歲女童李氏彩雲，是從新竹州大溪郡大溪街來的一位從事「日稼（即打零工）」者的女兒。在眉溪遇害的 24 歲酒保店員劉才良，則是住在埔里街茄苳腳的居民。〔註451〕根據劉枝萬的回憶，一位是被流彈打中，另一位孩童則是因為著日本服裝而遭誤殺。〔註452〕由此可以了解當時高山族很明確只是針對日本人。

圖 2-29：能高郡守小笠原敬太郎與夫人、女兒

說明：鄧相揚提供。

〔註450〕劉枝萬口述，林美容、丁世傑、林承毅訪問紀錄，《學海悠遊・劉枝萬先生訪談錄》，頁 23。
　　　　訪談錄當中的姓名為「巫金敦」，戶口調查簿的姓名為「巫金墩」。
〔註451〕戴國煇編著、魏廷朝翻譯，《臺灣霧社蜂起事件【研究與資料】下》，頁 561
　　　　～562。
〔註452〕劉枝萬口述，林美容、丁世傑、林承毅訪問紀錄，《學海悠遊・劉枝萬先生訪談錄》，頁 19。

　　當時正值農曆 9 月，依慣例是媽祖遶境到九芎林的日子，該庄庄民正忙著準備祭拜事宜，傳聞霧社方面的蕃人已經下山襲擊眉溪、獅子頭等聚落，即將迫近埔里，於是取消做戲，全庄壯丁立即武裝，嚴陣以待，老幼皆集中於該庄安奉媽祖的地方。〔註 453〕

　　事件發生後，埔里就成為處理事件的前進指揮所，27 日當晚 11 點，臺中州應援隊抵達埔里，〔註 454〕28 日下午從埔里出發前往霧社，29 日上午即佔領霧社。〔註 455〕30 日臺灣守備隊司令官鎌田彌彥與臺中州知事水越幸一共同來到埔里，在此共擬作戰綱要。〔註 456〕由於能高郡守小笠原敬太郎已經遇害，30 日任命山下末之武為能高郡守，〔註 457〕能高郡役所也奉命從埔里徵調官役人伕，但埔里居民多以危險為由拒絕行動，徵調工作陷入困境。〔註 458〕事件發生過程中，埔里地區的旅館幾乎全部客滿，一些小賣商店的營收也倍增。〔註 459〕

　　為了對山上進行偵察及攻擊行動，於埔里的梅仔腳舊陸軍練兵場著手興建埔里飛機場（見圖 2-30、圖 2-31），原本預訂兩天完成，由於必需刈除晚稻再整平田地，直到 11 月 7 日才完工，〔註 460〕當時也花了街費 500 圓補償地上物。〔註 461〕當天上午便有第一架飛機降落機場。〔註 462〕原本設於鹿港的鎌田支隊空軍本部也於次日（8 日）移到埔里。〔註 463〕紅十字會臺灣支部亦在霧社及埔里街之武德殿設立救護站，也開始收拾在霧社公學校、宿舍等處的日本人遺體，就地火化，送往埔里街之能高寺安放。〔註 464〕平定事件過程的損傷，警察官殉職者 6 人、受傷者 3 人，軍隊戰死者 22 人、負傷者 23 人。〔註 465〕殖民政府耗費 77 萬餘圓經費平定了這次事件。〔註 466〕

〔註 453〕陳春麟，《大埔城的故事——埔里鎮史》，頁 44。
〔註 454〕小池駒吉、五十嵐石松，《霧社事件實記》，頁 88。
〔註 455〕藤崎濟之助，《台灣の蕃族》，頁 916～917。
〔註 456〕藤崎濟之助，《台灣の蕃族》，頁 919。
〔註 457〕《臺灣總督府公文類纂》第 10062 冊第 38 件，頁 370～373。
〔註 458〕鄧相揚，《霧社事件》，頁 121。
〔註 459〕《臺灣日日新報》，1930 年 11 月 08 日第四版，「埔里旅館泊客滿員」。
〔註 460〕《臺灣日日新報》，1930 年 11 月 02 日第四版，「埔里飛行場二日完成」。
　　　　《臺灣日日新報》，1930 年 11 月 07 日第二版，「埔里飛行場七日に完成」。
〔註 461〕小池駒吉、五十嵐石松，《霧社事件實記》，頁 66。
〔註 462〕《臺灣日日新報》，1930 年 11 月 9 日第四版，「陸軍機初抵埔里」。
〔註 463〕《臺灣日日新報》，1930 年 11 月 10 日第七版，「空軍本部埔里へ移る」。
〔註 464〕小池駒吉、五十嵐石松，《霧社事件實記》，頁 68。
〔註 465〕藤崎濟之助，《台灣の蕃族》，頁 920。

圖 2-30：梅仔腳飛行場-1　　　　圖 2-31：梅仔腳飛行場-2

說明：引自《古早人鄉土情》頁 117。　　　說明：鄧相揚提供。
　　　　（何楨祥提供）

　　事件隔年（1931）4 月 25 日凌晨又發生「保護蕃收容所襲擊事件」，[註467]
又稱爲「第二次霧社事件」，起因於味方蕃道澤群的總頭目泰目・瓦歷斯於事
件中遇襲身亡，味方蕃對於保護蕃展開報復行動。[註468] 後來官方將倖存的
298 名保護蕃遷居於川中島（今仁愛鄉互助村清流部落）。遷居之前，爲避免
與鄰近蕃社發生不必要的衝突，官方於 5 月 1 日先將川中島附近的眉原蕃頭
目、勢力者 13 名招致埔里進行說服。次日（2 日）再由總督府理蕃課長森田
俊介、警部高井九平到眉原社，召集全部社蕃進行說明。5 月 6 日進行遷移，
沿路配置多名警察，從眉溪搭台車抵達埔里的臺灣製糖株式會社的工廠，再
轉乘搬運甘蔗的火車到小埔社，然後步行抵達川中島。[註469]

　　昭和 6 年（1931）10 月 15 日，於埔里的能高郡役所舉行川中島社歸順
式，有 106 名參加，會中突然留置 23 名可能也參與事件的嫌疑者。其他人
則安排到埔里街去採購。隔天在霧社召開家長會議，也當場留置 15 名嫌疑
者。[註470] 10 月 27 日當天，於埔里街的能高寺舉行霧社事件一週年法會，
弔慰於事件中死亡的 139 人，約有 500 人參加。[註471] 同年（1931）12 月

〔註466〕戴國輝編著、魏廷朝翻譯，《臺灣霧社蜂起事件【研究與資料】下》，頁 659。
〔註467〕藤崎濟之助，《台灣の蕃族》，頁 929～930。
〔註468〕鄧相揚，《霧社事件》，頁 89。
〔註469〕藤崎濟之助，《台灣の蕃族》，頁 933。
〔註470〕《臺灣日日新報》，1931 年 10 月 18 日第四版，「警官三百名警戒式場，蕃人
　　　　到埔里買物」。
〔註471〕《臺灣日日新報》，1931 年 10 月 28 日第四版，「霧社事件一周年，埔里街弔

15 日，於能高郡埔里街虎子山之能高神社神前，舉行「事件全部關係蕃社的和解式」。〔註 472〕

　　昭和 8 年（1933）莫那‧魯道遺體被狩獵的原住民發現後，也是先將遺體運至埔里街，其女兒馬紅‧莫那再從川中島來到埔里的武德殿認屍。次年（1934）6 月能高郡役所新建工程落成時，其遺骸還被公開陳列，供人參觀，然後再送往臺北帝國大學供學術研究之用。〔註 473〕

　　霧社事件雖然導致埔里地區的製腦事業衰微不振。〔註 474〕不過也促使裏南投道路的開鑿（詳見第三章第三節）。

小　結

　　殖民統治初期所面對的兩項主要工作是「治安」與「產業」，埔里雖然發生過退城事件，由於受到以盆地西部、北部平埔族的支持，初期的治安問題較小，理蕃工作逐漸成為重點。由於初期的產業調查對於埔里可供開發大面積土地表達失望的結論，也導致殖民政府在改善埔里對外交通不便的問題上看不到積極性。殖民政府對於埔里的殖民統治，在理蕃政策、改善市街生活環境方面比較主動積極，但也有比較消極的一面，改善對外交通不便的問題就是顯例。土地開發方面，埔里與其他地方一樣，開始產生水利組合，改善平原耕地的灌溉設施，進而擴展原野、山林的開發，糖業也同步進行。

　　　　慰英靈，對殉職難百三十九名」。
〔註 472〕鄧相揚，《霧社事件》，頁 96。
〔註 473〕鄧相揚，《霧社事件》，頁 140。
　　　　直到民國 62 年（1973）10 月 27 日才移回霧社安葬。
〔註 474〕《臺灣日日新報》，1931 年 11 月 30 日第五版，「埔里の製腦事業，霧社事件
　　　　以來，不振をかこつ」。

第三章　土地開發與地方發展

第一節　土地、原野與山林開發

一、水田耕地的擴展

1、耕地面積的增長

　　日治初期埔里地區的耕地面積，比較早的紀錄是〈埔里社地方殖民地調查報告〉，臺灣總督府民政局殖產課技師橫山壯次郎等三位，於明治 30 年（1897）5 月前來埔里進行殖民地調查約一個月，[註1] 所撰的〈埔里社地方殖民地調查報告〉中，估計埔里社平原的面積約 1,050 萬坪，折算甲數約爲 3,579 甲。[註2] 明治 41 年（1908）埔里的耕地面有水田 2,989 甲、旱田 625 甲，共計 3,614 甲，與 11 年前的調查相較，似無明顯變化。不過，當時另有開墾許可地 1,240 餘甲、申請中及調查中的土地也有 1,700 餘甲、土地臺帳登錄以外之適宜開墾的土地約有 5,000 甲，[註3] 顯然還有很大的發展空間。

　　到了大正 7 年（1918），埔里社堡的水田有 2,607 甲、旱田有 2,506 甲，

〔註1〕　《臺灣總督府公文類纂》第 302 冊第 2 件，頁 39。三位殖產課職員包括技師
　　　　橫山壯次郎、技手森貞藏、雇上領小太郎。
〔註2〕　《臺灣總督府公文類纂》第 302 冊第 2 件，頁 43。埔里社平原東西三千間、
　　　　南北三千五百間，面積約二方里餘，1,050 萬坪。一方里爲 1,591 甲，二方里
　　　　餘即超過 3,182 甲。以一甲爲 2,934 坪換算，1,050 萬坪即約 3,578.7 甲。
〔註3〕　《臺灣日日新報》，1908 年 05 月 22 日第一版，「埔里社事情（六）」。

合計耕地有 5,113 甲。〔註4〕與明治 30 年（1897）的調查報告相較，21 年間增加 1,534 甲，增加約 43%。

埔里盆地從道光年間從事土地開發以來，主要的農產品還是稻米，即使到了日治末期大力推展糖業，稻米的種植面積與產值仍佔第一位，以昭和 9 年（1934）出版的《臺中州能高郡埔里街街勢要覽》統計數字為例，水田 3,063 甲、旱田 2,979 甲，合計 6,042 甲，水稻的種植面積為 4,660 甲，約佔水田、旱田總面積的 77%，生產價格（產值）為 794,862 圓，此外另有 65 甲陸稻種植。甘蔗的種植面積為 646 甲，約僅佔水田、旱田總面積的 10.7%，生產價格為 362,448 圓，還不到水稻生產價格的一半。〔註5〕水稻每甲收獲量約 12 石，價格為 166 圓，每石約 13.8 圓。〔註6〕

能高郡役所出版的《能高郡管內概況》也提供水田、旱田的數據，昭和 7 年（1932）版的《能高郡管內概況》，水田 3,142 甲、旱田 3,698 甲，合計 6,840 甲，佔已登錄地籍的土地 9,659 甲約 70.8%。〔註7〕昭和 11 年（1936）的統計，水田 3,397 甲、旱田 3,114 甲，合計 6,511 甲。〔註8〕總甲數雖縮減 329 甲，不過，水田增加 255 甲，旱田減少 584 甲，或許可推測，旱田減少的甲數當中，半數改良成水田；半數可能廢耕。昭和 16 年（1941）的水田 3,395 甲，旱田 3,143 甲，合計 6,538 甲，〔註9〕與昭和 11 年（1936）的數據十分接近。

從以上的耕地面積可以初步看出，日治初期明治 30 年（1897）埔里地區的耕地約 3,579 甲，到了昭和 16 年（1941）增長為 6,538 甲，44 年間增加 2,959 甲，多了將近一倍（82.7%）。昭和 11 年（1936）所出版的《新臺灣の事業界——一九三六年『地方紹介號豪華版』》一書的「模範街庄紹介」單元，介紹臺灣 18 個街庄，其中也包括埔里街，標題是「山上の平和鄉——埔里街」內容介紹埔里有肥沃的土地，仍有開拓的餘地，〔註10〕指的應該是

〔註4〕 南投廳，《大正七年南投廳第一統計書》，頁 57。
〔註5〕 埔里街役場，《臺中州能高郡埔里街街勢要覽》（南投：埔里街役場，1934），「土地」表、「農業」表。
〔註6〕 埔里街役場，《臺中州能高郡埔里街街勢要覽》，「土地」表、「農業」表。在來種一甲當收量 11.92 石，價格為 165.83 圓，蓬萊種一甲當收量 13.23 石，價格 189.81 圓。
〔註7〕 能高郡役所，《能高郡管內概況》昭和 7 年（臺北：成文，1985），頁 7。
〔註8〕 能高郡役所，《能高郡管內概況》11 年版（臺北：成文，1985），頁 8。
〔註9〕 臺中州，《昭和十六年臺中州統計書》（臺中：臺中州，1943），頁 10。
〔註10〕 屋部仲榮編，《新臺灣の事業界》（臺北：成文，1999），頁 159。

丘陵地。

2、稻米產量

埔里稻作的單位面積生產量有極大的落差，以日治初期稻作面積 20 萬餘甲的總收穫量 150 萬石折算，每甲收穫量約 7.5 石，到了昭和 9 年（1934），稻作面積 687,600 甲，總收穫量 9,088,000 石折算，每甲收穫量約 13.2 石，〔註11〕單位產量增加，主要在於灌溉的改善及耕作技術的提昇所致。上述也提到，埔里的水田每甲稻作產量約僅 12 石，明治 45 年（1912）稻米的種植面積 2,889 甲，兩期稻作收穫量為 30,670 石，每甲產量平均約 10.6 石，供給埔里社堡當時人口 2 萬 5 千餘人食用，已所剩無幾，〔註12〕有時甚至不足，尚需由外地運入。明治 45 年（1912）以來，四年間增闢的水田將近 1,000 甲，稻米供應已能夠自給自足了。〔註13〕大正 7 年（1918）因物價高漲，米價隨之騰貴，由於埔里地區運送物資困難，為了避免未來可能缺糧，埔里社支廳長木浦角太郎禁止埔里地區的稻米運出。〔註14〕昭和 7 年（1932）的稻作面積為 5,021 甲，產量為 67,112 石，〔註15〕每甲平均產量為 13.4 石，單位面積產量約增加一成。

3、業佃關係

總督府為了改善不良的業佃習慣，大正 11 年（1922）首先於臺南州新營郡成立「業佃會」，協調地主與佃農之間的紛爭，並鼓勵業佃締結書面契約。總督府也接續督促各州廳設置相關團體。〔註16〕與其他地區相較，埔里地區的地主與佃農間的關係比較和緩，租佃糾紛事件極少，往例租佃關係多以口頭約定，隨著「興農倡和會支部」設立，與其他地區相同，也鼓勵業佃改採訂立書面契約方式，保障雙方權益，避免發生糾紛。〔註17〕以昭和 7 年（1932）的統計，埔里街「興農倡和會支部」的會員數為 587 名，包括地主 110 名（佔 18.7%）、自耕農 61 名（佔 10.4%）、佃農 416 名（佔 70.9%）。簽訂長期契約

〔註11〕井出季和太，《台灣治績志》，頁 143～145。

〔註12〕《臺灣日日新報》，1912 年 03 月 08 日第一版，「埔里社の發展」。

〔註13〕《臺灣日日新報》，1916 年 02 月 10 日第一版，「埔里社隨行」。

〔註14〕《臺灣日日新報》，1918 年 10 月 27 日第五版，「埔社短訊——禁米搬出」。

〔註15〕能高郡役所，《能高郡管內概況》昭和七年版，頁 26。

〔註16〕李力庸，《日治時期臺中地區的農會與米作（1902～1945）》（臺北：稻鄉，2004），頁 59。

〔註17〕《臺灣總督府公文類纂》第 10089 冊第 48 件，頁 412。

共計 300 件，面積 604 甲，包括水田 125 甲、旱田 479 甲，約僅佔該年水田、旱田總面積 6,840 甲的 8.8%。〔註18〕到了昭和 11 年（1936），會員數增加爲 1,626 名，包括地主 374 名（佔 23%）、自耕農 65 名（佔 5.5%）、佃農 1,187 名（佔 73%）。會員數增加近兩倍，主要是地主與佃農增加，自耕農沒有明顯變化。簽訂長期契約的件數則有顯著成長，共計 1,468 件，面積 2,338 甲，包括水田 1,223 甲、旱田 1,115 甲，約僅佔該年水田、旱田總面積 6,511 甲的 35.9%。〔註19〕件數增加近 4 倍，面積增加近 3 倍，也就是說水田、旱田約有 1/3 面積的業佃採行簽訂長期契約。

二、水利設施

1、早期的水圳開鑿

依據日治時期昭和年間的調查，埔里地區主要的圳路有 19 條（見表 3-1）。19 條水圳當中，有 18 條是日治以前所修築，其中 14 條查知修築者當中，有 9 條是由平埔族所修築，佔已知修築者圳路的 64%，由此可見平埔族入墾埔里時，也將他們在原鄉習得的開圳技術帶入埔里，使埔里很快地水田化。〔註20〕不過，開鑿技術是否已經成熟，灌溉面積是否已涵蓋很廣，仍待評估。

埔里最早的水圳南烘圳（又稱爲「埔里社圳」〔註21〕），開鑿於道光 6 年（1826），依據表 3-1，開鑿者爲余登榜、余八等 2 人，另一說則是「北投社番羅打朗等」。〔註22〕雖然平埔族遷入埔里拓墾時已著手興修水利，惟規模不大，光緒 3 年（1877）臺灣道夏獻綸入埔勘查時，也提到當時的水利不佳，由中路理番同知彭鏊所開鑿的水圳有兩條，民眾自行開鑿的水圳僅一條。〔註23〕光緒年間由埔里社撫民通判吳本杰諭示羅金水、余步青等 25 人合股成立「合興號」，鳩集工本著手開築南烘溪附近水圳，完成之後，光緒

〔註18〕能高郡役所，《能高郡管內概況》昭和 7 年版，頁 7、28。
〔註19〕能高郡役所，《能高郡管內概況》昭和 11 年版，頁 28。
〔註20〕陳哲三，〈清代台灣烏溪流域的移墾與水圳修築〉，《逢甲人文社會學報》第 13 期（臺中：逢甲大學人文社會學院，2006.12），頁 215。
〔註21〕臺灣總督府民政部土木局，《臺灣埤圳統計》，第二部記述，頁 3。
〔註22〕陳哲三，〈清代台灣烏溪流域的移墾與水圳修築〉，《逢甲人文社會學報》第 13 期，頁 212。
〔註23〕不撰著人，《劉銘傳撫臺前後檔案》（臺北：大通書局，1987），頁 14～16。

14 年（1888）正月發出曉諭，公佈水租收費標準。〔註24〕不過，次年（1889）5 月即因爲大雨導致埤圳崩陷，無力修復，於是將水圳管理權及荒埔開墾權以 1,000 圓代價轉讓給「新順源號」。〔註25〕

2、埔里圳水利組合

　　明治 34 年（1901）〈臺灣公共埤圳規則〉實施以來，將具有公共利害關係的埤圳納入公共埤圳，指派管理者，並且受廳長的監督。〔註26〕明治 40 年（1907）埔里地區也將原已被認定的南烘圳公共埤圳組合和原未被認定的珠仔山圳等 10 條水圳合併，改稱爲「埔里社圳公共埤圳組合」。〔註27〕埔里盆地海拔 1,500 尺（約 455 公尺），對於埔里盆地的灌溉設施改善，原本還有引導較埔里盆地高約 1,000 尺（約 303 公尺）水社湖（日月潭）的湖水來灌溉的構想，〔註28〕後來可能考量工程太浩大，不符合效益，改採取整修既有圳道的方式來解決。〔註29〕年久失修的南烘圳，原本灌溉面積有 300 多甲，明治 39 年（1906）納入公共埤圳以後，次年（1907）指定羅金水爲公共埤圳埔里社圳的管理者，〔註30〕也投入 15,000 多圓著手進行大改修，預期完工之後，不僅可以恢復原灌溉區域的水利功能，也可以使附近原本一穫的田地改爲兩穫，原本是旱田、原野的一百數十甲土地也可以被改良成水田。〔註31〕明治 41 年（1908）繼續投入 1 萬圓經費整修茄苳腳圳，平均每一甲地約負擔 80 圓的經費，完成之後，附近的水租平均一甲約收 8 圓左右。〔註32〕

　　盆地的東邊有兩條主要的水圳，即五十甲圳與深溝圳，灌溉面積約 400 甲。這兩條水圳都受到蜈蚣崙庄南方谷地乾溪的危害，因爲乾溪平時乾涸，雨季時則會湧出大量溪流，氾濫成災，除了造成下游農地被水淹沒，兩條水圳的圳路也常被沖毀。明治 38 年（1905）由當地民眾共同協議，打算築造一條長達 320 餘間（約 580 公尺）的石堤來攔阻乾溪的氾濫，順利引導乾溪的

〔註24〕 不撰著人，《臺灣私法物權編》（臺北：大通書局，1987），頁 1144～1145。
〔註25〕 不撰著人，《臺灣私法物權編》，頁 1257～1259。
〔註26〕 東鄉實、佐藤四郎共著，《台湾植民發達史》，頁 213。
〔註27〕 陳哲三總編纂，《南投農田水利會志》（南投：南投農田水利會，2008），頁 553
　　　　～554。
〔註28〕 《臺灣日日新報》，1908 年 05 月 22 日第一版，「埔里社事情（六）」。
〔註29〕 《臺灣日日新報》，1908 年 07 月 25 日第三版，「埔里社圳の工事」。
〔註30〕 《臺灣總督府公文類纂》第 1291 冊第 36 件，頁 60。
〔註31〕 《臺灣日日新報》，1907 年 02 月 09 日第四版，「南投南烘圳。
〔註32〕 《臺灣日日新報》，1908 年 07 月 25 日第三版，「埔里社圳の工事」。

水注入眉溪，〔註33〕所需費用 14,258 圓由附近地主依田地面積分配負擔，由於工程是由官方辦理，所以費用算是居民捐給國家的「寄付金」（金錢捐贈）。〔註34〕

　　大正 7 年（1918）南投廳下的公共埤圳，以埔里社圳的灌溉面積最大，廣達 2,166 甲。〔註35〕大正 8 年（1919）南投廳投入 20 餘萬圓開鑿一條大埤圳，擬自眉溪谷引水，完成之後的灌溉面積可達 1 千數百甲，對埔里地方的開發有很大的影響。〔註36〕

表 3-1：埔里地區各圳路簡表

圳　名	所在地	開鑿年號月日	竣工年號月日	開鑿變更年月日	變更所在地	開鑿氏名
南烘圳	從水頭經十一份、枇杷城至五港泉	道光6年1月（1826）	不詳	明治43年（1910）8月20日著手，同年12月竣工	再從犁頭尖至梅子腳，15,207圓75□厘	蕃人，金登榜、余八等二人
南烘頂圳	胡桶頂至隧道	光緒13年11月（1887）	光緒14年4月竣工（1888）			北投蕃，巫春榮與佃人等
珠子山圳	從牛洞南烘溪起	道光年間	不詳			
仝下圳	從大欉楓腳南烘溪起	光緒元年3月（1875）	光緒元年4月（1875）			
生蕃空溪底圳	從生蕃空拔子林起	光緒10年3月（1884）	不詳			巫清福與150名工人等
蜈蚣堀圳	從蕃社溝起	光緒9年（1883）	光緒9年12月（1883）			洪阿秀、洪連旺等24人與250餘名工人
茄苳腳圳	從枇杷城字鹽土番社溝起	道光30年（1850）	不詳	同治3年（1864）鄭興等61人共同出資		巫阿恭三十七名共同出資等

〔註33〕《臺灣日日新報》，1905 年 08 月 18 日第四版，「南投廳乾溪の築堤」。
〔註34〕《臺灣日日新報》，1906 年 03 月 20 日第四版，「埔里社山奧乾溪の開鑿」。工程內容參考《臺灣總督府公文類纂》第 4846 冊第 9 件，頁 198～224。
〔註35〕南投廳，《大正七年南投廳第一統計書》，頁 8。
〔註36〕《臺灣日日新報》，1919 年 11 月 13 日第二版，「南投の大埤圳——埔里社開發新計畫」。

大媽鄰圳	從牛相觸南烘溪起	咸豐9年（1859）	咸豐9年4月（1859）			
烏牛欄溪底圳	從烏牛欄南烘溪起	咸豐9年（1859）	咸豐9年3月（1859）			潘阿四老阿沐等23名共同出資
北烘圳	從蜈蚣崙字蜈蚣鬚起	咸豐元年（1851）	不詳	昭和5年（1930）中，因大水災而改修	北烘圳災害復舊工程，昭和10年（1935）11月1日開始，昭和11年（1936）2月8日竣工	潘四老馬下六等數百名等
守城份圳	從石墩坑字眉溪起	咸豐元年11月（1851）	咸豐2年（1852）1月	昭和10年（1935）12月中再次變更位置	往內側變更	潘永成獨資，民壯1,800名工人
東螺圳	從大湳頂字眉溪起	咸豐2年2月10日（1852）	咸豐2年（1852）5月27日	隨著州堤防延長一併修改，昭和11年（1936）2月2日施工，同年4月中竣工		李眉等人
分圳	從東螺股至房里字大馬鄰股爲止	光緒2年1月11日（1876）	光緒2年（1876）3月30日			
赤崁頂圳	從水尾下赤崁眉溪起	光緒8年11月（1882）	不詳			潘昆山等7名共同出資
水尾圳	從水尾字眉溪起	同治7年（1868）	不詳			陳旺、吳進亨、毛仕保等13人出役
史港圳	從小埔社大坪頂溪起	同治12年6月（1873）	不詳	第二回改修，是興建獅仔頭圳的涂阿玉		曾阿粉等8名，後來廖阿河等6名出資
刣牛坑圳	從水尾字刣牛坑溪起	光緒15年2月（1889）	不詳			徐阿石等□□人，施工費不明
挑米坑圳	從挑米坑溪起	光緒5年月不詳（1879）	不詳			不明

牛相觸圳	牛相觸南烘溪	明治 32 年月不詳（1899）	不詳			潘阿沐茅格等 41 名共同出役。

說明：本表參考陳哲三，〈清代台灣烏溪流域的移墾與水圳修築〉一文的附件一（頁218～219）的文件修改完成，本文件出自南投農田水利會收藏的《各圳灌溉面積關係綴》當中的〈各圳路の沿革史〉。

大正 11 年（1922）公布「水利組合令實施規則」之後，開始將原有的公共埤圳及官設埤圳改組為「水利組合」，埔里社圳公共埤圳組合也於次年（1923）改組為「埔里圳水利組合」。〔註37〕大正 15 年（1926）的統計資料顯示，全臺灣總共有 101 個水利組合，灌溉面積最大的是嘉南大圳，高達 62,097甲。埔里圳水利組合的灌溉面積排行第 22 位，為 2,647 甲。〔註38〕根據昭和2 年（1927）《臺中州水利梗概》的統計，該年埔里既有的舊埤圳主要有 15 條，包括南烘圳、珠子山圳、生蕃空溪底圳、蜈蚣堀圳、茄苳腳圳、牛相觸圳、烏牛欄溪底圳、北烘圳、守城份圳、東螺圳、赤崁圳、水尾圳、史港坑圳、刣牛坑圳、挑米坑圳等。這些埤圳原本多為居民共同出資開鑿，到了明治 41年（1908）被認定為公共埤圳之後，統稱為「埔里社圳」，灌溉面積為 2,673甲。〔註39〕並於大正 12 年（1923）成立「埔里圳水利組合」。〔註40〕此外，尚有認定外之埤圳 2 條，即水頭的大林圳，灌溉面積為 44 甲，南烘溪右岸的共榮圳，灌溉面積約 40 甲。〔註41〕

根據昭和 7 年（1932）的統計，埔里圳水利組合的圳路數為 15 條，灌溉面積 4,351 甲，認定外埤圳有 10 條，灌溉面積 174 甲。〔註42〕到了昭和 8 年（1933）年底統計，「埔里圳水利組合」的灌溉面積縮減為 3,775 甲，年徵收組合費為 9,251 圓。〔註43〕不過，此二項灌溉面積數據似乎都太高一些，因為時間稍晚的兩次統計，面積都沒有這麼廣。昭和 11 年（1936）埔里圳水利組合的灌溉面積為 2,455 甲，其他認定外埤圳 50 餘處，灌溉面積 173 甲，合計

〔註37〕陳哲三總編纂，《南投農田水利會志》，頁 196、208。
〔註38〕臺中州水利課，《臺中州水利梗概》，附圖「全島公共埤圳及水利組合一覽（大正十五年四月一日現在）」。
〔註39〕臺中州水利課，《臺中州水利梗概》（臺中：臺中州水利課，1927），頁 26～27。
〔註40〕臺中州，《臺中州水利梗概》（臺中：臺中州，1939），頁 22。
〔註41〕臺中州水利課，《臺中州水利梗概》（臺中：臺中州水利課，1927），頁 30。
〔註42〕能高郡役所，《能高郡管內概況》昭和 7 年版，頁 47。
〔註43〕埔里街役場，《臺中州能高郡埔里街街勢要覽》（南投：埔里街役場，1934），「土地」表、「水利」欄。

2,628 甲。﹝註 44﹞昭和 12 年（1937）的灌溉面積爲 2,549 甲。﹝註 45﹞

　　到了昭和 13 年（1938），臺中州對於州下 28 個水利組合進行合併，統合成 12 個水利組合。埔里圳、福龜圳與北港溪圳等三個水利組合合併成爲能高水利組合，組合員 2,196 人，灌溉面積爲 2,664 甲。若將私設埤圳一併加上，總灌溉面積爲 4,700 甲。﹝註 46﹞

　　昭和 17 年（1942）《臺中州水利梗概》的「五、將來水利施設計畫之概要」當中所羅列的能高水利組合工程共計有四件，其中兩件位於埔里盆地，一件是「烏牛欄高臺場水利灌溉施設工事」，另一件是「水頭方面圳路新設工事」，分別可以灌溉 40 甲面積。可增產的產值，前者預計爲 12,003 圓，後者爲 20,450 圓。﹝註 47﹞

　　昭和 8 年（1933）年埔里地區發生少有的旱象，導致農田灌溉困難，水利組合雖然努力調配灌溉用水，甚至訂定「北烘圳輪流放水約束公約」，﹝註 48﹞還是發生多起爭水糾紛。﹝註 49﹞昭和 10 年（1935）爲了解決旱象，舉辦迎國姓爺遶境的活動。﹝註 50﹞

3、開源會社的水圳設施

　　「開源會社」成立於明治 37 年（1904），﹝註 51﹞有關股東名單及開墾範圍詳見下一小節，本段先介紹水利設施部份，開源會社於大正 5 年（1916）7 月著手興建埤圳，也向官方申請租用部份官有地做爲埤圳興建的用地。﹝註 52﹞這一段埤圳稱爲「茅埔補助圳」，大正 7 年（1918）5 月竣工，灌溉面積大約旱田 8 甲。﹝註 53﹞開源會社成立以來，先後向總督府提出 9 條圳路的開鑿申

﹝註 44﹞　《臺灣總督府公文類纂》第 10089 冊第 48 件，頁 417〜418。

﹝註 45﹞　能高郡役所，《能高郡管內概況》昭和 11 年版，頁 45。

﹝註 46﹞　臺中州，《臺中州水利梗概》（臺中：臺中州，1939），頁 21、27。

﹝註 47﹞　臺中州，《臺中州水利梗概》（臺中：臺中州，1942），頁 38。

﹝註 48﹞　陳哲三總編纂，《南投農田水利會志》，頁 302〜303。

﹝註 49﹞　《臺灣日日新報》，1933 年 03 月 29 日第八版，「埔里久旱，稻田龜裂，料減收二三成」。

　　　　　《臺灣日日新報》，1933 年 08 月 30 日第四版，「埔里街で，近年にない旱魃」。

﹝註 50﹞　《臺灣日日新報》，1935 年 05 月 25 日第四版，「埔里──迎國姓爺」。

﹝註 51﹞　黃火山，〈黃家（勝元堂）八十三年紀事曆稿〉《先祖父　敦仁公紀念集》（1966 年撰，未出版），無頁數。

﹝註 52﹞　《臺灣總督府公文類纂》第 6217 冊第 18 件，頁 192〜203。

　　　　　《臺灣總督府公文類纂》第 6217 冊第 20 件，頁 214〜223。

﹝註 53﹞　《臺灣總督府公文類纂》第 2872 冊第 1 件，頁 3〜23。

請，灌溉面積 146 甲，花費經費約 24,335 圓，〔註54〕各圳路地點及灌溉面積詳見表 3-2。

表 3-2：開源會社開鑿埤圳一覽表

埤圳名稱	地　　　點	長　度	灌溉面積	工程費
鱸鰻墩圳	北山坑庄鱸墩山腳，南港溪右岸	708 間 1,287 公尺	約 7 甲	1,200 圓
茅埔圳	北山坑庄仙人嶺腳，南港溪左岸	2,193 間 3,987 公尺	約 55 甲	10,075 圓
茅埔補助圳	北山坑庄種瓜坑溪西側	1,350 間 2,454 公尺	約 8 甲	715 圓
大石股圳	北山坑庄茅埔山腳，南港溪右岸	3,791 間 6,892 公尺	約 56 甲	11,932 圓
東菅蓁巷圳	北港溪堡柑仔林庄菅蓁巷山腳，南港溪支流墘港溪	210 間 382 公尺	約 3.5 甲	70 圓
西菅蓁巷圳	北港溪堡柑仔林庄，南港溪支流菅蓁巷溪	200 間 364 公尺	約 3 甲	27 圓 50 錢
苦溪圳	北港溪堡柑仔林庄鴨母山腳，南港溪支流鴨母港溪	855 間 1,554 公尺	約 10 甲	215 圓 50 錢
打剪南圳	北港溪堡柑仔林庄南港溪支流跌馬溪右岸	350 間 636 公尺	做為苦溪圳之灌溉區域內補助給水	47 圓 75 錢
打剪北圳	北港溪堡柑仔林庄南港溪支流跌馬溪左岸	220 間 400 公尺	約 3.5 甲	52 圓 50 錢

說明：

一、本表參考《臺灣總督府公文類纂》第 2872 冊第 1 件，頁 21～23、27～28 內容整理完成。

二、「長度」欄先寫文件中的單位「間」（一日間為 1.818 公尺），再換算成公尺填寫於後。

三、原野與山林開發

1、國有地處分

「原野」與「森林」統稱為「林野」，根據昭和 15 年（1940）的統計，

〔註54〕《臺灣總督府公文類纂》第 2872 冊第 1 件，頁 21～23、27～28。

臺灣的林野面積爲 2,428,214 甲（包含森林 1,881,853 甲、原野 546,361 甲），佔全島面積約七成左右。〔註55〕由於日治初期就重視山林爲國家重要富源，日軍進入埔里不久，埔里社撫墾署就編列「山林經營費」，其中一項是雇用 26 名「山林看守人」，每日付給 10 錢薪資，專門負責巡視山林，取締盜伐。不過，基於統治之初經費有限，明治 30 年（1897）5 月 15 日就將這項措施廢除。〔註56〕

　　總督府從明治 31 年（1898）開始進行行政區域內（花蓮、臺東、澎湖除外）的土地調查，到了明治 37 年（1904）共查定民有地 42 萬餘甲，明治 43 年（1910）開始著手全島的林野調查，共查定民有地 31,000 餘甲，其他全部屬於國有地，面積高達 751,996 甲，占調查面積 96%。〔註57〕這些國有地又被劃分爲「要存置」與「不要存置」兩大類。大正 5 年（1916）到大正 15 年（1926）的林野整理事業，決定國有地中的林野屬於「要存置」者有 31 萬 9,000 餘甲，「不要存置」的林野則有 39 萬 8,000 餘甲，這些「不要存置」的林野當中，19 萬 2,000 餘甲放領給「緣故者」，其餘 20 萬 6,000 甲則開放民眾提出申請開墾及放領。從明治 29 年（1896）以來，依據〈臺灣官有森林原野特別處分令〉、〈臺灣官有財產管理規則〉、〈國有財產法〉、〈臺灣鹽田規則〉、〈臺灣糖業獎勵規則〉、〈臺灣樟樹造林獎勵規則〉等法規，對於申請者的資力、經歷及「起業方法」（開墾計畫）進行審查，做爲是否同意申請者所提出的「豫約賣渡」、「豫約貸渡」或「所有權無償付與」等要求准否的要件。〔註58〕依昭和 7 年（1932）的統計，埔里街的國有地總面積爲 4,189 甲，包含山林 1,476 甲（佔 35.2%）、原野 2,713 甲（佔 64.8%）。〔註59〕

2、官有原野處分

　　依據小林里平的報告，日治初期埔里社支廳管內向官方提出開墾申請的案件有一百多件，申請面積較大的有中澤彥吉的殖產會社約 300 甲（即臺灣拓殖株式會社，地點在挑米坑牛相觸）〔註60〕、林澄堂約 200 甲（地點不詳，

〔註55〕臺灣總督府，《臺灣統治概要》（臺北：南天，1997），頁 308～318。
〔註56〕《臺灣總督府公文類纂》第 164 冊第 13 件，頁 141。
〔註57〕梁華璜，〈「臺灣拓殖株式會社」之成立經過〉，《成功大學歷史學報》第 6 號（臺南：成功大學歷史學系，1979），頁 204～205。
〔註58〕臺灣總督府，《臺灣統治概要》，頁 499。
〔註59〕能高郡役所，《能高郡管內概況》昭和七年版，頁 40。
〔註60〕《臺灣總督府公文類纂》第 6366 冊第 7 件。

可能在北港溪堡）、川澄惠之約 150 甲（小埔社）、蘇朝金約 150 甲（地點不詳）。此外，一時無法取得開墾許可的案件亦不在少數。〔註61〕

3、林野管理

　　埔里地區的林野管理，初期是由地方廳縣負責，大正 9 年（1920）地方官官制改正以後，改隸屬臺灣總督府殖產局營林所。大正 7 年（1918），由於擔心山林濫伐，總督府對於砍伐「立木」（指尚未倒下、仍在生長的樹木）進行管制，申請立木砍伐者，皆需添附地圖，指定採伐區域，這項規定也造成埔里街的青野商店所賣的臺灣堡圖熱賣，大正 7 年（1918）9 月 5 日至 10 日間，每天賣出 4、50 張。〔註62〕

　　昭和 4 年（1929）著手調查劃定「埔里事業區」林地的區域，昭和 5 年（1930）完成，當時的「埔里事業區」總面積為 20,050.89 公頃，〔註63〕昭和 11 年（1936）開始實施 10 年經營計畫，〔註64〕面積修正為 20,038.25 公頃，劃分為 76 個林班，再細分為 682 個小林班，戰後的林班數與面積幾乎沒有改變，〔註65〕範圍包括埔里、國姓、魚池等附近林山，扣除 686.9 頃的「施業除地（除業地）」，〔註66〕主要區分為「普通施業地」7,284 公頃、「施業制限地」12,080 公頃。再以功能來區分，可分為下列兩種：〔註67〕

　　（1）指定國有林野：指樟樹造林豫定地，屬於營林所臺中出張所魚池派

〔註61〕 鈴木滿男，《「漢蕃」合成家族の形成と展開：近代初期における臺灣邊疆の政治人類學的研究》，頁 308。

〔註62〕 《臺灣日日新報》，1918 年 09 月 15 日第六版，「埔社近訊──地圖暢銷」。

〔註63〕 臺灣省政府農林廳林產管理局，《埔里事業區──埔里事業區施業計劃基本案實施前伐採豫定地域變更ニ關スル件》（南投：臺灣省政府農林廳林產管理局，1950），未編頁數。

〔註64〕 臺灣省林務局，《埔里事業區經營計劃（民國五十九年度第四次檢訂案）》（南投：臺灣省林務局，1970），頁 1～2。

〔註65〕 臺灣省政府農林廳林產管理局，《埔里事業區──埔里事業區施業計劃基本案實施前伐採豫定地域變更ニ關スル件》，未編頁數。
　　　　依據臺灣省林務局，《埔里事業區經營計劃（民國五十九年度第四次檢訂案）》，頁 2、11，民國 53 年（1964）第三次檢訂經營計畫時的面積為 20,039.77 公頃，劃分為 76 個林班，再細分為 2,631 個小林班，除了小林班數增外外，面積與林班數幾乎相同。

〔註66〕 臺灣省林務局，《埔里事業區經營計劃（民國五十九年度第四次檢訂案）》，頁 11。「除業地」是包括水田、道路、斷崖地、岩石地、崩壞地、溪流、池沼、建地、墓地等 9 種其他用途的林地。

〔註67〕 臺灣省政府農林廳林產管理局，《埔里事業區──埔里事業區施業計劃基本案實施前伐採豫定地域變更ニ關スル件》，未編頁數。

出所管轄，主要分布於埔里西邊的北山坑溪流域、種瓜溪流域、觀音山以西、南港溪右岸及牛相觸一帶。

（2）一般要存置國有林野：屬於臺中州政府所管轄，主要分布於埔里西北邊的水尾、北邊的關刀山以北、北港溪及眉溪流域一帶，主要採取「擇伐法」，即選擇部分樹種及砍伐比例進行採伐，而非整片面積全數砍伐。

以大正 13 年（1924）至昭和 3 年（1928）的收支總額來看，收入爲 21,321.34 圓，支出則爲 14,943.19 圓，餘額有 6,378.15 圓。〔註68〕

實施林業有計畫管理後，職員數也從原來的 4 人增加爲 10 人，依樹種及採伐方式的不同，區分爲 5 種採伐作業級，不僅限制採伐面積，也著手進行造林，昭和 3 年（1928）埔里街的造林面積爲 439 甲，全部爲民有林，主要種植竹（285 甲）與相思樹（139 甲）。〔註69〕到了昭和 8 年（1933），造林面積當中已有 120 甲種植杉木的官有林，民有林則增加爲 482 甲，大約增加一成。〔註70〕昭和 11 年（1936）開始實施的 10 年經營計畫，採伐面積爲 777 公頃，造林面積也有 694 公頃。〔註71〕臺中州林業試驗場也在枇杷城設立分場，於昭和 16 年（1941）2 月 2 日舉行上樑典禮。〔註72〕

能高郡管內有北海道帝國大學農學部附屬臺灣演習林，是大正 5 年（1916）由總督府撥給使用的林地，〔註73〕即今日位於國姓鄉的蕙蓀林場，面積約 6,934 公頃，海拔爲 454.5 公尺至 2,418.8 公尺，此演習林提供學生實地指導之用，演習林的派出所設於埔里街茄苳腳。〔註74〕昭和 5 年（1930）左右，埔里街的國有地當中，山林有 1,562 甲，原野有 419 甲。〔註75〕炭燒業也是與林業密切相關的產業，昭和 5 年（1930）左右，埔里從事炭燒業的窯數有 17 間，主要分布於挑米坑、水尾、牛相觸等處，年產量 477,500 斤，

〔註68〕臺灣省政府農林廳林產管理局，《埔里事業區——埔里事業區施業計劃基本案實施前伐採豫定地域變更ニ關スル件》，未編頁數。
〔註69〕埔里街役場，《臺中州能高郡埔里街街政一班》（南投：埔里街役場，1929），「林業」表「造林面積」欄。
〔註70〕埔里街役場，《臺中州能高郡埔里街街勢要覽》（南投：埔里街役場，1934），「林業」表「造林面積」欄。
〔註71〕臺灣省政府農林廳林產管理局，《埔里事業區——埔里事業區施業計劃基本案實施前伐採豫定地域變更ニ關スル件》，未編頁數。
〔註72〕《臺灣日日新報》，1941 年 02 月 04 日第四版，「試驗場上棟式」。
〔註73〕《臺灣總督府公文類纂》第 3028 冊第 5 件，頁 117。
〔註74〕埔里公學校，《埔里鄉土調查》，頁 90。
〔註75〕埔里公學校，《埔里鄉土調查》，頁 100。

產值 5,298 圓，每百斤約 1.3 圓。薪（燒材）的年消費量 15,418,680 斤，交易金額 38,547 圓，每百斤約 0.25 圓。〔註 76〕

日治中期，埔里街有陳進（1892～1963）經營製材所生意，於北門外利用由文頭股水圳引來的水，設置一個大水車，用大皮帶拖著三尺寬的大圓鋸製材。大正 10 年（1921）北山坑發電所竣工之後，日本人桶谷久松（1878～？）也在北門興建電力製材所，後來也有幾家電力製材所陸續成立。〔註 77〕包括昭和 14 年（1939）10 月彭煥郎於梅仔腳設立的東高木材，資本額 19 萬圓，同年 12 月平戶吉藏等人所設立的能高木場，資本額也是 19 萬圓。〔註 78〕

4、埔里周邊開墾概況

從《臺灣總督府公文類纂》所找到有關埔里地區官有土地開墾或賣渡的文件計 273 件，其中有部份文件為同一申請案不同階段的文件，有些文件是將多人分別申請的文件合併為一件，開墾範圍也延伸至堡界外的蕃地及北港溪堡的山林及谷地。本文初步依文件類別區分為 15 類（見表 3-3）。

5、大面積開墾的坐落方位

埔里周邊的原野開發，面積較大的主要有七處，一是東邊的大湳東方蕃地，二是北邊的牛眠山、福興，三是西北邊史港、小埔社大平頂、蕃地眉原社，四是西邊水尾的赤崁台地、北山坑、南港溪流域、北港溪流域，五是西南邊挑米坑牛相觸台地，六是南邊的生蕃空，七是東南邊水頭及鄰近蕃地。茲將《臺灣總督府公文類纂》與埔里地區相關之文件中，開墾面積較大的開墾者及土地相關訊息整理成表 3-4。

6、日臺合作的開墾案

有許多開墾案是由日本人與臺灣人合作進行，例如牛眠山庄的客家人林逢春與曾擔任霧峰庄長的閩南人林水性，聯合日本人長澤圓三郎，於大正 3 年（1914）共同申請開發能高郡蕃地眉原社。王峻槐與日本人臼井房吉於大正 9 年（1920）合作開發「福興史港坑」13.5 甲的土地。蔡戀從大正 5 年（1916）

〔註 76〕埔里公學校，《埔里鄉土調查》，頁 111。
〔註 77〕陳春麟，《大埔城的故事──埔里鎮史》，頁 34。
〔註 78〕臺灣經濟研究會，《昭和十六年臺灣會社年鑑》（臺北：成文，1999），頁 389、409。
　　　　能高木場成立時，會社地址設於臺中市，昭和 18 年（1943）改為埔里街埔里 308 番地。
　　　　臺灣經濟研究會，《昭和十八年臺灣會社年鑑》（臺北：成文，1999），頁 181。

即從事「大湳東方蕃地」的開發，也就是今鯉魚潭附近的乾溪谷地一帶，大正7年（1918）即與同在「大湳東方蕃地」開發的日本人久保卓爾合作開鑿豐年圳。就連大正9年（1920）申請虎仔耳山附近10.8甲「官有地貸下」，做為神社能高社的遙拜地與遊園地，也是由曾經擔任過軍吏的陳阿貴（1880～1924），與後來擔任埔里街長的日本人杉山昌作共同提出。〔註79〕

表3-3：《臺灣總督府公文類纂》有關埔里地區開墾及豫約賣渡等申請案分類表

流水編號	類　　　別	件數	主　要　內　容	面　積　較　大　的　文　件
1	借地	2	王阿炳2甲(枇杷城五港泉) 杉山昌作 15.5 甲（過坑蕃地）	
2	開墾地成功賣渡許可	120	面積未滿1甲者60件。 面積1-10甲者40件。 面積10-20甲者8件。 面積20甲以上者12件（詳見右欄）。	臺灣拓殖株式會社224.7甲（牛相觸） 林逢春30.6甲（福興） 臺灣製糖株式會社67.3甲（水尾） 川澄惠之97甲（小埔社） 依田盛男 23.1 甲（大湳庄東方蕃地） 臺灣製糖株式會社 354甲（水尾） 近藤勝三郎 38.3 甲（北港溪堡垹溝庄字鳥樹林） 蘇朝金等三人 47.6 甲（北港溪庄） 田代彥四郎 168.7甲（水尾） 臺灣製糖株式會社 50.9 甲（水頭庄東方蕃地） 川澄惠之 211.5 甲（小埔社） 本三右衛門 72.3 甲（牛眠山東方蕃地）
3	開墾地成功賣渡地代金徵收報告	56	面積未滿1甲者11件。 面積1-10甲者16件。 面積10-20甲者7件。 面積20甲以上者22件（詳見右欄）。	黃敦仁等20人（共20件）63.9甲（地點不詳）。 臺灣製糖株式會社 55.5 甲（福興） 平井宇太郎 27.9 甲（大湳庄東方蕃地）。

〔註79〕《臺灣總督府公文類纂》第 6812 冊第 14 件，頁 189～203。

				平井宇太郎 48.4 甲（大湳庄東方蕃地）。 陳石來等 6 人 56.2 甲（水頭）。 羅阿食 100.4 甲（水尾）。 臺灣拓殖株式會社 224.7 甲（挑米坑庄牛相觸） 徐阿安 23.3 甲（北山坑）。 巫光輝等 3 人 25.7 甲（生蕃空）。 臺灣製糖株式會社 314.8 甲（小埔社及蕃地）。 黃敦仁 132.1 甲（能高郡國性庄）。 臺灣製糖株式會社 37.4 甲（水尾）。 臺灣製糖株式會社 50.9 甲（能高郡蕃地近水頭庄）。 臺灣製糖株式會社 72.3 甲（能高郡蕃地）。 久保卓爾 32.4 甲（大湳東方蕃地）。 臺灣拓殖株式會社 114.6 甲（挑米坑庄牛相觸）。 蔡戀 45.6 甲（大湳東方蕃地）。 林逢春、林水性、長澤圓三郎等 66.4 甲（能高郡蕃地眉原社）。 江副隆 197 甲（過坑蕃地）。 臺灣製糖株式會社 30.7 甲（福興）。 田代彥四郎 148.6 甲（水尾觀音山）。 依田盛男 50.2 甲（水尾）。
4	豫約賣渡許可	27	面積未滿 1 甲者 8 件。 面積 1-10 甲者 9 件。 面積 10-20 甲者 6 件。 面積 20 甲以上者 4 件（詳見右欄）。	林逢春 30.1 甲（福興）。 羅阿食等 5 人 102.7 甲（水尾）。 埔里社開源會社 141.7 甲（南港溪線內之內盤鞍等 11 處）。 黃旺砲等 9 人 23 甲（生蕃空）
5	豫約開墾成功賣渡報告	19	面積未滿 1 甲者 6 件。 面積 1-10 甲者 12 件。 面積 10-20 甲者 1 件。 面積 20 甲以上者 0 件。	面積較高者有： 平賀槙子 7.8 甲（水尾）。 臺灣製糖會社 19.1 甲（福興）。

6	官有原野無料貸付豫約賣渡	6	6 件的面積皆介於 1-8 甲之間。	面積最高者爲吳朝宗 8 甲（生蕃空）。
7	豫約賣渡地部份成功報告	7	面積未滿 1 甲者 5 件。 面積 1-10 甲者 1 件。 面積 10-20 甲者 0 件。 面積 20 甲以上者 1 件（見右欄）。	臺灣製糖株式會社 20 甲（福興）。
8	官有地貸下許可報告（繼續貸下）	17	包含 9 件爲埤圳用地、4 件爲臺灣電力株式會社電力設施用地，家屋用地、遙拜地、用途不詳各一件。 面積未滿 1 甲者 12 件。 面積 1-10 甲者 4 件。 面積 10-20 甲者 1 件。 面積 20 甲以上者 0 件。	
9	豫約開墾許可	2	面積未滿 1 甲者 1 件。 面積 1-10 甲者 1 件。 面積 10-20 甲者 0 件。 面積 20 甲以上者 0 件。	
10	官有地豫定存置許可	2	2 件存置期間皆爲 6 個月。 面積未滿 1 甲者 0 件。 面積 1-10 甲者 0 件。 面積 10-20 甲者 0 件。 面積 20 甲以上者 2 件（詳見右欄）。	久保卓爾 60 甲（大湳東方蕃地）。 臺灣拓殖株式會社 364.4 甲（牛相觸）。
11	官有原野豫約貸渡	4	其中 2 件爲埤圳用地。 面積未滿 1 甲者 3 件。 面積 1-10 甲者 1 件。 面積 10-20 甲者 0 件。 面積 20 甲以上者 0 件。	
12	開墾拂下願、官有原野拂下許可、保管林拂下	6	其中 4 件爲緣故地、1 件爲保管林。 面積未滿 1 甲者 2 件。 面積 1-10 甲者 2 件。 面積 10-20 甲者 0 件。 面積 20 甲以上者 2 件（詳見右欄）。	李嘉謨等 37 人（共 37 件）37.6 甲（生蕃空）。 潘候希開山等 59 人（59 件）29.7 甲（牛相觸）。
13	官有地使用許可	3	3 筆面積皆未達 1 甲，1 筆爲埤圳用地，2 筆爲臺灣電力株式會社電氣設施用地。	

| 14 | 許可地讓渡 | 1 | 埔里社製糖會社許可地238.1甲（小埔社太平頂）讓渡給臺灣製糖株式會社。 | |
| 15 | 官有地無償貸下 | 1 | 公用墓地1.2甲，昭和7年（1932）申請。 | |

説明：

一、本表收集《臺灣總督府公文類纂》與埔里地區相關之開墾申請案整理統計完成。

二、「類別」欄是筆者依申請文件性質自行分類，大致意義如下：

1、「借地」是向官方借用土地，必需支付「借地料」（即借地使用費）。

2、「豫約賣渡」是向官方申請開墾官有林野，俟墾成之後，依約定單價承購。

3、「地代金」是承購林野的對價，「代（貸）付料」則是開墾過程的土地使用費。

4、「無料貸付豫約賣渡」是指開墾過程不必繳納土地使用費，俟墾成之後，依約定單價承購。

5、「貸下」是指承租，「無償貸下」是指免費借用。

6、「豫定存置」指暫時保留。

7、「豫約貸渡」是預先申請承租，必需付租金（即「貸付料」或「貸下料」）。

8、「拂下」是交還給關係人或原使用人，主要用於「緣故地」。

9、「讓渡」是指轉讓。

三、不同類別當中的文件，有部份只是申請階段的差異，實際上是同一件文件。

表3-4：《臺灣總督府公文類纂》有關埔里地區開發面積較大的申請文件簡表

地點名稱	方位	開墾者	開墾年或賣渡年	面積（甲）	地代金（圓）	冊號-文件號
大湳庄東方蕃地	東	依田盛男	大正5	23.1	346.41	3578-3
大湳庄東方蕃地	東	原田源吉	大正7	9.3	186.08	2858-5
大湳庄東方蕃地	東	原田源吉	大正8	13.6	204.36	2861-8
大湳庄東方蕃地	東	平井宇太郎	大正8	27.9	419.16	2861-7
大湳庄東方蕃地	東	平井宇太郎	大正8	48.4	629.2	2861-9
大湳庄東方蕃地	東	平井宇太郎	大正8	17.6	264.19	2866-5
大湳庄東方蕃地	東	久保卓爾	大正12	32.4	1,118.32	3562-5
大湳庄東方蕃地	東	蔡戀	大正12	45.6	957.31	3580-4

牛眠山	北	蔡戀	大正 10	11.6	696.60	3167-1
福興	北	林逢春	大正 3	7.9	11.64	5864-25
福興	北	林逢春	大正 9	30.6	244.74	3155-2
福興	北	臺灣製糖株式會社	大正 8	55.5	1,109.40	2859-8
福興	北	臺灣製糖株式會社	昭和 2	30.7	559.87	4104-1
福興	北	臺灣製糖株式會社	昭和 11	19.1	1,623.94	10357-3
福興、史港坑	西北	王峻槐、臼井房吉	大正 9	13.5	337.05	3154-2
史港	西北	邱維傳	大正 6	18.8	1,031.60	2601-17
小埔社	西北	川澄惠之	大正 3	211.5	110.30	5873-13
小埔社	西北	川澄惠之	大正 10	97	485.23	3168-4
小埔社及蕃地	西北	臺灣製糖株式會社	大正 10	314.8	461.75	3158-2
能高郡蕃地	西北	臺灣製糖株式會社	大正 11	72.3	578.63	3168-3
能高郡蕃地眉原社	西北	林逢春、林水性 長澤圓三郎	大正 3	66.4	7,303.78	3781-4
水尾	西	依田盛男	大正 7	50.2	753.65	2860-15
水尾	西	羅阿食等 4 人	大正 9	100.4	1,506.30	3027-1
水尾	西	臺灣製糖株式會社	大正 10	37.4	1,495.80	3167-5
水尾	西	臺灣製糖株式會社	大正 11	67.3	1,009.66	3167-7
水尾（觀音山）	西	田代彥四郎	大正 12	148.6	2,229.81	4123-1
水尾	西	臺灣製糖株式會社	大正 14	354	3,539.80	3904-6
北山坑	西	徐阿安	大正 9	23.3	34.29	3154-6
南港溪線內之內盤鞍等 11 處	西	埔里社開源會社	明治 39	141.7	不詳	5692-16
北港溪	西	蘇朝金等 3 人	大正 3	47.6	69.76	5865-7
能高郡國性庄	西	黃敦仁	大正 9	132.1	193.86	3161-4
挑米坑牛相觸	西南	臺灣拓殖株式會社	大正 9	224.7	337.08	3150-5
挑米坑牛相觸	西南	臺灣拓殖株式會社	大正 12	114.6	1,719.63	3570-7
生蕃空	南	巫光輝、辜煥章、 高品	大正 9	25.7	386.04	3155-1
生蕃空	南	李嘉謨等 37 人	大正 11	37.6	1,515.76	3329-5
水頭	東南	陳石來等 5 人	大正 8	56.2	1,686.93	2866-6
能高郡蕃地（近水頭）	東南	臺灣製糖株式會社	大正 11	50.9	610.52	3167-6
過坑蕃地	東南	江副隆	大正 14	197	7,882.36	3903-1

說明：

一、本表節取自《臺灣總督府公文類纂》與埔里地區相關之開墾申請案面積較大的文件內容整理完成。

二、文件排序先依方位（由東方逆時針方向）排列，再依各方位的「開墾年或賣渡年」時間先後排列，同一方位者大致依「由近而遠」的原則排列。

7、臺灣拓殖株式會社

成立於昭和 11 年（1936）的臺灣拓殖株式會社是半官半民的公司，本質上是為日本帝國推行南進政策之「國策公司」。雖然埔里地區的開墾資料也出現過「臺灣拓殖株式會社」的身影，不過時間提早 20 年，早在大正 4 年（1915），已經有一家地址登記在東京市京橋區南新堀 1-2 的「臺灣拓殖株式會社」，取締役為中澤彥吉，[註80] 該年向總督府提出挑米坑牛相觸一帶面積 364.4 甲「官有地豫定存置許可」的申請，[註81] 並於大正 10 年、11 年分兩梯次完成賣渡手續，大正 10 年（1921）先申請挑米坑庄 224.7 甲官有原野成功賣渡，給付 337.08 圓，次年（1922）再申請相鄰的土地 144.6 甲的豫約賣渡許可，給付 1,719.63 圓。[註82] 兩案申請賣渡的土地合計 339.3 甲（見圖 3-1），大部分土地即今日之暨南國際大學校地，日治時期是臺灣製糖株式會社埔里製糖所的主要甘蔗栽種區之一（見第二節）。

[註80]《臺灣總督府公文類纂》第 6366 冊第 7 件。

[註81]《臺灣總督府公文類纂》第 5869 冊第 20 件，參閱附錄表 2。

[註82]《臺灣總督府公文類纂》第 3150 冊第 5 件，頁 134～140。

《臺灣總督府公文類纂》第 3570 冊第 7 件，頁 280～331。

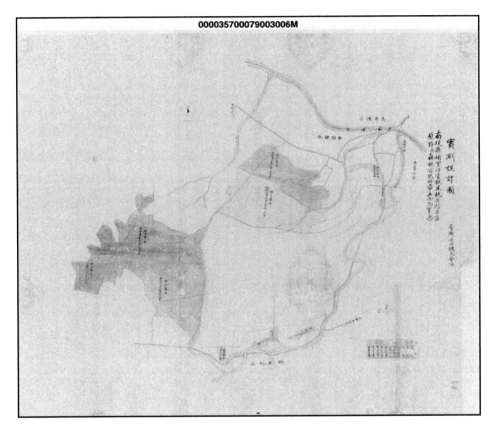

圖 3-1：臺灣拓殖株式會社開墾挑米坑牛相觸土地位置圖

說明：

一、本圖引自《臺灣總督府公文類纂》第 3570 冊第 7 件，圖 3006。

二、圖中塗色的 2 塊即大正 11 年（1922）申請賣渡面積 114.6 甲的土地坐落位置，至於大正 10 年（1921）申請賣渡面積 224.7 甲的土地，主要是位於 114.6 甲右方及下方。

8、開源會社

由黃敦仁等人合組的「埔里社開源會社」，成立於明治 37 年（1904），是以土地開發為目的之會社，出資者共 24 人，都是埔里社街的商人或富者，股東名單見表 3-5。黃敦仁原本僅擁有從其父黃利用手中取得佔 20 分之 1 的股份，後來陸續從其他股東手中買入股份，成為擁有股份高達 1/2 的大股東。〔註 83〕

〔註 83〕鈴木滿男，《「漢蕃」合成家族の形成と展開：近代初期における臺灣邊疆の

表 3-5：埔里社開源會社股東名單（1904）

姓　名	族群別	街庄別	職　業	股數（股）	金額（圓）
潘西侃	熟	大肚城庄	農	10	5,000
李嘉謨	福	大肚城庄	地主	10	5,000
鄭奕奇	熟	生蕃空庄	地主	10	5,000
游禮堂	福	埔里社街	雜貨商	10	5,000
蘇朝金	福	埔里社街	貸地業、煙草仲賣商	10	5,000
林順興	熟	大肚城	農	8	4,000
黃利用	漢	烏牛欄	阿片煙膏請賣業	5	2,500
望莫氏玉	熟	烏牛欄		5	2,500
王廷楷	福	埔里社街	農	4	2,000
羅金水	福	埔里社街	雜貨商	4	2,000
陳阿貴	福	烏牛欄庄	陸軍通譯、雜貨商	4	2,000
□□□				3	1,500
許道南	福	埔里社街	地主、雜貨商	2	1,000
施百川	福	埔里社街	雜貨商	2	1,000
潘明義	熟	埔里社街		2	1,000
潘玉山	熟	房里庄	煙草小賣人	2	1,000
陳國賡	福	埔里社街	藥種商	2	1,000
童肇文	福	埔里社街	醫生	1	500
林文成	福	埔里社街	雜貨商	1	500
潘文明	（熟）	埔里社街		1	500
林火炎	福	水頭庄	雜貨商	1	500
潘式斌	（熟）	烏牛欄庄		1	500
張春文	不詳	大肚城庄	雜貨商	1	500
潘添丁	熟	烏牛欄庄	農	1	500
總計（24 人）				100	50,000

說明：

一、本表內容引自《臺灣總督府公文類纂》第 5692 冊第 16 件，頁 153，並參考
《戶口調查簿》的種族欄及職業紀錄整理完成。

二、「族群別」欄中加「（熟）」者，表示戶籍資料已被塗黑，但可推斷其為平埔
族身分。

三、「街庄別」欄中的「埔里社街」包括戶籍資料登錄為「茄苳腳」者。

四、「職業」欄中空白者，表示戶籍資料中沒有職業登記。

政治人類學的研究》，頁 313。

開源會社從事開墾的地點雖然都在今天的國姓鄉，但大部份位於北山坑庄，日治前期（1920 年以前）仍屬於埔里社堡的行政區域內。明治 37 年（1904）2 月成立後，開源會社即向總督府申請南港溪沿線的外盤鞍、大茅埔、北山坑、菅蓁巷、鴨母坪、大石鼓、鴨母下坪、打煎、柑仔林、咬蚤寮、大肚蕃官有原野等地，面積 141.7 甲土地豫約賣渡，明治 39 年（1906）5 月獲得許可。〔註84〕耕種這些新開闢田地的佃戶，主要都是從苗栗遷來的客家人，大約有 120 戶。〔註85〕除了聚居於北山坑外，也逐漸在南港溪沿岸建立一些新聚落，包括大石股、柑仔林等。

大正 2 年（1913），前清武秀才潘鎮安向總督府提出「不服申立事件」，潘鎮安（1846～1922）提出光緒 11 年（1885）取得的墾照，主張開源會社申請豫約賣渡的土地有一部份的業主權是他所擁有，即大茅埔、外盤鞍一帶約 6、70 甲土地，為了開發這片土地，已付出包括興築水圳、雇用隘勇防蕃等支出高達 7、8 千圓。不過，潘鎮安的說詞並未獲得總督府的採納，這些土地於明治 45 年（1912）已被認定為國庫地（國有地）。〔註86〕

第二節　糖業、樟腦與專賣事業

一、糖業發展

清代末期臺灣已經有許多舊式糖廍，每年的糖產量約 3～5 萬噸。日治初期，總督兒玉源太郎採用殖產課囑託山田熙的建議，計畫將製糖工廠現代化，也任命新渡戶稻造為殖產局長，從事蔗種的改良。明治 35 年（1902）公布〈臺灣糖業獎勵規則〉，提供從事製糖的業者極佳的保護及獎勵措施，臺灣的新式製糖會社相繼成立。〔註87〕

以南投廳管內而言，雖然已經有明治製糖南投工場、臺灣製糖埔里社工

〔註84〕《臺灣總督府公文類纂》第 9907 冊第 24 件，頁 427。

〔註85〕鈴木滿男，《「漢蕃」合成家族の形成と展開：近代初期における臺灣邊疆の政治人類學的研究》，頁 313。

〔註86〕《臺灣總督府公文類纂》第 9907 冊第 24 件，頁 379～457。
　　　　《臺灣總督府公文類纂》第 9926 冊第 77 件，頁 227～230。

〔註87〕黃昭堂著、黃英哲譯，《臺灣總督府》（臺北：自由時代，1989），頁 88～89。繼明治 33 年（1900）創立的臺灣製糖株式會社之後，新興製糖（1903）、鹽水港製糖（1904）、明治製糖（1906）、大日本製糖（1907）、帝國製糖（1910）等大型製糖會社相繼創立。

場等新式糖場，許多舊式糖廍仍繼續存在，以大正 9 年（1920）的種植面積
而言，明治製糖南投工場有 3,110 甲，臺灣製糖埔里社工場有 1,900 甲，改良
糖廍有 5 所，種植面積 1,112 甲，舊式糖廍 80 所，種植面積 3,155 甲，合計種
植面積為 9,277 甲。〔註 88〕

1、埔里社製糖會社

　　說到糖業發展，直覺上就會觸及「米糖相剋」問題，所謂「米糖相剋」
是指稻作與蔗作之間形成「爭地」問題，或產生栽種哪一作物比較划算的「選
擇問題」，也引發研究者爭論究竟是「發展」還是「剝削」的殖民經濟關係。
〔註 89〕埔里的糖業發展比較沒有爭議問題，一方面，蔗作地區主要是新開闢
的丘陵地，盆地上原本種稻的水田、旱田改植甘蔗的面積不大，糖業的推動
對於稻作的耕地未產生明顯的排擠效應。

　　由日本人藤澤靜象等人所成立的「埔里社製糖會社」成立之前，埔里已
經是南投廳內重要的甘蔗產地，旱田一甲一年可以收成 10 萬斤，當時價格為
1,000 斤二圓左右，但因交通不便，製成品要運出去比較麻煩。〔註 90〕當時埔
里通往二八水的輕便鐵道是由臺灣人成立的「埔南公司」經營，路線必須先
經過南投。〔註 91〕埔里社製糖會社基於機器及其他材料運輸的問題，與埔南
公司進行交涉，擬將二八水至南投間的輕便鐵道進行修繕及延長，預估需經
費 20 萬圓左右，當時埔里社製糖會社的資本額只有 25 萬圓，因此，擬提高
資本額為 200 萬圓，也變更為株式會社。〔註 92〕於是埔南公司將路線經營權
轉讓給埔里社製糖會社，進行路線修繕及延長工程，明治 44 年（1911）5 月 6
日全線通車，通車後的路線不必經過南投，從集集直接通往二八水，時間可
以節省半天，運費也節省三分之一。〔註 93〕

〔註 88〕《臺灣日日新報》，1920 年 07 月 23 日第四版，「南投來期蔗園」。
　　　　臺中州，《臺中州管內概況及事務概要》（大正 10 年）（臺北：成文，1985），
　　　　頁 78。
　　　　大正 9 年（1920）臺灣製糖株式會社埔里社工場的蔗園面積為 1,778 甲，與《臺
　　　　灣日日新報》的數據 1,900 甲略有差異。
〔註 89〕柯志明，《米糖相剋──日本殖民主義下臺灣的發展與從屬》（臺北：群學，
　　　　2003），頁 129～151、221～234。
〔註 90〕《臺灣日日新報》，1911 年 06 月 19 日第二版，「埔里社製糖設立」。
〔註 91〕《臺灣日日新報》，1911 年 05 月 21 日第三版，「南投輕鐵の現狀」。
　　　　「埔南公司」經營者的姓名不詳。
〔註 92〕《臺灣日日新報》，1911 年 05 月 07 日第五版，「埔里社製糖組織變更說」。
〔註 93〕《臺灣日日新報》，1911 年 05 月 21 日第三版，「南投輕鐵の現狀」。

　　變更後的埔里社製糖株式會社資本額 200 萬圓，總股數 4 萬股當中，臺灣人佔 2 萬股、日本人佔 2 萬股，日本人的股份有一半是由日本國內的糖商所認購。股份認購時非常熱烈，申購股數累計達到 44,300 株以上，多出一成。〔註94〕股東總數大約 50 名，社長由桂次郎擔任，重役由林嵩壽擔任。〔註95〕明治 44 年（1911）8 月 14 日於鐵道ホテル舉辦成立大會，〔註96〕由創立委員長桂次郎擔任議長，指定 12 位取締役，10 位日本人及 2 位臺灣人。〔註97〕主要的股東請參考表 3-6。

　　路線開通之後，開始搬運建築材料，著手埔里社製糖工場的基礎工程。〔註98〕搬運過程也遭遇到路線太窄、機械器具太大，不易搬運等問題。〔註99〕不過，都還是順利運抵埔里，全部組裝之後，預計於同年（1911）12 月開始試運轉。〔註100〕不過，一直延至次年（1912）2 月 20 才舉行工場開業式。〔註101〕試運轉前的報導，會社的壓搾能力為 300 噸，作業日數 150 日，可以處理 7,500 萬斤的原料，當時栽培甲數為 619 甲，一甲平均收穫量為 7 萬斤，粗估可以收穫 4,300 萬斤，預計製糖量可以達到 43,000 俵。〔註102〕當時會社也有自己的開墾地 200 甲與自作園約 30 甲。〔註103〕

　　　由於通車之後即遇大雨導致部份路段損壞，經過搶修，到了年底才正式通行，
　　　詳見本章第三節。
〔註94〕《臺灣日日新報》，1911 年 07 月 14 日第二版，「埔里社製糖近狀」。
〔註95〕《臺灣日日新報》，1911 年 05 月 21 日第五版，「埔里社製糖場擴張」。
　　　報導中的數字「內地人側にて三萬株」可能是 2 萬株的筆誤，《臺灣日日新
　　　報》，1911 年 06 月 19 日第二版，「埔里社製糖設立」報導中，資本額為 200
　　　萬，株 4 萬株。
　　　司馬嘯青，《臺灣五大家族》（臺北：玉山社，2000），頁 285、444。
　　　林嵩壽是板橋林家林國芳之孫。
〔註96〕《臺灣日日新報》，1911 年 08 月 04 日第二版，「埔里社製糖總會」。
〔註97〕《臺灣日日新報》，1911 年 08 月 15 日第二版，「埔里社製糖創立總會」。
〔註98〕《臺灣日日新報》，1911 年 05 月 22 日第二版，「久保南投廳長談」。
〔註99〕《臺灣日日新報》，1911 年 05 月 27 日第三版，「埔里社だより」。
〔註100〕《臺灣日日新報》，1911 年 08 月 12 日第二版，「埔里社製糖機械輸送」。
〔註101〕《臺灣日日新報》，1912 年 02 月 18 日第一版，「開業式と除幕式」。
〔註102〕《臺灣日日新報》，1911 年 08 月 29 日第五版，「埔里社製糖現況」。
　　　1 俵為 60 公斤。
〔註103〕《臺灣日日新報》，1911 年 08 月 29 日第五版，「埔里社製糖現況」。

表3-6：埔里社製糖株式會社主要股東簡表（1911）

姓　名	族群別	股數（單位：股）	於製糖會社的職稱	備　　註
藤澤靜象	內	5,000	取締役	
林嵩壽	本（福）	3,000	取締役	板橋林家林國芳之孫。
後宮信太郎	內	2,500	取締役	
松浦孝次郎	內	2,500	取締役	
林祖密	本（福）	2,000		霧峰林家林朝棟之子。
羅金水	本（福）	2,000	取締役	
桂次郎	內	1,000	取締役	擔任社長。
藤田謙一	內	1,000	取締役	
小塚貞義	內	1,000	取締役	
山本條太郎	內	1,000		
藤田英作	內	1,000		
林烈堂	本（福）	1,000		霧峰林家林文鳳之子
川澄惠之	內	1,000		
藤田義一	內	500		
岩原謙三	內	500		
後藤勝造	內	500		
後藤鐵次郎	內	500		
朝吹英二	內	500		
小室三吉	內	300		
鈴木宗吉	內	300		
相馬半治	內	200		
金于眞吉	內	200		
木下新三郎	內	200		
木村泰治	內	200	取締役	
樹獺□□佐	內	200		

說明：

一、本表股東名單引自《臺灣日日新報》，1911 年 08 月 15 日第二版，「埔里社製糖創立總會」。依股東所持股份（株數）多寡排列。

二、「族群」欄雖借用戶口調查簿「種族」欄的分類，「內」指的是日本人，以「本」代表臺灣，其後以「（　）」加註族群別，「福」指的是閩南人，「廣」指的是客家人，「熟」指的是平埔族。

三、「取締役」即「董事」之意。

　　會社第一期製糖所需的資本總計爲 52 萬 2 千圓，折算起來，一噸所需資本爲 2,000 圓以內，與其他製糖會社一噸需要 2,500 圓的建設費相較，生產成本是比較低廉。另一方面，甘蔗的收購價格爲每千斤 1 圓 80 錢，也遠較其他會社的收購價格每千斤 2 圓 50 錢至 2 圓 7、80 錢來得低，相較之下，是比較有利益可圖的。〔註 104〕比較不利的只有搬運費用，會社花了 45,000 圓買收埔里社輕鐵的經營權，運輸的經營業務又委託後藤回漕店辦理，附帶條件是會社的製糖完全免費運送。如此一來，不利的條件也消失。〔註 105〕同年（1911）11 月 5 日同時舉行埔里社濁水間輕便鐵道開通式及工場起業式。〔註 106〕這一年的甘蔗收成情形非常良好，新種植的一年蔗平均 1 甲收穫量 10 萬斤以上，已種植的三年蔗，一甲收穫量高達 15 萬斤至 20 萬斤之間，可以說是全島平均產量最高的地方，這全歸功於土地肥沃、日照及雨量充足、氣候良好。還有另一個有利條件就是地理環境的保護，例如明治 44 年（1911）各廳都受到暴風雨的侵襲，造成農作物的損害，埔里地處於四面環山之中，可以免於暴風雨的侵害。〔註 107〕不過，搬運方面仍免不了受到暴風雨的影響，因爲主要依賴的運輸工具會社專用輕鐵，很容易遭受到暴風雨侵襲導致交通中斷，大正元年（1912）才剛開工，7 月就因爲交通中斷，只好將製成品 1 萬俵貯藏於工場中，等待輕鐵搶通之後才能夠運出。〔註 108〕

　　會社的原料採取區域約有 5,000 甲，明治 45 年（1912）種植的甲數原本僅 600 甲左右。〔註 109〕會社除了自行開闢種植區，也提供獎勵措施，鼓勵農民植蔗，例如小埔社庄大平頂 199.2 甲官有原野，就是大正 2 年（1913）由林澄堂（1882～？）將豫約賣渡許可（核准官有地放領）讓渡給會社，〔註 110〕連同新植栽的田地合計，蔗作面積逐漸提高至 1,500 甲。〔註 111〕明治 44 年（1911）的糖產量爲 2,615,660 斤。〔註 112〕會社開工第一期的生產，工場附近的產量高於其他地區甚多，每甲甘蔗收穫量高達 22 萬 5 千斤，糖分濃度也較

〔註 104〕《臺灣日日新報》，1911 年 08 月 29 日第五版，「埔里社製糖現況」。
〔註 105〕《臺灣日日新報》，1911 年 08 月 29 日第五版，「埔里社製糖現況」。
〔註 106〕《臺灣日日新報》，1911 年 11 月 02 日第二版，「埔里社製糖近狀」。
〔註 107〕《臺灣日日新報》，1911 年 12 月 19 日第一版，「埔里社製糖近狀」。
〔註 108〕《臺灣日日新報》，1912 年 07 月 18 日第二版，「埔里社の貯糖」。
〔註 109〕《臺灣日日新報》，1912 年 03 月 08 日第一版，「埔里社の發展（六）」。
〔註 110〕《臺灣總督府公文類纂》第 2435 冊第 4 件，頁 98～106。
〔註 111〕《臺灣日日新報》，1912 年 03 月 30 日第二版，「埔里社製糖現況」。
〔註 112〕《臺灣日日新報》，1912 年 03 月 08 日第一版，「埔里社の發展（六）」。

其他地方高出 22～25%左右，由於原料有如此明顯的差異，因此，收購的價格也區分為 6 等，1 至 3 等的買收價格約每千斤 2 圓 40 錢，以當時已繳納的資本額 65 萬圓核算，第一年的總收益就有 16 萬圓。〔註113〕以大正 14 年（1925）的收穫量而言，每甲平均才 3 萬餘斤，但製糖所直營農場每甲產量高達 20 萬斤。平均起來每甲約有 7 萬斤，比一般蔗園多收 2 倍以上。〔註114〕

2、臺灣製糖株式會社埔里社製糖所

為了避免各製糖會社的競爭導致不良的影響，大正元年（1912）年底總督府也曾嘗試將東洋、北港、埔里社三家製糖會社合併，〔註115〕合併之前也造成會社的股價大漲。〔註116〕不過，合併案產生轉折，後來改向臺灣製糖株式會社尋求合併可能。對於臺糖會社而言，未來蔗苗的供應上，若能夠在埔里設一處隔離苗圃，既可以防止蔗種退化，又能夠避免病蟲害蔓延，初步雙方協議的收購單價為每股 27 圓。〔註117〕會社於 12 月 26 日臨時總會時同意合併，〔註118〕合併時間為大正 2 年（1913）7 月 1 日，合併後改稱為臺灣製糖會社埔里社製糖所（以下簡稱「埔里製糖所」）。〔註119〕

埔里製糖所最主要的種蔗土地是挑米坑大坪（即今之暨南國際大學大部份校地）、滴水大坪（即今之大平頂）。〔註120〕此外，還有福興、水頭、水尾等處（見圖3-2）。從《臺灣總督府公文類纂》有關的檔案及附圖可以看出，「小埔社及蕃地」、「能高郡蕃地」指的是埔里西北邊的大平頂，共有 387.1 甲，「水尾」三件合計有 458.7 甲，主要即是今日的赤崁農場。「福興」三件合計 105.3 甲，「水頭」一件 50.9 甲，加上「挑米坑牛相觸」二件合計 339.3 甲，11 件共計 1,341.3 甲，投入的「地代金」（即購地的對價）高達 13,046.8 圓（見表3-7）。

〔註113〕《臺灣日日新報》，1912 年 03 月 30 日第二版，「埔里社製糖現況」。
〔註114〕《臺灣日日新報》，1925 年 02 月 16 日第四版，「埔里製糖成績」。
〔註115〕《臺灣日日新報》，1912 年 11 月 02 日第二版，「三糖合同に就て」。
〔註116〕《臺灣日日新報》，1912 年 12 月 03 日第二版，「埔里社株の騰貴」。
〔註117〕《臺灣日日新報》，1912 年 12 月 05 日第二版，「臺糖の埔里社買收」。
〔註118〕《臺灣日日新報》，1912 年 12 月 09 日第一版，「買收交涉成立」。
　　　　《臺灣日日新報》，1912 年 12 月 28 日第二版，「臺灣製糖總會」。
〔註119〕《臺灣日日新報》，1913 年 07 月 02 日第五版，「兩製糖之合併」。
〔註120〕陳春麟，《大埔城的故事——埔里鎮史》，頁 17。

圖 3-2：臺灣製糖株式會社埔里製糖所主要甘蔗栽種區位置圖

說明：

一、本圖以「臺灣歷史文化地圖核心應用系統」繪製而成。

二、淺藍色爲街庄界，圖示數字引自表 3-7 所列之冊號及文件號，座落地點參
　　酌文件附圖所圈取之概略地點，圈內面積爲文件申請之面積。部份文件因
　　面積較小或地點不詳，並未一一圈定。

表 3-7：《臺灣總督府公文類纂》有關臺灣製糖株式會社開墾申請
　　　　文件簡表

冊　號-文件號	地　點	申請人	賣渡申請年	面積/甲	地代金/使用料	賣渡單價/甲	代付料/1年1甲	文件類別	備　註
5862-19	福興	臺灣製糖株式會社	大正3 1914	20.2		8圓	40錢	7	
5869-20	牛相觸	臺灣拓殖株式會社	大正4 1915	364.4				10	存置期6個月
2859-8	福興	臺灣製糖株式會社	大正8 1919	55.5	1,109圓 40錢			3	

3150-5	挑米坑、牛相觸	臺灣拓殖株式會社	大正 9 1920	224.7	337 圓 8 錢			3	3151-5
3167-5	水尾	臺灣製糖株式會社	大正 10 1921	37.4	1,495 圓 80 錢			3	
3158-2	小埔社及蕃地	臺灣製糖株式會社	大正 10 1921	314.8	461 圓 75 錢			3	
3167-6	能高郡蕃地（近水頭）	臺灣製糖株式會社	大正 11 1922	50.9	610 圓 52 錢	12 圓	1 圓	3	6359-4
3167-7	水尾	臺灣製糖株式會社	大正 11 1922	67.3	1,009 圓 66 錢			2	
3168-3	能高郡蕃地	臺灣製糖株式會社	大正 11 1922	72.3	578 圓 63 錢			3	
3570-7	挑米坑、牛相觸	臺灣拓殖株式會社	大正 12 1923	114.6	1,719 圓 63 錢			3	
3904-6	水尾	臺灣製糖株式會社	大正 14 1925	354	3,539 圓 80 錢			2	
4104-1	福興	臺灣製糖株式會社	昭和 2 1927	30.7	559 圓 87 錢			3	
10357-3	福興	臺灣製糖株式會社	昭和 11 1936	19.1	1,623 圓 94 錢			5	

説明：

一、本表節取自附錄表 2 當中有關埔里製糖所及臺灣拓殖株式會社的文件整理
　　完成，依「賣渡申請年」先後順序排列，原始資料皆引自《臺灣總督府公
　　文類纂》，冊號及文件號參見「冊號──文件號」欄。

二、表中僅收錄賣渡（或貸渡或貸下）完成之文件，初期的申請文件暫時省略
　　不錄，惟將賣渡之前有關的「賣渡單價」、「貸付料」登錄於相關欄位中，
　　並於「備註」欄中註明相關之冊號及文件號，例如「6359-4」，即第 6359
　　冊第 4 件。

三、「文件類別」欄中數字，依據表 3-3 的流水號分類。

　　埔里製糖所蔗作的種植面積，大正 4 年（1915）為 1,632 甲，[註121] 大
正 5 年（1916）為 1,760 甲。[註122] 大正 7 年（1918）雖然增加至 2,058 甲，
約增加 17%的種植面積，不過，每甲平均產量僅 42,000 斤而已，收穫率偏低。
[註123] 大正 9 年（1920）種植面積略降為 1,900 甲。[註124] 大正 10 年（1921）

[註121]《臺灣日日新報》，1915 年 08 月 23 日第二版，「今期臺糖蔗園」。
[註122]《臺灣日日新報》，1916 年 02 月 16 日第一版，「埔里社隨行（六）」。
[註123]《臺灣日日新報》，1918 年 08 月 16 日第二版，「兩工場の蔗園」。

再縮減爲 1,529 甲。〔註 125〕到了昭和 3 年（1928），僅剩 1,314 甲，若再加上99 甲的採苗圃，也只有 1,413 甲。〔註 126〕昭和 6 年（1931）的種植面積更下降至 1,110 甲，其中 650 甲爲會社自行栽種，甘蔗主要種植地區爲大坪頂、小埔社、史港方面。〔註 127〕甘蔗收成後，利用輕便鐵道的臺車運送到大肚城的製糖所（見圖 3-3）。昭和 7 年（1932）種植面積更減少至 761 甲，僅佔當時耕地（含水田、旱田）總面積 6,840 甲的 11.1%，僅佔當時旱田面積 3,698 甲的 20.6%，〔註 128〕佔埔里耕地比例已不算高。

　　產量方面，埔里社製糖所（見圖 3-4）一年的糖產量大約 12～15 萬擔左右，〔註 129〕昭和 12 年（1937）產量爲 104,262 擔。〔註 130〕昭和 14 年（1939）產量增加爲 126,406 擔。〔註 131〕昭和 16 年（1941）產量減少爲 98,634 擔。〔註 132〕昭和 17 年（1942）產量爲 123,520 擔。〔註 133〕

3、舊糖廍與改良糖廍

　　日治初期，臺灣的主要的製糖工業是依賴水牛爲動力的舊糖廍，明治 39年（1906）全臺灣的舊糖廍超過 1,000 所。伴隨著新式工場的產生，舊糖廍與改良糖廍數量與產量也逐漸減少。〔註 134〕

〔註 124〕《臺灣日日新報》，1920 年 07 月 23 日第四版，「南投來期蔗園」。

〔註 125〕《臺灣日日新報》，1921 年 04 月 24 日第二版，「臺糖の產糖高」。

〔註 126〕《臺灣日日新報》，1928 年 11 月 28 日第三版，「臺糖埔里社の今期產糖十萬
　　　　七千擔」。

〔註 127〕埔里公學校，《埔里鄉土調查》，頁 71。

〔註 128〕能高郡役所，《能高郡管內概況》昭和 7 年版，頁 7、26。

〔註 129〕《臺灣總督府公文類纂》第 10089 冊第 48 件，頁 415。

〔註 130〕《臺灣日日新報》，1937 年 04 月 28 日第五版，「埔里——製糖終了」。

〔註 131〕《臺灣日日新報》，1939 年 04 月 19 日第二版，「埔里社工場產糖高」。

〔註 132〕《臺灣日日新報》，1941 年 04 月 22 日第二版，「埔里工場終了」。

〔註 133〕《臺灣日日新報》，1942 年 04 月 23 日第二版，「製糖終了」。

〔註 134〕井出季和太，《台灣治績志》，頁 148～149。
　　　　有關舊糖廍、改良糖廍、新式糖場的生產量比較，詳見「五箇年平均製糖事
　　　　業對照表」。

圖 3-3：運送甘蔗的臺車

說明：引自《思往事覓舊情》頁 45（何楨祥提供）。

圖 3-4：臺灣製糖株式會社埔里製糖所

說明：鄧相揚提供。

　　日治以前南投一帶的砂糖產地，主要包括北港溪堡、龜仔頭庄及埔里社、大里坑庄等處，由於日治初期的情勢未靖，造成生產停滯。清末時期，約光緒 8 年（1882）左右，有大里坑庄民莫王奧、王心匏等幾人申請於大平頂設立製造所，豐年時，年產量約 20,000 餘斤，凶年時亦有約 6,000～8,000 斤，常年產量大約 16,000～17,000 斤左右。〔註135〕種植一甲所需甘蔗種苗的成本約 30～35 圓，每甲地年產額約 3,126 貫，可製糖 1,300 斤。〔註136〕

　　埔里地區的舊糖廍有草鞋墩庄民李峰柱經營位於北山坑的四所，甘蔗原料幾乎達 5 萬斤，是南投廳管內舊糖廍成績最佳者。〔註137〕大正 6 年（1917）還有舊糖廍 12 所，12 所的產糖量總合約 15,000 俵。〔註138〕大正 7 年（1918）南投廳管內舊糖廍業者六年期收支計算，沒有一家獲益，原因在於物價皆上漲，而糖價未漲，龜仔頭李金盛等四人合營的五所糖廍後來都賣給辜顯榮，黃春帆等合資經營的舊糖廍也損失不少。〔註139〕烏牛欄庄的黃家也從事舊式糖廍，地點在北港溪流域的三角坪，年產量約 800 俵（約 48,000 公斤），豐收時可達 1,000 俵（約 6 萬公斤），到了日治晚期進入戰爭時間，才將糖廍轉讓他人經營。〔註140〕日治末期，在水尾還有一處舊式糖廍，即「林水性製糖工場」，一年的產值約 4,166 圓。〔註141〕

二、樟腦業發展

1、山林開發與樟腦業

　　日治時期樟腦也是專賣項目之一，由於埔里四周山林的樟腦業也相當興盛，為能詳細說明，從「專賣事業」小節另外分出一小節來介紹。清代統治時期，對於山林並沒有整體規劃的觀念，到了日治時期，撫墾署的業務包括「山林和樟腦製造」一項，這可說是日治時期理蕃政策的重要特色

〔註135〕《臺灣總督府公文類纂》第 302 冊第 2 件，頁 58～59。報告中所提到的大里坑位置是接近蕃界，今日地點待查，應該是接近大平頂附近的聚落。

〔註136〕一貫為 3.75 公斤，3,126 貫為 11,722.5 公斤，也就是 19,537.5 斤，可製成糖1,300 斤，也就是成品佔原料的比例為 6.7%。

〔註137〕《臺灣日日新報》，1918 年 03 月 26 日第五版，「舊廍發揮能力」。

〔註138〕《臺灣日日新報》，1916 年 02 月 10 日第一版，「埔里社隨行（三）」。

〔註139〕《臺灣日日新報》，1918 年 06 月 23 日第六版，「埔社短信──糖廍虧本」。

〔註140〕鈴木滿男，《「漢蕃」合成家族の形成と展開：近代初期における臺灣邊疆の政治人類學の研究》，頁 317～318。

〔註141〕埔里公學校，《埔里鄉土調查》，頁 104。

之一。〔註 142〕日治時期，對於開發山林資源方面，首重樟腦之製造。除了允許清代樟腦製造業者繼續從事製腦工作外，有些日本人也開始搶先到蕃地從事製腦工作。〔註 143〕

　　埔里周圍山地分佈著非常豐富的樟樹，而且一年四季生產不間斷，是埔里社廳管內山林物產當中，產量及產值皆佔首位的產物，產地主要集中於北港溪及五城等二堡，年產額約 50 萬斤，價格約 12 萬圓，從集集街及埔里社街運送到鹿港輸出。依〈埔里社地方殖民地調查報告〉樂觀的看法，認為未來撫蕃工作若能順利，產額還可以增加數倍。〔註 144〕不過，樟腦生產也常因為與蕃人之間產生糾紛而受到影響。

　　清末臺灣的製腦業主要由洋商掌握，日治初期，總督府於明治 28 年（1895）10 月發布〈樟腦製造取締規則〉，僅限原本於清代已取得許可證的業者可以繼續製造。次年（1896）3 月再發布〈樟腦規則〉，與洋人因製腦權益產生一些爭議。日治初期政權更替的過渡時期，樟腦事業雖多少受到影響，明治 28 年（1895）的產量減少為 286 萬斤，較前一年 330 萬斤減少約減少 13%。〔註 145〕不過，並未因此而停頓，就中部而言，棟字營隘勇仍繼續存在，埔里社撫墾署從明治 29 年（1896）至 30 年（1897）3 月所受理樟腦製造的申請案就有 20 件左右。〔註 146〕當時對於樟腦除課「釐金稅」之外，也對於產地樟腦製造竈，每一竈徵收 8 圓，做為防衛生蕃危害特別稅，當地所設隘勇所需費用即以此收入開銷。〔註 147〕明治 30 年（1897）4 月埔里社支廳的事務報告記載，當期一個月所徵收的樟腦稅 2,358 圓。〔註 148〕同年 6 月徵收額為 4,736 圓。〔註 149〕由於是處於過渡時期，出現一些製造假證件書類提出申請者，也發生同一地有多人提出申請的情形，還有樟腦濫造等弊端頗為嚴重。〔註 150〕

　　樟腦專賣於明治 32 年（1899）實施，其收入是僅次於鴉片的專賣項目。

〔註 142〕藤井志津枝，〈日據時期臺灣總督府「撫墾署」〉，《國立臺灣師範大學歷史學報》第 16 期（臺北：師範大學歷史學系，1988.6），頁 230。

〔註 143〕王世慶，〈日據初期臺灣撫墾署始末〉，《臺灣文獻》第 38 卷第 1 期，頁 239。

〔註 144〕《臺灣總督府公文類纂》第 302 冊第 2 件，頁 63～64。

〔註 145〕井出季和太，《台灣治績志》，頁 181～182。

〔註 146〕《臺灣總督府公文類纂》第 164 冊第 13 件，頁 138。

〔註 147〕洪敏麟主編，《日本據臺初期重要檔案》，頁 139。

〔註 148〕《臺灣總督府公文類纂》第 161 冊第 37 件，頁 281。

〔註 149〕《臺灣總督府公文類纂》第 161 冊第 38 件，頁 284。

〔註 150〕《臺灣總督府公文類纂》第 4506 冊第 18 件，頁 309～312。

〔註151〕當時世界的樟腦需求量約 500 萬斤，其中約 450 萬斤由臺灣輸出，50 萬斤由日本輸出，實施專賣導致價格大漲。大正 5 年（1916）輸出量最高時達到 586 萬斤，昭和 10 年（1935）下降至 160 萬斤。〔註152〕

　　南投廳明治 40 年（1907）的產量爲樟腦約 22 萬、樟腦油約 83 萬斤，南投廳管內主要的經營者是霧峰林家及黃風帆（可能是指黃春帆）等幾位。〔註153〕隨著隘勇線的推進，專賣局也於明治 42 年（1909）10 月 7 日開始，花一個月的時間進行眉溪上游及北港溪上游隘勇線內的樟林調查。〔註154〕隘勇線推進後的樟腦產量，明治 44 年（1911）下半年埔里社支廳管內生產樟腦 155,145 斤、腦油 111,039 斤。集集支廳管內的產額是樟腦 146,339 斤、腦油 109,476 斤。〔註155〕明治 45 年（1912）《臺灣日日新報》提到埔里當時樟腦年產量僅剩 3、40 萬斤而已，4、5 年前光是製腦業者林季商（林祖密，1878～1925）一個人的部份就高達百萬斤以上。〔註156〕到了大正 4 年（1915），年產量更減少到只剩 22 萬斤而已。

　　爲了樟腦業的永續發展，專賣局著手選定製樟腦造林地，明治 38 年（1905）於南投廳管內選定 4 處造林地，其中三處位於埔里社堡內，面積約 600 町步（大約 600 甲）。〔註157〕也決定在埔里社堡西邊附近山林種植樟木，選定的地點包括北山坑庄土名十二份、崁斗、大湳田一帶，從大正 7 年（1918）年底開始植樟，種植之前的幾個月已先著手開闢道路，預計先種植 600 甲至 800 甲，所有的樟樹苗由新城樟林作業所提供。〔註158〕

　　能高郡的樟腦產量佔全島產量約一成左右，霧社事件發生前一年（昭和 4 年，1929）更佔 15.6%，霧社事件卻導致埔里地區的製腦事業衰微不振，當時

〔註151〕鄭順德譯，Réginald Kann 原著，《福爾摩莎考察報告》，頁 95。
〔註152〕井出季和太，《台湾治績志》，頁 181～182。
〔註153〕《臺灣日日新報》，1908 年 05 月 22 日第一版，「埔里社事情（六）」。
　　　　《臺灣日日新報》，1916 年 02 月 10 日第一版，「埔里社隨行（三）」。
　　　　大正 4 年（1915）左右，主要的經營者包括林烈堂、林瑞騰、黃春帆等三人。
〔註154〕《臺灣日日新報》，1909 年 12 月 23 日第二版，「埔里社蕃界の樟林調查」。
〔註155〕《臺灣日日新報》，1912 年 03 月 29 日第一版，「下半期の理蕃成績（二）——南投廳」。
〔註156〕《臺灣日日新報》，1912 年 03 月 08 日第一版，「埔里社の發展（六）」。
〔註157〕《臺灣總督府公文類纂》第 4863 冊第 17 件，頁 106～107。
　　　　4 處造林地包括集集的集集大山山麓（1,500 町步）、埔里的生蕃空山（2,000 町步）、觀音山（2,000 町步）、五塊厝山（2,000 町步），一町步約爲 1.0225 甲。
〔註158〕《臺灣日日新報》，1918 年 09 月 16 日第四版，「埔社短訊——將植樟林」。

能高郡下的製腦從業人員有千人以上。〔註159〕昭和6年（1931）埔里社堡管內的腦寮數為 395 戶，珠仔山、東埔一帶的腦寮最近市街，從業人員有男性 674 人、女性 300 人，合計 974 人。一年產額包括粗製樟腦 160,000 斤、樟腦油 290,000 斤、芳油 540,000 斤。〔註160〕到了昭和9年（1934），埔里地區的製腦景氣彷彿隨著萬大社製腦增灶的帶動，又逐漸回升。〔註161〕

2、樟腦納入專賣事業

　　樟腦的販賣雖然從明治41年（1908）開始由總督府專賣局直營，不過，直到昭和9年（1934）實施樟腦官營以前，主要仍是由民間私人或團體進行製造。〔註162〕日治以前，埔里附近的樟腦生產地主要分布在北港溪流域，後來水裡坑、頭社、魚池一帶也從事開採。當時是由英國人提供資金，由臺灣人從事經營。北港溪流域的製腦地包括北山坑、三角崙、觀音山等處，明治30年（1897）取得製腦許可者包括劉守昌及林錦榮（商號）、殷雲團等，開採區域逐漸擴及阿冷山、牛眠山、バイバラ（眉原）等地。後來將經營權移轉給林烈堂、林資彬及林瑞騰兄弟。大正5年（1916）除了林瑞騰之外，其他業者全部的股份都讓渡給臺灣採腦株式會社。到了大正8年（1919）正式設立臺灣製腦株式會社，將所有的業者統一納入其中，一直經營到昭和9（1934）7月1日實施樟腦官營為止。水裡坑一帶的開採是始於光緒19年（1893），由南投的黃春帆等6名取得開採許可，開採區逐漸擴展到西塔山、眉溪、霧社一帶。經營權於大正5年（1916）讓渡給臺灣製腦株式會社。臺灣製腦株式會社於集集設置出張所，負責管轄能高郡大部份、新高郡一部份的製腦事業。〔註163〕

　　埔里附近山林樟樹的分布，從低地至標高 1,350 公尺之間。以前樟樹林木非常豐富，由於 20 餘年來的大力開採，北山坑、三角崙、觀音山、加道坑、過坑、阿冷山等處的製腦地幾乎都已達到開採末期。至於ハボン、オービン、南萬大、北萬大等地的樟樹仍有非常豐富的藏量，由於交通不便，仍是尚未開發的處女地。〔註164〕

〔註159〕《臺灣日日新報》，1931 年 11 月 30 日第五版，「埔里の製腦事業，霧社事件以來，不振をかこつ」。

〔註160〕埔里公學校，《埔里鄉土調查》，頁 106。

〔註161〕《臺灣日日新報》，1934 年 07 月 04 日第三版，「製腦增灶で埔里景氣づく」。

〔註162〕常夏之臺灣社，《常夏之臺灣》，頁 82～83。

〔註163〕《臺灣總督府專賣局檔案》第 6681 冊第 1 件，頁 45～47。

〔註164〕《臺灣總督府專賣局檔案》第 6681 冊第 1 件，頁 47～48。

　　昭和9年（1934）7月1日實施樟腦官營以後，專賣局埔里出張所的腦務係職員共有36名，並設立製腦組合，主要負責物資補給，增進組合員及腦丁利益等事務。所長為木原甚一，組合員共計20名，其中包括13名腦長，全部是臺灣人。〔註165〕專賣局為了獎勵業者增產樟腦，還舉行十年成績優良者頒獎典禮，受獎者包括腦長及腦丁。〔註166〕埔里出張所管轄埔里四周的製腦區域參見圖3-5至3-9等5圖。

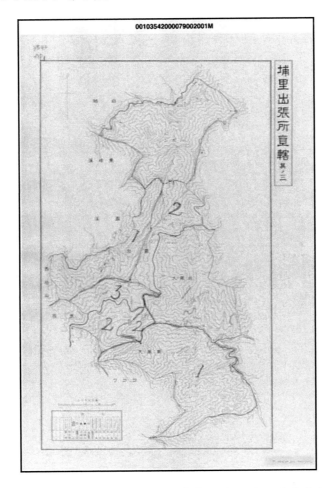

圖3-5：埔里出張所製腦區域-1（ハボン至萬大）

說明：本圖引自《臺灣總督府專賣局檔案》第3542冊第7件附圖
2001，位置坐落於埔里盆地東北至東南邊。

〔註165〕《臺灣總督府專賣局檔案》第6681冊第1件，頁49～50。
〔註166〕《臺灣日日新報》，1936年06月09日第十二版，「埔里——產腦受賞」。

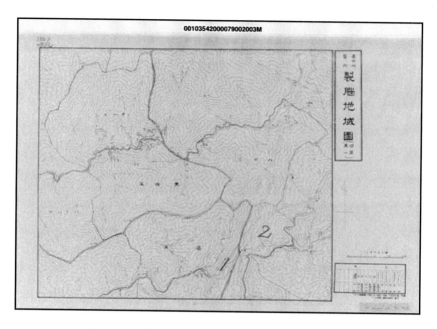

圖 3-6：埔里出張所製腦區域-2（眉溪）

說明：本圖引自《臺灣總督府專賣局檔案》第 3542 冊第 7 件附圖 2003，
　　　位置坐落於埔里盆地東北邊。

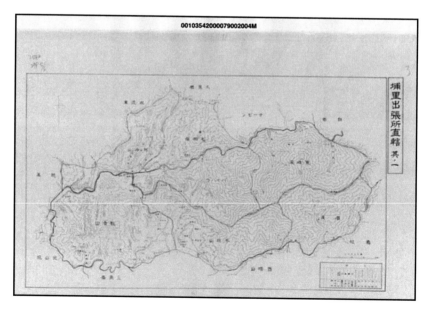

圖 3-7：埔里出張所製腦區域-3（東峰溪至阿冷山）

說明：本圖引自《臺灣總督府專賣局檔案》第 3542 冊第 7 件附圖 2004，
　　　位置坐落於埔里盆地東北至西北邊。

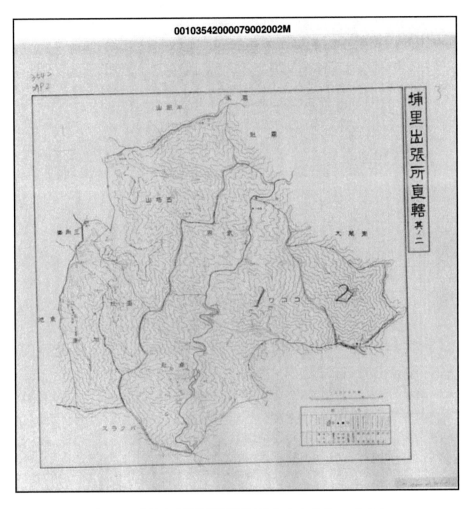

圖 3-8：埔里出張所製腦區域-4（武界、卓社）

說明：本圖引自《臺灣總督府專賣局檔案》第 3542 冊第 7 件附圖 2002，
　　　位置坐落於埔里盆地東南邊。

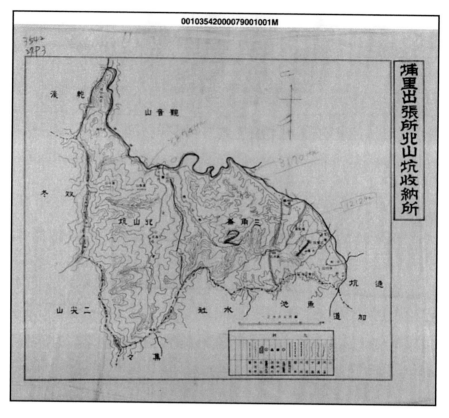

圖 3-9：埔里出張所製腦區域-5（三角崙、北山坑）

說明：本圖引自《臺灣總督府專賣局檔案》第 3542 冊第 7 件附圖 1001，
位置坐落於埔里盆地西南邊至西邊。

三、專賣事業

1、專賣事業與地方產業

專賣制度所納入經營的事業即專賣事業，臺灣的專賣事業，是從明治 30 年（1897）鴉片專賣開始，其後逐漸擴充項目，包括鴉片（阿片）、食鹽、苦汁、樟腦、煙草、酒、酒精、石油、火柴及度量衡器等 10 類。〔註167〕這些產

〔註167〕黃通、張宗漢、李昌槿編，《日據時代之臺灣財政》，頁 33。
小林小太郎，《臺灣開發誌》，頁 18。
鴉片於明治 29 年（1896）納入專賣，食鹽、樟腦於明治 32 年（1899）納入專賣，明治 38 年（1905）再把煙草納入。
小林英夫，《日本人の海外活動に関する歴史的調査 第十卷 台湾篇 5》，頁 514。

物與埔里關係較密切的有樟腦與酒兩大類。

　　大正 11 年（1922）4 月，專賣局埔里出張所於能高郡役所內設置臨時事務所，同年 7 月 1 日酒類專賣令實施，徵收埔里社酒造株式會社後，將事務所移至該會社建築物。

　　專賣局埔里社出張所的管轄區域，依不同的專賣項目而有小異，茲將酒類、煙草、食鹽等三項的管轄區域條列如下：〔註 168〕

　　（1）酒類：能高郡一帶及新高郡魚池庄。

　　（2）煙草：能高郡（扣除國姓庄國姓、龜仔頭）及新高郡魚池庄。

　　（3）食鹽：能高郡（扣除國姓庄龜仔頭）及新高郡魚池庄。

　　至於執掌項目，主要如下幾項：〔註 169〕

　　（1）煙草買賣、管理專賣相關事項。

　　（2）酒及酒精之製造、買賣、管理等專賣相關事項。

　　（3）白麴、紅麴酒母及醪等管理相關事項。

　　（4）食鹽買賣、管理等相關事項。

　　（5）粗製樟腦及樟腦油之製造、管理等相關事項。

2、埔里的酒專賣事業

　　大正 11 年（1922）酒類專賣令實施之前，埔里已經有兩間製酒的企業，一是游禮堂（1866～1936）於明治 42 年（1909）7 月所設立的「埔里社製酒組合」，資本額不高，僅 4,410 圓。另一間是蘇逢時（1882～？）於明治 45 年（1912）12 月所設立的「埔里社酒造株式會社」，資本額 5 萬元。〔註 170〕前者有 6 位股東，皆是臺灣人，後者蘇逢時於大正 7 年（1918）之前將股份全數轉讓給日本人，成為全部由日本人持股的會社，在臺灣的日本人持股 2/3，居住在日本內地者持股 1/3。〔註 171〕游禮堂於大正 5、6 年在右，開始在茄苳腳設置酒寮釀造米酒，到了大正 13 年（1924）實施專賣後，酒寮隨之被廢業，〔註 172〕廠房及用地也被專賣局併購。

　　隨著埔里製糖會社的成立與運轉，利用會社生產的糖蜜可以造酒，販賣

　　　　苦汁是製鹽的副產品，昭和 19 年（1944）納入專賣。

〔註 168〕《臺灣總督府專賣局檔案》第 6681 冊第 1 件，頁 5。

〔註 169〕《臺灣總督府專賣局檔案》第 6681 冊第 1 件，頁 11～12。

〔註 170〕泉風浪編，《臺中州大觀》，頁 166～167。

〔註 171〕南投廳，《大正七年南投廳第一統計書》，頁 98～99。

〔註 172〕陳春麟，《大埔城的故事——埔里鎮史》，頁 35。

到蕃界，於是由川澄鈴木發起創立酒造會社，資本額 5 萬圓，釀造臺灣酒，此舉也造成在地酒造業者大恐慌。〔註173〕

　　大正 11 年（1922）酒類專賣令實施以後，嚴格禁止民間造酒，迫令小規模的私人造酒工業歇業，收買具有相當規模的 12 處民營造酒設備，包括「埔里社酒造株式會社」，〔註174〕專賣局於埔里設置一出張所，主要從事酒、樟腦業務。

　　埔里社出張所（見圖3-10）生產的酒類主要包括清酒（萬壽理研酒）、米酒（紅標）、米酒（金標）、燒酎等 4 種。〔註175〕年產量大約 3,000 箱，其中以紅標米酒佔大部份，以昭和 6 年（1931）爲例，紅標米酒 2,370 箱、清酒 397 箱、金標米酒 315 箱、燒酎僅有 25 箱，總計 3,107 箱。〔註176〕本地消費量約僅 850～900 箱，因此，希望爭取擴大銷售區域，將剩餘的 2,000 箱銷售至全臺各地。〔註177〕

圖 3-10：專賣局埔里出張所

說明：引自埔里圖書館典藏老照片圖檔（潘石頭提供）。

〔註173〕《臺灣日日新報》，1912 年 12 月 18 日第二版，「埔里社雜信──酒造會社の創立」。
〔註174〕周憲文，《日據時代臺灣經濟史（第一冊）》，頁 125。
〔註175〕《臺灣總督府專賣局檔案》第 6681 冊第 1 件，頁 32。其中「清酒」又分爲釀造酒、理研酒兩種。
〔註176〕《臺灣總督府專賣局檔案》第 6681 冊第 1 件，頁 35。
〔註177〕《臺灣總督府專賣局檔案》第 6681 冊第 1 件，頁 33。

　　銷售方面，分為賣捌人（中盤商）、小賣人（零售商）及組合（同業公會）。昭和 20 年（1945）6 月的統計，全臺酒類賣捌人有 93 名，小賣人 5,500 名。〔註 178〕賣捌人大多是選擇資產豐厚、業務經營成績良好者給予特許，賣捌人必須提供高額資產擔保，以酒類賣捌人王峻槐為例，其資產總額為 100,585 圓，所提供的擔保額就高達 65,700 圓，〔註 179〕賣捌人對於小賣人也具有監督權力。〔註 180〕從大正 12 年（1923）開始，王峻槐就取得酒類賣捌人的特許，一直延續到昭和 9 年（1934）6 月為止，同年（1934）7 月 1 日酒煙草賣捌人更新，改由酒類匿名組合員山下藤太郎取得。芝原太次郎從昭和 6 年（1931）7 月開始取得煙草賣捌人的特許，也同樣在昭和 9 年（1934）7 月 1 日酒煙草賣捌人更新期，改由山下藤太郎取得。〔註 181〕至於食鹽，昭和 8 年（1933）4 月 1 日由當時擔任埔里專賣品小賣人組合長的四倉多吉獲得賣捌人特許。〔註 182〕

　　小賣人的資格雖然比較容易取得，不過，專賣局也藉由特許更新期逐漸淘汰素質較差小賣人的特許權，因此變動頗大。酒的小賣人分為「酒小賣人」與「麥酒小賣人」兩類，酒小賣人的人數大約維持在 100 名左右，麥酒小賣人從昭和 8 年（1933）的 30 人逐漸減少，到了昭和 11 年（1936）僅剩 8 名而已。〔註 183〕

　　埔里出張所的專賣局收入，昭和 5 年（1930）的年度收入為 333,904 圓，昭和 6 年（1931）日月潭水力發電工程重新開工，接下來兩年煙酒的銷售量都較昭和 5 年（1930）提高 3 成以上，昭和 7 年（1932）為 437,719 圓（增加 31.1%），昭和 8 年（1933）為 457,329 圓（增加 37%）。昭和 9 年（1934）日月潭水力發電工程完工後，昭和 10 年（1935）的收入為 353,626 圓，顯見銷售量很快又回到開工前的水準，因此，也配合酌量減產。〔註 184〕

〔註 178〕小林英夫，《日本人の海外活動に関する歷史的調查　第十卷　台湾篇 5》，頁 529。
〔註 179〕《臺灣總督府專賣局檔案》第 6681 冊第 1 件，頁 39。
〔註 180〕《臺灣總督府專賣局檔案》第 6681 冊第 1 件，頁 38。
〔註 181〕《臺灣總督府專賣局檔案》第 6681 冊第 1 件，頁 37。
〔註 182〕《臺灣總督府專賣局檔案》第 6681 冊第 1 件，頁 37。
〔註 183〕《臺灣總督府專賣局檔案》第 6681 冊第 1 件，頁 38。
〔註 184〕《臺灣總督府專賣局檔案》第 6681 冊第 1 件，頁 20、32。

第三節　產業發展與交通建設

一、產業發展

1、工　業

　　昭和 10 年（1935）臺灣甘蔗產量佔農業總產量 15%，製糖工業卻佔工業總產值 60%。〔註 185〕埔里地區的主要工業也是製糖業，此外，主要的工業還有樟腦、酒類、精米業及手抄紙業。從明治 44 年（1911）埔里社製糖株式會社成立以來，製糖業逐漸成爲埔里最重要的工業。以昭和 3 年（1928）爲例，埔里幾項主要工業年產值總合爲 2,011,888 圓，砂糖一項就佔 78.3%，高達 1,576,259 圓。居第二位的樟腦及腦油產值爲 385,997 圓（19.2%）。前兩項總合即佔年產值 97.5%，當時的精米業尚不發達，產值僅 10,415 圓（佔 0.5%）。〔註 186〕

　　埔里的手抄紙業是日治晚期才逐漸興起的一項新產業，日治時期官方所使用的文書用紙「美濃紙」原本都是由日本內地提供，到了日治晚期，隨著日本對中國發動侵略戰爭，在物資缺乏與運輸不便的考量下，開始在臺灣各地找尋能夠製造公文書用紙的地點，埔里便是當時嘗試的地點之一，昭和 10 年（1935）橫溝大藏到埔里嘗試造紙，於南烘溪的鐵道旁（即烏牛欄橋下）搭建工寮，利用南烘溪豐沛的水流進行造紙，可惜 3 個月後遭逢大雨，暴漲的溪水將紙寮沖毀。橫溝大藏對於此地造紙的前景仍深具信心，找尋合夥者投資，於水裡城附近重建寮舍，從恒吉城招來工人，開始訓練造紙技術。後來更從日本九州請來日本師父，從事「美濃板」的製法。這段期間，附近也陸續設立新的製紙所，包括昭和 15 年（1940）成立的「能高製紙所」、昭和 16 年（1941）的「光華製楮廠」。戰爭末期，約在昭和 17 年（1942）左右，紙廠收歸國有，稱爲「埔里製紙所」，派臺中州大肚紙廠的課長大津山週造前來管理。大津山週造請來臺灣林業試驗所的技師前來教授薄紙的製造技術，包括「戶籍紙」與「打字紙」，員工也增加到 5、60 人之多。〔註 187〕

〔註 185〕黃通、張宗漢、李昌槿編，《日據時代之臺灣財政》，頁 29。
〔註 186〕埔里街役場，《臺中州能高郡埔里街街政一班》（南投：埔里街役場，1929），
　　　　「工業」表「工業生產品」欄。
　　　　表中所列出的工業生產品有 7 大類，以產值排列，依序爲砂糖、樟腦及腦油、
　　　　醬油製造、煉瓦及瓦製造、精米、製茶、製油。
〔註 187〕梁坤明，《埔里鎮手抄紙業田野調查》（南投：南投縣文化局，2002），頁 5〜7。

2、特產業

《臺灣日日新報》曾刊登這樣一段詞：「明時何事避秦逃，平野曠高多種桃。不獨蝶兒為貴貨，又邀征客賣蕃刀」。〔註188〕這首詞當中提到兩項埔里地區的特產，一是蝴蝶，二是蕃刀。此外，鳥類的剝製品也是埔里另一項特產。〔註189〕

埔里蝴蝶產業起源於日本昆蟲學家松村松年（1872～1960）前來臺灣研究昆蟲，拜訪過埔里的按摩師朝倉喜代松（生卒年不詳），請求協助搜集埔里地區的蝴蝶標本，送到北海道大學做研究，並由工藝社將蝴蝶色彩轉印在領帶、日式衣服上出售，需求逐漸增加，開啟了埔里的蝴蝶產業。〔註190〕埔里較早從事蝴蝶及昆蟲鳥類剝製業者是日本人高羽貞將，開設「名和昆蟲用材全島一手採集所」。〔註191〕由於埔里一帶出產許多的蝶類、鳥獸類，其剝製品已成為地方代表性的特產，一年的銷售量超過 1 萬圓，較早投入這項事業的除了高羽貞將外，還有日本人淺倉氏，大正 7 年（1918）由杉山昌作（1865～？）、野瀨氏、淺倉氏三人發起設立「埔里社特產物株式會社」，集資 5 萬圓，主要是從事埔里地區的昆蟲、鳥獸等特產物的採集與販賣，並從內地聘請技術家來幫忙改善製作技術。〔註192〕後來也從事蛇皮製造，〔註193〕昭和 6 年（1931）蛇皮製品的產值 1,540 圓，主要銷往臺北。〔註194〕埔里社特產會社主要從事的是蝶類加工，將蝴蝶置於玻璃箱內，做為室內的裝飾品，銷售得很不錯。對於蝴蝶標本的收購價格，普通的一隻 1 錢，翅膀較大且漂亮的，一隻可以賣至 4、5、6 錢不等，捕捉蝴蝶頓時成為埔里兒童賺外快的活動。〔註195〕大正年間，埔里街上不僅有蝶製品的專門店，也有數家

〔註188〕《臺灣日日新報》，1910 年 02 月 11 日第一版，「詞林」。

〔註189〕《臺灣日日新報》，1916 年 01 月 11 日第二版，「南投通信——共進會出品と賣店」。

〔註190〕丁姝嫣，〈光復以來的埔里產業〉，暨南國際大學歷史學系碩士論文，2000，頁 85。

〔註191〕《臺灣日日新報》，1910 年 02 月 17 日第四版，「埔里社遊記（四）」。

〔註192〕《臺灣日日新報》，1918 年 02 月 12 日第四版，「籌設特產物會社」。
南投廳，《南投廳行政事務並管內概況報告書》大正 7 年分（臺北：成文，1985），頁 3。

〔註193〕《臺灣日日新報》，1919 年 06 月 26 日第七版，「埔里社の蛇工業」。

〔註194〕埔里公學校，《埔里鄉土調查》，頁 112。

〔註195〕《臺灣日日新報》，1918 年 09 月 16 日第四版，「埔社短訊——兒童捕蝶」。

專門販賣蕃產物的商店。〔註196〕

3、養　蠶

　　埔里社撫墾署於明治31年（1898）4月的事務概況報告中已經提到埔里地區的野桑試育與養蠶成繭的情形，〔註197〕《臺灣日日新報》於明治31年（1898）5月12日刊載一份由埔里社撫墾署長長野義虎所寫的「養蠶報告書」，提到當時試驗養蠶情形。先由總督府殖產課提供蠶種，蠶室設在西門街一位署員的家中，桑葉來源是埔里社附近野生的桑葉，自蠶兒出生到成繭僅需38天，試驗過程還有許多臺灣人前來參觀。埔里附近不但野桑非常豐富，地質也適於栽植桑樹，由於埔里對外交通不便，蠶絲的重量輕、價格高，因此，埔里撫墾長長野義虎認為埔里最適宜發展養蠶事業。〔註198〕明治34年（1901）臺中縣原本也打算在埔里設置一個養蠶試驗所，〔註199〕不過，似乎沒有下文。直到大正7年（1918），埔里社製糖所開始對於採取區域內的蔗農實施養蠶副業的獎勵計畫，〔註200〕養蠶業才又再度受到重視。

　　雖然日治初期就有報告指出，埔里是中部地區最佳的養蠶環境，不過，卻一直沒有受到重視，產量也一直很少。以大正7年（1918）為例，南投廳下蠶繭產額為123,821圓，產量最高者為北投堡，金額為56,741圓，埔里社堡僅1,839圓，〔註201〕約僅佔南投廳產額的1.5%而已。

　　隨著「蕃人授產」的養蠶業逐漸發展，大正12年（1923）埔里有人發起組織製絲會社。〔註202〕臺灣總督府則是到了昭和5年（1930）才又重新注意到中部地區適宜發展養蠶業，當時臺中州被認為適宜養蠶的八個街庄當中，也包括埔里。〔註203〕昭和5年（1930）以後，重新注意到埔里對於養蠶事業

〔註196〕柴山愛藏，《臺灣交通研究》（臺北：柴山愛藏，1925），頁206。
〔註197〕《臺灣總督府公文類纂》第323冊第24件，頁327。
〔註198〕《臺灣日日新報》，1898年05月12日第二版，「養蠶の報告書」。
〔註199〕《臺灣日日新報》，1901年03月05日第二版，「埔里社の養蠶」。
〔註200〕《臺灣日日新報》，1918年12月24日第七版，「田人養蠶獎勵，埔里社製糖所の計畫」。
〔註201〕南投廳，《大正七年南投廳第一統計書》，頁66。
〔註202〕《臺灣日日新報》，1923年10月11日第一版，「埔里社に製絲會社を新設する計畫中」。
〔註203〕《臺灣日日新報》，1930年03月25日第四版，「臺中州下蠶業將來殊堪刮目，督府亦出為調查」。
　　　　適宜養蠶的八個街庄為東勢郡新社庄、能高郡國姓庄與埔里街、新高郡魚池庄與集集街、南投郡中寮庄與名間街、北斗郡沙山庄。

的推廣，無論氣溫、野桑之分佈，條件都非常適宜。昭和 6 年（1931）臺中州農會於埔里設置乾繭室，負責處理埔里地區的產繭。〔註204〕由於蠶絲價格暴跌，導致養蠶業沒落，於是進一步決定將蠶飼育場（後來改稱「埔里養蠶指導所」）設於埔里，派專任技手進行養蠶模範的教育，並在埔里地區挑選農家子弟，傳授飼育方法，希望能夠重振養蠶業。〔註205〕一方面充實經營桑園之各項必要設施，另一方面又對農家子弟傳授養蠶技術，雙管齊下推廣的結果，昭和 8 年（1933）的收繭價格已達 2,915 圓。〔註206〕

4、米、糖以外的主要農產

（1）苧　麻

日治初期苧麻的產地主要在堡內及北蕃地，一年約可三穫，每甲地年收穫量約 1,300 斤，每甲地一年約需花費 19.6 圓。產值次於樟腦，每年約產32,000 餘斤，價格約 5,500 餘圓，從埔里社街運至鹿港輸出。〔註207〕依產量、產值及成本估算，當時約栽植 25 甲地左右，每甲地年產值約 223 圓，與成本 19.6 圓相較，利潤逾 10 倍。

明治 40 年（1907），苧麻產量增加將近 10 倍，年產額約 30 萬斤，栽培甲數約 80 甲，霧社及其他蕃社年生產量也有 30,000 斤，主要都是運到鹿港輸出至大陸。〔註208〕不過，隨著水利設施的開闢，許多一期稻作的田地變成二期稻作的田，結果反而導致苧麻耕作面積減少，明治 41 年（1908）7 月估算的年產額減少為 20 萬斤，其中大半以上是蕃界生產的，埔里地區的生產額大大地減少。〔註209〕到了大正元年（1912）苧麻的產量又大增，由於品質良好，大量輸往大陸，一年產額 11 萬 8 千斤，另生產黃麻 1 萬 7 千斤。〔註210〕大正7 年（1918）埔里的苧麻時價，一捆重 4 斤 12 兩可以賣 14 圓 60 錢，但也常有較低廉的價格。〔註211〕昭和 6 年（1931）埔里地區苧麻的種植面積為 300

〔註204〕《臺灣日日新報》，1931 年 01 月 09 日第五版，「臺中州農會では，乾繭室を埔里へ，今後同地方の產繭は全部埔里で處理」。
〔註205〕《臺灣日日新報》，1931 年 01 月 11 日第四版，「臺中州農會養蠶場設于埔里街」。
〔註206〕梁志忠，〈日、台、原住民三民族的融合地──能高郡〉，《南投文獻叢輯》第42 輯，頁 7。
〔註207〕《臺灣總督府公文類纂》第 302 冊第 2 件，頁 56。
〔註208〕《臺灣日日新報》，1908 年 05 月 22 日第一版，「埔里社事情（六）」。
〔註209〕《臺灣日日新報》，1908 年 07 月 25 日第三版，「南投近況──苧麻の將來」。
〔註210〕《臺灣日日新報》，1912 年 03 月 08 日第一版，「埔里社の產物」。
〔註211〕《臺灣日日新報》，1918 年 09 月 16 日第四版，「苧仔價格」。

甲，雖然苧麻是特產物之一，由於價格不穩定，加上運送困難，因此栽種意願較低，銷售方面，主要是賣給日華製麻會社。〔註212〕

（2）珈琲（咖啡）

總督府殖產局的技手提到，昭和 4 年（1929）日本從外國進口的珈琲29,799 擔，認爲栽培面積若能夠達到 2,000 甲，產量就可以達到自給自足。由於埔里盆地可以免於受暴風雨的侵害，可能是適宜栽種珈琲的好環境，位於茄苳腳的「北海道帝國大學農學部附屬臺灣演習林」，試種 40 棵的珈琲，生長得非常好，當時認爲在埔里附近一帶的空地、水田可以種植一些，成爲農村的副業，〔註213〕不過，後來並未獲得重視，也未落實推廣。

（3）煙　草

埔里地區種植煙草的時間很晚才開始，昭和13 年（1938）認爲氣候與土壤都很適宜來推動種植，開始發給種植許可證，第一年耕作者僅 10 餘人，第二年（1939）增加到 56 人，第三年增加爲 91 人，種植面積增加到大約 100甲左右，〔註214〕不過，並無資料記載種植地分布於何處。

（4）茶

埔里雖然也產茶，但產量不多，以明治44 年（1911）爲例，春茶爲 7,000斤、夏茶 4,000 斤，佔南投廳管內年產量不到 1/10，南投廳主要的產茶區是林圯埔（竹山）和濁水（名間松柏嶺）。不過，埔里地區的茶園和蔗園都是利用盆地附近的緩坡地來種植，因此，茶和糖的耕作地形成互爲消長的微妙關係。伴隨著製糖業的發展，部份茶園逐漸改爲甘蔗旱田，到了明治 44 年（1911）由於甘蔗原料賣價低落，茶葉價格反而騰貴，又導致一些坡地陸續改植茶樹。〔註215〕昭和年間埔里地區的種茶面積約 5,893 甲，主要種植地分布於水尾、小埔社、烏牛欄、挑米坑、生蕃空等地，昭和 3 年（1928）的產量爲 99,825 斤，約值 2,995 圓。〔註216〕

〔註212〕埔里公學校，《埔里鄉土調查》，頁 77。

〔註213〕《臺灣日日新報》，1931 年 12 月 14 日第六版，「盆地で暴風の虞なき，埔里は珈琲の好適地」。

〔註214〕《臺灣日日新報》，1940 年 07 月 03 日第九版，「埔里地方は煙草の適地」。報導中並未提到種植區域分布於何處。

〔註215〕《臺灣日日新報》，1911 年 10 月 21 日第五版，「南投の茶況」。

〔註216〕埔里公學校，《埔里鄉土調查》，頁 77～78。

二、交通建設

　　埔里雖然有廣大的沃土，交通不便卻是地方發展先天的不利條件，雖然日治初期也帶來現代交通設施與新式交通工具，由於埔里地區的溪流很容易受到大雨的影響，導致溪水暴漲而沖毀道路、橋樑，造成埔里對外交通完全杜絕，明治 30 年（1897）6 月的事務報告中就提到這樣的處境。〔註217〕

　　臺灣夏季常遭受到颱風的侵襲，有些帶來嚴重的損害，不過，直接對埔里造成影響的並不多。〔註218〕颱風雖然對於埔里本地破壞不大，不過，脆弱的對外交通路線常因此而中斷，還是對埔里造成間接的傷害。〔註219〕

　　對於地處群山之間的埔里盆地而言，交通確實攸關地方產業經濟的發展，昭和 11 年（1936），埔里對外交通除了埔里社輕鐵外，又多了兩條自動車道，不過，還是難以克服天然的阻礙，因為自動車道大多是順溪流沿山開鑿，只要豪雨一來，往往造成山崩，導致所有對外交通中斷，同年（1936）6 月連續幾日豪雨帶來的山崩，同時導致三條路線中斷。〔註220〕

　　以下先從埔里對外交通路線談起，再分項介紹各路線及交通工具的興替關係。

1、傳統入埔道──北路與南路

　　埔里開發之初，道光年間進入埔里主要只有兩條路線，即「北路」與「南路」。日治時期，昭和 11 年（1936）「裏南投道路」未開通之前，埔里對外交通主要都是依賴埔里社輕鐵。埔里社輕鐵開通之前，埔里對外交通主要路線就靠這兩條「北路」與「南路」。北路是從草屯經由龜仔頭，轉北港溪越過八幡峠，從盆地西北邊的大平頂進入埔里。南路則是從集集街出發，經過土地公鞍嶺到達新城，再從鹿篙仔越過白葉嶺，從盆地南邊的珠仔山進入埔里，兩條路線都不好走。〔註221〕

　　日治初期，北路是明治 29 年（1896）由軍隊所開鑿，〔註222〕因靠近蕃

〔註217〕《臺灣總督府公文類纂》第 161 冊第 38 件，頁 283。

〔註218〕《臺灣日日新報》，1912 年 09 月 28 日第六版，「埔里社近況」。

〔註219〕《臺灣日日新報》，1932 年 08 月 16 日第三版，「自動車道路は未だ復舊せず，島流し同樣の埔里」。

〔註220〕《臺灣日日新報》，1936 年 06 月 10 日第九版，「埔里地方に山崩れ頻發」。

〔註221〕《臺灣日日新報》，1912 年 03 月 02 日第一版，「埔里社の發展（四）」。

〔註222〕井出季和太，《台灣治績志》，頁 117。

　　　　明治 29 年（1896）由近衛師團及第二師團的工兵隊負責敷設臺中至臺南、臺

社，頻遭蕃害，故分派隘丁於龜仔頭以東之地，保護行人。此道路築造於大
肚溪上游的烏溪、北港溪沿岸，每逢大雨就導致河水上漲，沖毀橋樑造成交
通中斷，這條路到了北港溪以東，更爲險要的山路。〔註223〕相較之下，北路
似乎比較近，但由於需渡過大肚溪的上游（即烏溪、北港溪）三、四次，往
往因爲渡河的橋樑遭河水沖毀流失，導致交通中斷。加上蕃害的危險，使得
北路交通的開發與利用皆較南路來得晚。雖然鹿埔擔道由來已久，一直都只
能以走路方式通行，或雇轎夫坐轎往來，眞正開闢道路要等到昭和5年（1930）
霧社事件發生，軍隊與輜重無法順利運入埔里，事件後才編列經費開鑿這一
條後來稱爲「裏南投道路」的北路。

　　南路是從集集出發，經過水裡坑、土地公鞍嶺、銃櫃、頭社、日月潭、
魚池，然後從鹿篙仔越過白葉山，從白葉坑進入埔里盆地。〔註224〕與北路主
要依循河谷行走的路況相較，南路從集集街出發之後，必需翻山越嶺，道路
崎嶇險峻，加上雨季時期常導致濁水溪溪水暴漲，使交通斷絕。〔註225〕早期
雖然也有蕃害，由於清代曾以化蕃擔任隘丁，蕃害問題獲得解決，〔註226〕此
路線也成爲官民進入埔里主要採行的道路。

　　埔里對外交通的建立，不僅可以將埔里地區的天然產物運送到市場上，
隨著理蕃事業所開拓的山地富源也可以順利運出。縱貫線於明治41年（1908）
開通時，總督府也曾考慮如何將埔里與縱貫線進行適當的聯結，總督府當時
選擇兩條可能的路線，一是從南邊經過集集通往二八水，另一條則是經過集
集，到濁水折往北方，經過草鞋墩通往臺中。〔註227〕也就是說，當時只評估
南路，沿著烏溪線通往草鞋墩的路線根本不考慮，因爲地勢太險惡，施工頗
爲困難，以前陸軍開鑿軍用道路時，便造成許多死傷。〔註228〕

中至埔里、臺南至安平、臺南至旗山、高雄至鳳山、高雄至東港等多條道路。
次年（1897）3月施行民政後，大部份工程委託混成旅團繼續進行，兩年之
間由軍隊所完成新設及改築的道路長達115里（約451.6公里）。

〔註223〕伊能嘉矩著、劉枝萬譯，〈埔里社林圯埔地方誌〉，《南投文獻叢輯》（一）（臺
北：臺灣風物雜社，1954），頁47。
〔註224〕杉目妙光，《臺中州鄉土地誌》，頁64～65。
〔註225〕《臺灣總督府公文類纂》第302冊第2件，頁67～68。
〔註226〕伊能嘉矩著、劉枝萬譯，〈埔里社林圯埔地方誌〉，《南投文獻叢輯》（一），頁
47。
〔註227〕《臺灣日日新報》，1909年07月24日第二版，「埔里社鐵道」。
〔註228〕《臺灣日日新報》，1909年12月05日第三版，「埔里社線決定」。

　　大正 14 年（1925）從臺中到埔里的路線主要有二，首先是搭乘由帝國製糖株式會社經營的「中南鐵道」約 5 里（約 19.6 公里）到達草屯。草屯是兩條路線的分歧點，一條是轉搭輕便軌道抵達 1.5 里（約 5.9 公里）距離的土城，下車之後徒步或乘轎約 6 里（約 23.6 公里）路程可以抵達埔里，從早上出發，到了天黑才到達，這就是「北路」。由於這條路線行走困難，且有生蕃出草的危險，因此，大部份的人都不會走這條路。另一條是從草屯繼續搭鐵道抵達二水驛，轉搭由臺灣電力株式會社所經營二水通往外車埕的鐵道，再轉搭通往埔里的輕便車（臺車）抵達埔里，也就是「南路」。〔註229〕

2、交通路線與交通工具

　　埔里對外的交通路線，原本只有通往集集的「南路」與通往草屯的「北路」，清代末期，逐漸有客家移民從新社的水底寮沿著隘勇線進入埔里，形成第三條路線。隨著理蕃政策的推動，再產生通往霧社的第四條路線。車埕通往埔里的埔里社輕鐵舖設完成後，除了提供比步行方便的交通工具外，也略為修正舊有的「南路」路線，車埕行至魚池之後，遶行加道坑，從盆地南邊的牛洞進入埔里。昭和 6 年（1931）以後，南路提供了另一條路線的走法，就是通往魚池的自動車道，自動車的通行更延長至水里坑，形成兩條併存的「南路」路線。

　　埔里對外交通設施的種類主要有三：

（1）徒步道路

　　這是最不方便的交通設施，基本上，通行必須採取徒步，有些路段會有轎夫可供差遣，這種路線包括通往草屯的「北路」、通往霧社及花蓮羅東的道路、通往川中島的道路。

　　明治 29 年（1896）4 月，笹森儀助隻身前來埔里視察時，從臺中到埔里的路程 16 日里，大約 62.8 公里。〔註230〕租一座四個人夫抬的轎子，往返就得花上 10 圓的租金，價格驚人。〔註231〕張麗俊（1868～1941）於昭和 11 年（1936）前來埔里參觀建醮時，坐車至北山坑下車後，提到「梨欲雇肩輿坐我上北山坑之山麓，輿夫勒我轎價，」〔註232〕顯示這段路當時尚有轎夫業者。

〔註229〕柴山愛藏，《臺灣交通研究》，頁 202～203。
〔註230〕一日里為 3.927 公里，16 日里約為 62.8 公里。
〔註231〕笹森儀助，《臺灣視察日記、臺灣視察結論（全一冊）》，頁 28～36、58～59。
〔註232〕張麗俊著，許雪姬、洪秋芬、李毓嵐編纂解讀，《水竹居主人日記》（十）（臺

眉溪通往霧社的道路也是有轎夫業者，以昭和 2 年（1927）的收費標準，往返一趟的抬轎費高達 12 圓（見表 3-8）。

表 3-8：昭和 2 年（1927）埔里對外交通收費表

區　　間	費　　途	收費等級（單位：圓）		
		一　等	二　等	三　等
大林－埔里	單程臺車費	0.71	0.44	0.40
埔里－眉溪	往返臺車費	2.16	1.62	1.44
眉溪－霧社	往返抬轎費	12	無	無
埔里－外車埕	單程臺車費	2.29	1.53	1.28

說明：本表數據引自《常夏之臺灣》一書頁 229「島內旅行費用概算」內容。

日治晚期著手進行保甲道路修改，昭和 14 年（1939）為促進山地開發，開鑿埔里至水長流間的道路，昭和 15 年（1940）將水頭至白葉山之間 5 公里的道路、烏牛欄經水尾及刣牛坑到小埔社約 10 公里的道路皆拓寬為 6 米。〔註 233〕

（2）輕便鐵道

埔里對外交通的輕便鐵道主要有兩條，〔註 234〕一是臺灣製糖株式會社經營的埔里社輕鐵線，二是埔里興業株式會社經營的埔眉輕鐵。

臺灣製糖株式會社經營的埔里社輕鐵線，從埔里通往水頭，經由南港溪上游的耶馬溪峽谷，經過加道坑通往魚池的大林，然後再通往外車埕，這一條臺車路線是客貨兩用的搬運車，全長 20.6 公里。從外車埕繼續通往二水，原來有臺車線路，大正 8 年（1919）臺灣電力株式會社興建日月潭水力發電工程，為了運送建築工程材料，乃將這一段鐵道加以拓寬，原為臺糖五分仔車鐵道，軌距改為 1,067 公釐，匯入西部縱貫線，於 1922 年 1 月 15 日通車。〔註 235〕

北：中央研究院近代史研究所、中縣文化局，2004），頁 299。
〔註 233〕《臺灣總督府公文類纂》第 10892 冊第 29 件，頁 1051～1054。
〔註 234〕埔里街役場，《臺中州能高郡埔里街街勢要覽》（南投：埔里街役場，1934），「交通」表「軌道」欄。
〔註 235〕鄧相揚，《臺灣的心臟》，頁 51～52。
　　　　由於日月潭水力發電工程延宕，加上資金短缺，1927 年由臺灣總督府承購並進行路線改善，成為鐵道部（今臺鐵）所轄支線，即現今「集集支線」。

　　昭和 3 年（1928）鹿野忠雄（1906～1945）欲前往卓社大山的旅途，即先搭乘這一條路線前往埔里，並且將這一條路線的概況記載下來。鹿野忠雄認為這一條路線是比較「豪華」的臺車，除了臺車上提供藤椅之外，上方還有遮陽的帆布。不過，缺點就是遇到陡坡時乘客要下車步行。在那個時期，從西部平原進入埔里，也只能依賴這一條唯一的臺車路線，可見埔里對外交通很不方便。雖然就觀賞風景來說，臺車是一種愉快的交通工具，但鹿野忠雄還是認為它是一種既簡陋又危險的交通工具。〔註236〕

　　埔里社輕鐵原本是埔里對外最主要的交通路線，1920 年代以來，公路運輸逐漸勃興，對於鐵路也帶來相當大的衝擊，也加速島內外聯運業務的發展。〔註237〕隨著自動車道路的完成，埔里社輕鐵也逐漸被捨棄。〔註238〕不過，直到昭和 16 年（1941），臺中州管內的軌道線路當中，埔里線使用的臺車數最多，所有軌道的臺車總數 1,146 臺，埔里線就高達 270 臺，次高者為新高拓殖軌道株式會社的新高線，臺車數為 197 臺，其餘路線皆未超過百臺。〔註239〕顯示這條路線雖然受到其他交通方式的打擊，但在埔里對外客、貨運的市場中仍佔一席之地。

　　埔里興業株式會社經營的埔眉輕鐵，成立於大正 3 年（1914），〔註240〕這是為了討伐太魯閣群所做的準備工作之一，〔註241〕目的在便利運送軍隊及物資，經營者為平井宇太郎。〔註242〕由埔里通往眉溪，全長 10.4 哩（約 16.7 公里）。票價依搭乘人數計價，昭和 6 年（1931）的票價為 1 人乘 1 圓 20 錢、2 人乘 1 圓 80 錢、3 人乘 2 圓 40 錢、4 人乘 3 圓 20 錢。臺車有加蓋者，加收 3 成，遇雨天時加收 2 成，如果只搭到距埔里 1 里半（約 6 公里）的觀音瀧，1 人收 60 錢。〔註243〕

　　昭和 11 年（1936）埔里對外交通，依據《臺灣總督府專賣局檔案》，能

〔註236〕鹿野忠雄，《山、雲與蕃人──台灣高山紀行》，頁 233～236。
〔註237〕蔡龍保，《推動時代的巨輪──日治中期的臺灣國有鐵路 1910～1936》（臺北：臺灣書房，2007），頁 2、10。
〔註238〕杉目妙光，《臺中州鄉土地誌》，頁 65。
〔註239〕臺中州，《昭和十六年臺中州統計書》，頁 414。
〔註240〕埔里公學校，《埔里鄉土調查》，頁 131。
〔註241〕潘繼道，〈二十世紀初東台灣最大的一場戰爭〉，《臺灣文獻》第 55 卷第 4 期，頁 82。
〔註242〕南投廳，《南投廳行政事務並管內概況報告書》大正 7 年分，頁 14。
〔註243〕《臺灣日日新報》，1931 年 11 月 28 日第五版，「埔里と眉溪間の臺車」。

高郡管內私設軌道包含支線共有四條（參考表 3-9）。〔註 244〕扣除兩條屬於國姓庄的路絡，埔里還有兩條地圖上沒標示出來的路線，即埔里的糖廠通往小埔社的輕便軌道，還有糖廠通往挑米坑大坪專門搬運甘蔗的輕便軌道，當時也是由芝原太次郎負責測量監工。〔註 245〕合算起來，還是有四條輕便車路線。

表 3-9：昭和 11 年（1936）能高郡管內私設軌道（臺車）一覽表

路　線　別	長度（公里）	經　營　者
埔里至外車埕	33	臺灣製糖會社
埔里至眉溪	20.3	埔里興業會社
土城至北山坑	21.4	臺中輕鐵會社
柑仔林至國姓	2.4	臺中輕鐵會社

說明：本表引自《臺灣總督府專賣局檔案》第 6681 冊第 1 件，頁 8。

（3）自動車（汽車）道

交通工具除了坐轎、臺車（輕便車）外，還有行駛自動車道的乘合自動車（公共汽車）、貸切仔（出租車），埔里市街也有人力車。

昭和 4 年（1929）埔里街市區聯絡附近聚落的自動車交通路線僅兩條，一是埔里至烏牛欄，路程 3.5 公里，一是埔里至蜈蚣崙，此段路線有經過水頭及史港，所以路程長達 10.8 公里，這兩條路線都僅有一輛自動車行駛。〔註 246〕

昭和 8 年（1933）在地經營的自動車會社共有三所，即二高自動車、臺中輕鐵兼營的自動車，還有能高自動車。當時的客運計費大約是每公里以 5.5 錢計算，〔註 247〕這幾條經營中短程路線的收費標準也大致如此，起迄點及收費標準參考表 3-10。

〔註 244〕《臺灣總督府專賣局檔案》第 6681 冊第 1 件，頁 10。

〔註 245〕陳春麟，《大埔城的故事——埔里鎮史》，頁 17。

〔註 246〕臺中州，《臺中州管內概況及事務概要》（昭和 4 年）（臺北：成文，1985），頁 77。
臺中埔里街役場，《臺中州能高郡埔里街街勢要覽》（南投：埔里街役場，1934），「交通」表「道路」欄。

〔註 247〕小林英夫，《日本人の海外活動に関する歴史的調査 第十卷 台湾篇 5》，頁 183。

表 3-10：昭和 8 年（1933）埔里街客運車路線及收費表

起　點	終　點	經　營　團　體	里程（公里）	費用（圓）
埔里	魚池	二高自動車株式會社	9.7	0.55
埔里	烏牛欄	能高自動車株式會社	2.25	0.07
埔里	東埔	能高自動車株式會社	4.5	0.20
埔里	小埔社	能高自動車株式會社	4.5	0.20

說明：本表引用埔里街役場編印《臺中州能高郡埔里街街勢要覽》（南投：埔里街役
　　　場，1934）的「交通」表「道路」欄，及參考其他資料整理完成。

　　昭和 6 年（1931）年 8 月 31 日能高自動車株式會社於埔里青年會館舉辦
創立總會。股東共計 220 名，資本額 10 萬圓（2,000 股），社長由當時的埔里
街長林其祥擔任，常務取締役為王峻槐。〔註248〕

　　貸切仔是日治時期的出租車，昭和 2 年（1927）東勢人劉錫圭與林發兩
人合資購買一輛汽車，用輕便車運到埔里，開始經營「貸切仔」生意。從車
庫前坐到烏牛欄崎下，往返一趟每人 5 毛錢，剛開始生意很好，新鮮感沒了
之後，就乏人問津，偶爾被叫去當新娘車，不久就被閒置。〔註249〕

　　昭和 11 年（1936）埔里對外交通，自動車道有 6 條（參考表3-11）。〔註250〕

表 3-11：昭和 11 年（1936）埔里街、魚池庄客貨運自動車一覽表

路　線　別	服務內容	哩數	公里數	經　營　者
埔里至魚池	客、貨運	10	16	二高自動車會社
魚池至水里坑	客、貨運	16	25.6	日月潭自動車會社
魚池至司馬按	客、貨運	2	3.2	日月潭自動車會社
埔里至水頭	客、貨運	2	3.2	臺中輕鐵株式會社
埔里至小埔社	客、貨運	4	6.4	臺中輕鐵株式會社
埔里至臺中	客運	40	64	臺中輕鐵株式會社、帝國製糖株式會社

說明：本表引自《臺灣總督府專賣局檔案》第 6681 冊第 1 件，頁 10。

　　從昭和 12 年（1937）的《臺中州電話帖》當中可以看出當時埔里交通運

〔註248〕《臺灣日日新報》，1931 年 09 月 02 日第二版，「埔里と臺中市に連絡自動車
　　　　能高自動車株式會社卅一日創立總會」。
〔註249〕陳春麟，《大埔城的故事──埔里鎮史》，頁 52。
〔註250〕《臺灣總督府專賣局檔案》第 6681 冊第 1 件，頁 10。

輸的一些訊息。客運方面，主要集中於茄苳腳，例如茄苳腳的「東山タクシー」、「三九タクシー」、「蓬萊タクシー」、「八幡タクシー」、「六五タクシー」、「二高自動車商會」等，此外還有埔里街的「西門人力車帳場」、「臺中輕鐵株式會社埔里發著所」，貨運方面，主要也集中於茄苳腳，例如「朝日貨物自動車商會」、「高砂貨物自動車」及「中央貨物自動車株式會社」，另外還有梅仔腳的「國際通運株式會社埔里出張所」。〔註251〕

3、埔里社輕鐵

埔里社輕鐵產生的緣由，是從明治39年（1906）開始被認為有必要舖設，原擬借助陸軍之力舖設，幾經曲折，沒有結果。明治41年（1908）佐久間總督巡視埔里、霧社一帶，回到臺北，命令鐵道部對於此路線的舖設進行相關的測量調查工作，結果估算所需工程費用高達400萬以上，在財政不許可的情況下，改變為舖設輕鐵。〔註252〕

埔里通往二八水的輕便鐵道為八分軌道，〔註253〕原本是由以臺灣人為主成立的「埔南公司」經營，路線必需先經過南投。〔註254〕後來將路線經營權轉讓給埔里社製糖株式會社，進行路線修繕及延長工程，全線總長33.7哩（約54公里）。〔註255〕埔里社輕鐵開通之後，方便貨物運送，埔里百年來的商況產生一大變革，在商品的供需上，打破過去的埔里地區物價水準較外地高的情形，物價逐漸與其他地方保持相近的水準。〔註256〕

巫永福於其詩文集當中，有一段對於臺車（見圖3-11、圖3-12）的描述：「從埔里經魚池、銃櫃、茅埔到外車埕，輕便車本為運原料甘蔗而設的鐵路台板車輛，台板上四方置木棍，由二個苦力從後推動，前方二枝木棍為安全，由乘客兩人掌握，可以坐一人至四人，坐在可移動的矮藤或竹椅。……。由於臺車無屋頂，……，冬天受寒風凍冷，夏天雖涼，遇雨難受，這是早時埔里對外交通的唯一工具。……。」〔註257〕

〔註251〕臺灣總督府交通局遞信部，《臺中州電話帖》，頁141～143。
〔註252〕《臺灣日日新報》，1910年06月12日第三版，「南投輕鐵現狀」。
〔註253〕《臺灣總督府公文類纂》第10089冊第48件，頁418。
〔註254〕《臺灣日日新報》，1911年05月21日第三版，「南投輕鐵の現狀」。
〔註255〕南投廳，《南投廳行政事務並管內概況報告書》大正7年分，頁13。
〔註256〕《臺灣日日新報》，1912年03月02日第一版，「埔里社の發展（四）」。
〔註257〕巫永福，《巫永福全集》17「詩卷Ⅵ」（臺北：傳神福音，1999），頁72～73。

圖 3-11：埔里社輕鐵的臺車-1

說明：引自《思往事　覓舊情》頁 47（何楨祥提供）

圖 3-12：埔里社輕鐵的臺車-2

說明：引自埔里圖書館典藏老照片圖檔。

　　埔里社輕鐵由埔里社製糖會社經營之後，路線總長 38 哩（60.8 以里），是全臺灣當時的輕鐵路線當中最長的一條。大正 4 年（1915）埔里社輕鐵的哩數已延長至 63 哩（約 100 公里）。〔註258〕昭和 6 年（1931）的時候，臺車每日往返 4 次，當時的票價是分兩段計算，價格如表 3-12，臺車依搭乘人數計價，有加蓋者約加收 3 成費用，遇雨天時加收約 5 成。貨運運費以每百斤一哩（1.6 公里）4 錢計價，收費堪稱全臺灣最高者。〔註259〕

表 3-12：昭和 6 年（1931）埔里至外車埕輕便鐵道臺車運費表

搭乘數 ＼ 區段	埔里至魚池	魚池至外車埕
一人乘	1 圓 4 錢	1 圓 26 錢
二人乘	1 圓 38 錢	1 圓 26 錢
三人乘	1 圓 73 錢	1 圓 68 錢
四人乘	1 圓 7 錢	1 圓 10 錢
加價項	有蓋的臺車，需加價 3 成，雨天時加價 5 成	
貨物運費	以每百斤一哩（1.6 公里）4 錢計價。	

說明：

一、本表引自《臺灣日日新報》1931 年 11 月 23 日第三版，標題「全島一の臺車線，全島一の高い運賃」當中所列票價及報導內容整理而成。

二、加蓋臺車確實的收費價格並未詳列，只知道魚池通往外車埕一人乘的有蓋臺車價格為 1 圓 64 錢，較無蓋臺車貴 38 錢，大約貴三成。

　　自動車道開通之後，由於較輕便車來得便利，對於輕便車路線的經營造成不小的打擊。昭和 11 年（1936）裏南投道路開通之後，員林以北的旅客改走裏南投道路進入埔里較為便利，又奪走大批輕便車路線既有的客源，造成輕便車經營困難。〔註260〕

4、埔里至魚池

　　在裏南投道路著手研議開闢的同時，另一條埔里聯外道路已經著手開闢，也就是由黃萬固（1875～1942，見圖 3-13）、黃萬得（1876～1949，見圖

〔註258〕《臺灣日日新報》，1915 年 03 月 21 日第二版，「各社製糖概況——輕便鐵道哩數」。

〔註259〕《臺灣日日新報》，1931 年 11 月 23 日第三版，「全島一の臺車線，全島一の高い運賃」。

〔註260〕杉目妙光，《臺中州鄉土地誌》（臺北：成文，1985），頁 65～66。

3-14）所開鑿埔里通往魚池的道路（參考圖 3-15）。埔里至集集線又稱為「表南投道路」，[註261] 全長 11 里 21 丁（約 45.5 公里），其中即包含這段自動車道（經過牛相觸、挑米坑、澀水、大雁、新城）。

圖 3-13：黃萬固

說明：引自醒靈寺文獻室典藏老照片。

圖 3-14：黃萬得

說明：引自醒靈寺文獻室典藏老照片。

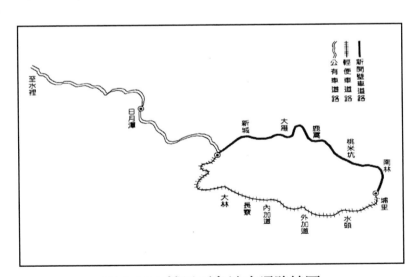

圖 3-15：埔里至魚池交通路線圖

說明：本圖引自張子愚，〈埔里往魚池開山築路始祖黃萬固先生經過史〉，
《南投文獻叢輯》第 39 輯，頁 49

[註261] 《臺灣日日新報》，1931 年 04 月 01 日第二版，「表南投道路の一部落成」。

　　挑米坑庄民黃萬固於昭和4年（1929）向臺中州提出申請開鑿埔里至魚池間的自動車道路，經勘查之後獲得許可，獨力投入資金三萬圓著手開鑿完成。〔註262〕據說當時也是由芝原太次郎負責監工，〔註263〕費時約一年，於昭和6年（1931）10月2日完成，同月15日通車，〔註264〕全長9公里。道路尚未完工前，已訂購美國最新型的大客車4輛，並添購一輛敞篷的高級別克汽車，共花費約1萬圓。〔註265〕與同庄的黃萬得共同成立二高自動車商會，通行「乘合自動車」，經營往返埔里、魚池之間的客運業務，單程票價為5角5分。昭和7年（1932）1月15日開始試營運。〔註266〕車站設於茄苳腳（即今之埔里鎮農會對面，見圖3-16）。隨著乘合車的營運，北門外的輕便車客運也逐漸被淘汰。〔註267〕

　　到了昭和17年（1942），為配合戰時的統制，殖民政府著手整合全臺灣汽車客運業。〔註268〕昭和19年（1944），總督府以「企業整理」為由，強制將二高自動車株式會社及其所開道路路權收歸國有，併入臺灣交通株式會社，〔註269〕戰後由國民政府接收，行駛公路局客運車。〔註270〕

　　魚池至水裡坑的自動車道則是於昭和6年（1931）年初開工，〔註271〕同年11月完工，24日乘合自動車開始營運，初期有4輛乘合車。〔註272〕開通

〔註262〕《臺灣日日新報》，1930年05月15日第四版，「埔里街黃氏投三萬餘圓鑿自動車道」。
〔註263〕陳春麟，《大埔城的故事——埔里鎮史》，頁53。
〔註264〕《臺灣日日新報》，1931年10月14日第二版，「埔里魚池間自動車開通」。
〔註265〕陳春麟，《大埔城的故事——埔里鎮史》，頁53。
〔註266〕《臺灣日日新報》，1931年01月19日第五版，「埔里——自動車道開鑿」。
　　　　根據黃萬固長孫黃顯章的說法，黃萬得與黃萬固的上上代長輩是兄弟，兩人是堂兄弟關係，開鑿道路時雖是由黃萬固提出申請，實際上算是兩人合資的事業。引自邱正略訪問，〈黃顯章口述紀錄〉，2009年3月12日。
〔註267〕陳春麟，《大埔城的故事——埔里鎮史》，頁54。
〔註268〕謝國興，〈日治時期臺灣的陸上交通運輸業〉，《臺灣殖民地史——學術研討會論文集》，頁26。
〔註269〕張子愚，〈埔里往魚池開山築路始祖黃萬固先生經過史〉，《南投文獻叢輯》第39輯（南投：南投縣政府，1994.6），頁45～49。
〔註270〕張子愚，〈鄉賢榜——黃萬固老先生慨斥巨資開山築路〉，《埔里鄉情》第4期（南投：埔里鄉情雜誌社，1979.6），頁25。
〔註271〕《臺灣日日新報》，1931年01月20日第五版，「埔里への自動車，近く工事に著手する」。
〔註272〕《臺灣日日新報》，1931年11月20日第八版，「水裡坑埔里自動車道，廿日起開通」。

之後，埔里前往臺中，可以先搭自動車到水裡坑，再改搭輕便車到臺中。當時埔里至魚池的票價爲 60 錢，埔里至水裡坑的票價爲 1 圓 40 錢，水裡坑至臺中的鐵路三等票價爲 1 圓 20 錢。埔里至臺中的車程已大大縮短。自從乘合自動車開始營運以後，幾乎所有的乘客都改搭自動車，造成輕便車營運非常蕭條，於是將原來一輛臺車 3 圓 5 錢的票價調降爲 2 圓 50 錢，希望拉回一些客人。〔註 273〕

5、埔里至草屯（裏南投道路）

（1）工程源起

埔里至草屯線，從埔里沿著南港溪，經過福龜到達草屯的自動車道路，稱爲「裏南投道路」或「埔里草屯產業道路」，〔註 274〕全長 10 里 30 丁（約 42.5公里），再與通往臺中市的道路連結，是埔里通往臺中最短的道路。〔註 275〕明治 39 年（1906）總督府曾經補助 8,000 圓，由工兵中隊負責土城至雙冬間的道路整修，進一步再整修到南港溪與北港溪合流處（即今之柑仔林）。〔註 276〕

早在大正 8 年（1919）7 月就曾經有人提出建造埔里通往草屯輕鐵道路的計畫，當時是由埔里的杉山昌作，與臺中、臺北另兩名日本人計畫成立一個新的輕鐵會社，集資 60 萬圓申請舖設埔里至草鞋墩間 21 哩（33.6 公里）輕便鐵道的計畫。當時的評估，新的路線通往臺中可以與帝國製糖的中南鐵道連絡，路程較埔里社輕鐵縮短 10 哩（16 公里），是極有前景的路線。〔註 277〕但是後來成爲懸案，幾經曲折，結果由三派勢力合作，集資 200 萬圓設立一個新的會社。〔註 278〕當時就稱這一條擬新設置的輕鐵爲「裏南投輕便鐵道」，初估工程經費 50 萬圓。〔註 279〕不過，此案還是因故擱置，未能動工。

〔註 273〕《臺灣日日新報》，1932 年 02 月 02 日第三版，「外車埕埔里間の臺車賃値下げ」。
〔註 274〕《臺灣日日新報》，1935 年 10 月 25 日第四版，「埔里草屯產業道路，知事親臨舉開通式——開祝賀會竝提燈行列」。
〔註 275〕杉目妙光，《臺中州鄉土地誌》，頁 66。
〔註 276〕《臺灣日日新報》，1906 年 03 月 21 日第四版，「埔里社街道の改修」。
〔註 277〕《臺灣日日新報》，1919 年 07 月 10 日第二版，「輕鐵會社計畫——埔里社草鞋墩間」。
　　　　與杉山昌作合作者爲臺北的山口氏、臺中的德丸石黑等二人。
〔註 278〕《臺灣日日新報》，1920 年 05 月 30 日第七版，「南投だより」。
　　　　合作的三派爲持木派、山口派及南投派，主要參與人物不詳。
〔註 279〕《臺灣日日新報》，1920 年 07 月 23 日第四版，「裏南投の輕鐵」。

　　至於開鑿自動車道，也是由於這段道路的開鑿工程浩大，不僅工程費高
（初期估算約需 150～180 萬圓），施工也頗為困難，一直成為懸案。對於這
條道路的開鑿，不僅是埔里、草屯一帶的居民所關切，臺中市的商人、居民
也非常關心，大正 13 年（1924）也曾經就此議題召開研究懇談會，〔註280〕
每年州協議會開會時也常討論此一問題。到了大正 14 年度（1925）編列了第
一期的工程費用 50 萬圓，包含 25 萬圓國庫補助，擬先開鑿草屯至龜仔頭之
間的一段約 7,700 間（大約 14 公里）。但是既存的困難仍未解決，經費方面，
由於國庫預算短缺，能否爭取到 25 萬圓國庫補助仍是未知數，〔註281〕施工方
面，這段道路有兩處工程較為艱難，最艱難的是土城至雙冬間有一里（約 4
公里）的路線是連續斷崖，其次則是過了雙冬以後的老鰻潭（鱸鰻潭）一段
山壁容易崩塌，〔註282〕開鑿計畫又因此延宕。

　　霧社事件發生時，西部平原的軍隊欲進入埔里支援，需先坐火車抵達二
水，然後改搭通往集集、車埕的火車，再改搭通往埔里的輕便車，〔註283〕由
於埔里至外車埕的臺車線路客貨車供應不足，〔註284〕軍隊及後勤補給的運送
都很不方便，連帶也影響到埔里的物價暴漲，車資變成兩倍。〔註285〕

　　事件平定後，總督府開始思考裏南投道路開鑿的必要性。於是打算花 60
萬圓經費開鑿四線道的自動車道，預計次年（昭和 6 年，1931）著手測量及
開鑿工程。待全部完成，臺中通往霧社僅需 5.5 小時即可到達。〔註286〕

（2）施工過程

　　霧社事件發生之前，昭和 2 年（1927）第一期的工程還是陸續發包施

〔註280〕《臺灣日日新報》，1924 年 08 月 03 日第二版，「臺中市の發展策を，市民室
　　　　で協議」。
〔註281〕《臺灣日日新報》，1924 年 06 月 29 日第六版，「埔里臺中間道路──常吉臺
　　　　中知事談」。
〔註282〕《臺灣日日新報》，1924 年 06 月 27 日第五版，「埔里街有志，知事へ陳情」。
〔註283〕鄧相揚，《霧社事件》，頁 74。
〔註284〕《臺灣日日新報》，1930 年 11 月 03 日第五版，「埔里外車埕間の臺車線路客
　　　　貨車具不足」。
　　　　由於這一條線的臺車，客車只有 130 臺、貨車 350 臺，一直無法應付突然遽
　　　　增的運輸量。
〔註285〕《臺灣日日新報》，1930 年 11 月 06 日第一版，「埔里の物價暴騰す，車代は
　　　　二倍」。
〔註286〕《臺灣日日新報》，1930 年 12 月 05 日第九版，「臺中──埔里間に四間幅の
　　　　自動車道，經費六十萬圓を以って，來年度より著手計畫」。

工，只是進行緩慢，〔註287〕而且工程費也節節攀升，初期估算約 150～180
萬，〔註288〕從昭和 3 年（1928）至 8 年（1933）共 6 年間，已投入 240 萬
的經費，尚無法完工。昭和 6 年（1931）距裏南投道路開通仍遙遙無期的
情況下，8 月 31 日埔里率先於埔里青年會館成立「能高自動車株式會社」
（見圖 3-17），為埔里至臺中市的連絡自動車營運做準備。股東 220 名，資
本額 10 萬圓，每股 50 圓，共 2,000 股。社長為埔里街長林其祥，常務取締
役為酒類賣捌人王峻槐。〔註289〕昭和 7 年（1932）7 月 30 日召開股東臨時
總會，協議給付 11,800 圓的權利金買收能高自動車商會埔里一帶的經營
權。〔註290〕同年 10 月又收購林發的「中央自動車商會」，〔註291〕經營埔
里至東埔、埔里至小埔社、埔里至烏牛欄等短程乘合自動車，昭和 8 年（1933）
1 月至 6 月底，三條線的營業總額 14,592 圓 49 錢。〔註292〕

圖 3-16：二高自動車車站　　　　　圖 3-17：能高自動車
說明：引自埔里圖書館典藏老照片圖檔。　說明：引自埔里圖書館典藏老照片圖檔。

〔註287〕《臺灣日日新報》，1927 年 11 月 28 日第三版，「隧道工事入札，明年三月可
　　　　竣」。
〔註288〕《臺灣日日新報》，1924 年 06 月 27 日第五版，「埔里街有志，知事へ陳情」
　　　　報導中估算工程費為 150 萬圓。
　　　　《臺灣日日新報》，1924 年 06 月 29 日第六版，「埔里臺中間道路──常吉臺
　　　　中知事談」報導中，臺中州知事提到工程費約需 180 萬圓。
〔註289〕《臺灣日日新報》，1931 年 09 月 02 日第二版，「埔里と臺中市に連絡自動車，
　　　　能高自動車株式會社卅一日創立總會」。
〔註290〕《臺灣日日新報》，1932 年 07 月 31 日第三版，「能高自動車總會」。
〔註291〕《臺灣日日新報》，1932 年 10 月 23 日第三版，「埔里だより」。
〔註292〕《臺灣日日新報》，1933 年 07 月 21 日第八版，「埔里魚池間，各乘合車成績」。

裏南投道路即將開通之際，由於當時州政府已經表達「臺中埔里間一路一營業線許可主義」的立場，能高自動車株式會社的資本金僅 10 萬圓（已繳納 4 分之 1，即 2 萬 5 千圓），恐無能力經營此路線，欲爭取此一營業許可的機會也不大，因此，1 月 5 日於埔里青年會館召開臨時股東總會，決定以 26,000 圓的價格將營業權及財產賣給臺中輕鐵，臺中輕鐵也承諾將來獲得裏南投道路營業權時，會依能高自動車株式會社的主張，1 哩（1.6 公里）的車資會低於 3 錢 6 厘。〔註293〕昭和 11 年（1936）1 月 22 日於埔里青年會館召開解散總會。〔註294〕同年 5 月 3 日，臺中輕鐵埔里至土城間的乘合自動車開始營運，單程車資 1 圓，每天 10 班次往返。〔註295〕

從臺中到埔里，原本需要半天時間，裏南投道路開通後，可以縮短為 2.5 小時，這條新闢的道路大大地縮短埔里和臺中的距離，兩地未來的互動也會更加頻繁。昭和 9 年（1934）11 月，張麗俊參加全島產業組合大會，會後團體遊日月潭、埔里、霧社等處。當時走的是南路，先坐火車到水裡坑，再改搭自動車到日月潭，隔天也是搭自動車抵達埔里街上，〔註296〕此時裏南投道路尚未開通。昭和 11 年（1936）適逢埔里建醮，張麗俊接受埔里的朋友邀請，前來參觀醮祭，進入埔里已改走北路，即裏南投道路。日記中描述坐自動車的過程提到，由塗城（土城）至雙冬之間，穿過五個隧道，〔註 297〕可見這條路線施工困難。

（3）路權之爭

道路好不容易在昭和 10 年（1935）10 月開通，25 日舉行開通式，當時路權歸屬尚未決定，地方民眾希望由交通局直營，〔註298〕但兩派民間業者卻

〔註293〕《臺灣日日新報》，1935 年 01 月 08 日第四版，「能高自動車賣于臺中輕鐵二萬六千圓」。
當時所有的股東只有一人反對賣出。

〔註294〕《臺灣日日新報》，1936 年 01 月 23 日第四版，「埔里能高解散總會，自動車會社」。

〔註295〕《臺灣日日新報》，1936 年 05 月 06 日第四版，「埔里──乘合車通」。

〔註296〕張麗俊著，許雪姬、洪秋芬、李毓嵐編纂解讀，《水竹居主人日記》（九），頁507～508。

〔註297〕張麗俊著，許雪姬、洪秋芬、李毓嵐編纂解讀，《水竹居主人日記》（十），頁299。

〔註298〕《臺灣日日新報》，1935 年 10 月 25 日第四版，「埔里草屯產業道路，知事親臨舉開通式──開祝賀會並提燈行列」。

積極地投入路權爭奪戰。先是臺中輕鐵於昭和 10 年（1935）1 月併購埔里的能高自動車株式會社，〔註299〕引起帝國製糖株式會社（以下簡稱「帝國製糖」）的恐慌，社長緊急從日本趕來臺灣坐鎮指揮，也效仿臺中輕鐵的方式，以 32,000 圓併購土城自動車商會，取得草屯至土城間的自動車營業權。〔註300〕

　　帝國製糖成立於明治 43 年（1910），本社位於臺中市，除了製糖本業外，同時兼營鐵道、軌道、自動車。〔註301〕帝國製糖經過併購大里線、土城線，完全獨佔草屯至臺中的交通。〔註302〕

　　在兩強互不相讓的情況下，臺中州政府於是先將此路線分為兩段，臺中至土城由帝國製糖經營自動車巴士，土城至埔里則由臺中輕鐵經營自動車巴士（見圖 3-18、圖 3-19）。如此一來，從臺中到埔里就必須在半途換車，轉搭及等車頗不方便，由於乘客愈來愈多，要求直達車的聲音也愈來愈高，昭和 13 年（1938）兩家業者於是進行會商，取得通行直達車的協議，也獲得臺中州政府的同意，從 12 月 21 日開始行駛直達車。〔註303〕一天兩趟往返，每趟幾乎都是客滿，於是決定從昭和 14 年（1939）3 月 1 日起加開兩趟往返的班次。〔註304〕

〔註299〕《臺灣日日新報》，1935 年 01 月 08 日第四版，「能高自動車賣于臺中輕鐵二萬六千圓」。
　　　　當時所有的股東只有一人反對賣出。
〔註300〕《臺灣日日新報》，1935 年 01 月 18 日第四版，「臺中埔里產業路成，帝糖買收土城自動車商會，爲獲自動車權之作戰」。
〔註301〕謝國興，〈日治時期臺灣的陸上交通運輸業〉，《臺灣殖民地史——學術研討會論文集》，頁 38。
〔註302〕《臺灣日日新報》，1935 年 11 月 20 日第十二版，「裡南投路所有橋梁將次第築造」。
〔註303〕《臺灣日日新報》，1938 年 12 月 09 日第五版，「臺中埔里間のバス，近く直通運行か，裏南投にも漸く黎明」。
〔註304〕《臺灣日日新報》，1939 年 03 月 04 日第八版，「臺中、埔里間バスを增發」。
　　　　臺中的發車時間爲上午 8 點、11 點 40 分、下午 1 點 50 分、4 點 20 分。埔里的發車時間爲上午 8 點 20 分、11 點 30 分、下午 2 點、4 點 40 分。

圖 3-18：臺中輕鐵貨運車　　　　圖 3-19：臺中輕鐵巴士

說明：引自埔里圖書館典藏老照片圖檔。　說明：引自埔里圖書館典藏老照片圖檔。

6、埔里至霧社間自動車道

　　埔里通往霧社間所依賴的交通，是先搭乘從埔里到眉溪的臺車，大正 14 年（1925）已開始行駛〔註 305〕，約需 2.5 小時，然後從眉溪步行上山到霧社又需 1.5 小時。埔里至霧社間的自動車道開鑿，是起因於霧社事件後，入山視察及弔慰遭難者的人數頗多，交通頗感不便，理蕃當局體認到開鑿自動車道的必要，於昭和 6 年（1931）春天即著手測量。〔註 306〕總長約 5 里（約 20 公里），當時估算的工程費用需 50 萬圓，也就是以每一里估算 10 萬圓。〔註 307〕昭和 12 年（1937）年初動工，同年 11 月底完工（見圖 3-20），總共花費 20 萬圓的工程費，以往從臺中到霧社需要 7 小時，開通之後縮短爲 3.5 小時。〔註 308〕12 月 11 日於埔里街練兵場舉行自動車道開通式。〔註 309〕到了昭和 14 年（1939）3 月 15 日乘合自動車開始營運，往返埔里至眉溪之間，一日往返三回，周日、假日可加開 2 班。〔註 310〕

〔註 305〕柴山愛藏，《臺灣交通研究》，頁 205。
〔註 306〕《臺灣日日新報》，1932 年 03 月 24 日第四版，「埔里霧社間自動車道再施測量」。
〔註 307〕《臺灣日日新報》，1931 年 05 月 21 日第四版，「埔里霧社間，開鑿自動車道，工事五十萬圓」。
〔註 308〕《臺灣日日新報》，1937 年 12 月 1 日第五版，「埔里と霧社を結ぶ，自動車道が開，中旬頃から運轉可能」。
〔註 309〕《臺灣日日新報》，1937 年 12 月 08 日第五版，「埔里霧社間の自動車開通式」。
〔註 310〕《臺灣日日新報》，1939 年 03 月 16 日第五版，「埔里眉溪間に，乘合バス運轉」。

圖 3-20：埔里至霧社自動車道

說明：此為霧社警察隊實施演習時的相片，其中的道路即自動車道。

　　埔里所有的對外道路都很脆弱，每遇豪雨、山崩就會導致交通中斷，這條路線也不例外。〔註311〕由於眉溪至霧社段的道路常因崩塌而中斷，於是再進行改修工程，到了昭和 16 年（1941）才好不容易完工，從 5 月 5 日開始由臺灣交通會社負責埔里至霧社段的巴士營運，每天 6 趟往返。〔註312〕

7、埔里至川中島

　　埔里至川中島的道路是昭和 14 年（1939）9 月 25 日由高山族奉仕作業所開鑿的道路，長度約 1 里半（約 6 公里）自動車道，每日動用 4,000 人，〔註313〕路段及營運情況不詳。

8、埔里至羅東道路

　　以殖民政府立場而言，開通臺灣東、西部聯絡道路對於蕃地開發與國防

〔註311〕《臺灣日日新報》，1938 年 08 月 09 日第五版，「埔里霧社間の自動車休止」。

〔註312〕《臺灣日日新報》，1941 年 05 月 08 日第四版，「埔里、霧社間のバス運行開始」。

〔註313〕《臺灣日日新報》，1939 年 09 月 25 日第四版，「高砂族奉仕作業，埔里から川中島まで，一里半の道路を開鑿」。

功能上皆有重大助益，不過，埔里至羅東的自動車道路也和裏南投道路一樣，一直是個被擱置的懸案。〔註314〕直到昭和11年（1936）12月才有臺北州會議員折尾德慧等人實地勘查，並於州會議時報告概況，由於官民兩方皆認為有必要進行更詳細的調查，〔註315〕於是昭和12年（1937）4月進一步組成道路踏查隊，二度實地踏查，評估埔里通往羅東道路開鑿的可行性，5月1日從羅東出發，8日抵達埔里後解散。〔註316〕當時羅東郡紳民300餘人並成立「道路踏查隊後援會」，〔註317〕同年（1937）7月17日於羅東公會堂舉辦「羅東埔里間中央山脈縱斷自動車道路開鑿期成同盟會」創立大會，400多人與會。當時也以拍手方式通過「決議文」，決議文中羅列三項值得開發的理由，一是開鑿容易，二是經濟資源豐富，三是在國防、觀光、保健、理蕃等方面皆有很大的價值。〔註318〕相對於羅東地區居民對此路線開鑿的熱望，埔里紳民的反應就顯得冷淡多了。雖然踏查報告認為「開鑿容易」，對於殖民政府而言，是否有開鑿必要，又是另一個問題，結果，此路線於終戰之前還是沒有完成。

9、中央山脈橫斷道路（埔里至花蓮港）

日治時期雖然也著手開闢通往東部花蓮港的「能高越嶺道」，不過，開鑿的規模只是步行道路，並非自動車道。這條道路的開鑿目的不是為了做東西橫斷路的交通功能，也不是著眼於經濟的考量，單單只不過是做為理蕃政策上的利用而已。〔註319〕

為了進行這條能高越東西橫斷道路路線調查，大正6年（1917）6月17日，由警部補豬瀨幸助、木村圭一等7人，加上20名蕃人，從南投廳出發，

〔註314〕《臺灣日日新報》，1937年02月09日第八版，「羅東埔里間道路，蘭陽三郡民希望開鑿」。

〔註315〕《臺灣日日新報》，1937年02月09日第八版，「羅東埔里間道路，蘭陽三郡民希望開鑿」。

〔註316〕《臺灣日日新報》，1937年04月06日第九版，「中央山脈縱斷道路開鑿促進踏查隊，愈よ来月一日出發」。
《臺灣日日新報》，1937年05月08日第七版，「踏查を終り霧社著，けふ埔里で解散」。

〔註317〕《臺灣日日新報》，1937年04月25日第九版，「羅東郡下官民が道路踏查隊を後援」。

〔註318〕《臺灣日日新報》，1937年07月19日第五版，「羅東埔里中央山脈縱斷踏查顛末報告會」。

〔註319〕杉目妙光，《臺中州鄉土地誌》，頁58。

與另一批從花蓮港廳出發的 30 餘名探查隊，6 月 19 日會合於奇萊山南峰鞍部。〔註320〕大正 7 年（1918）10 月 1 日道路開通（並非自動車道路）。

10、埔里至東勢角

明治 44 年（1911）埔里社輕鐵著手舖設之前，原本還有另一條可能舖設輕鐵的路線也在進行踏查，就是打算從東勢往南，經由北港溪到達龜仔頭，屆時再將路線延伸到埔里，將使埔里對外交通更加便利。但當時為了能夠讓埔里社輕鐵早日施工，此計畫遂告中止。大正 7 年（1918）2 月 15 日也曾經對這條路線進行探查，當時的評估是山路施工困難，頂多僅能開鑿可供牛車通行的道路，至於要舖設輕便鐵道，所需經費太高。〔註321〕二十多年後，同樣路線的開闢意見再次出現，只是換成開鑿自動車道，昭和 12 年（1937）臺中州土木課順應總督府的山地開發方針，著手評估開鑿從東勢經水底寮、麻竹坑、水長流、北港溪、小埔社、牛眠山到達埔里的路線。〔註322〕到了昭和 15 年（1940）才決定編列經費著手測量與開鑿，所需經費約 80 萬圓，分三個年度編列，從埔里到東勢約 60 公里的道路，第一年預訂先開鑿埔里至水長流一段，約 26 公里，〔註323〕其後的施工情形便不得其詳。

11、貨　運

汽車的用途原本都是以客運為主，貨運功能其次。大正元年（1912）的搬運費用，100 斤的糖如果用人工搬運方式送到臺中，需要 2 圓 20 錢，如果用埔里社輕鐵來運送，一輛臺車可以載運 700 斤，運費僅需 85 錢，〔註324〕相對便宜很多。大正 7 年（1918）埔里社輕鐵的貨運收入為 55,012 圓，〔註325〕大正 8 年（1919）為 99,649 圓。〔註326〕昭和 16 年（1941）為 59,138 圓。

〔註320〕臺灣總督府警務局，《理蕃誌稿》三卷，頁349。
〔註321〕《臺灣日日新報》，1918 年 02 月 23 日第七版，「山地道路探險，東勢角より埔里社へ，牛車通行と輕鐵舖設」。當時由長尾臺中廳技師等 4 人，15 日上午 6 點半出發，當天晚上 7 點半抵達埔里。
〔註322〕《臺灣日日新報》，1937 年 12 月 09 日第五版，「埔里と東勢を繫ぐ，山地道路を開鑿，開通後の利便は至大」。
〔註323〕《臺灣日日新報》，1940 年 06 月 23 日第九版，「埔里、東勢を結ぶ，產業道路開鑿，本年度は廿六粁の豫定」。
〔註324〕《臺灣日日新報》，1912 年 03 月 08 日第一版，「埔里社の發展（六）。
〔註325〕南投廳，《大正七年南投廳第一統計書》，頁 107。
〔註326〕臺中州，《臺中州管內概況及事務概要》（大正 10 年），頁 242。

〔註 327〕

　　日治末期，二高自動車開始經營後，由於道路設施逐漸完備，開始有一些貨運行產生，買卡車經營貨運業務。〔註 328〕昭和 7 年（1932）6 月 21 日，經營埔里至水裡坑的貨運業「中央貨物自動車株式會社」成立，資金 10 萬圓（每股 50 圓，共 2,000 股），由林通擔任社長兼取締役。〔註 329〕埔里至水裡坑的貨物運費每百斤 55 錢，若直接送到指定地點，還要加收 13 錢，也就是要 68 錢，較其他貨運業者來得貴，其他業者諸如日月潭、富永、二高、能高等，貨物運費每百斤約僅 40～50 錢，因此引來埔里街民的非難。〔註 330〕

12、郵便業務

　　埔里地區最早的郵遞業務可以追溯到清代晚期，光緒初年設置舖司站，到了光緒 14 年（1889）改稱為「埔裏社傍站」，到了日治時期，明治 29 年（1896）9 月 4 日於埔里社街設置「埔里二等郵便電信局」，開辦郵便業務。〔註 331〕

　　依據「埔里社郵便電信局處務規程」，初設的埔里社郵便電信局中設有郵便、電信、會計等三掛（課），所負責的業務主要有郵遞、電報及匯兌儲金業務。〔註 332〕初期使用的西門街辦公廳舍是向恒吉城庄林清風所租借。〔註 333〕到了明治 34 年（1901）5 月 1 日改設特定郵便局（三等局），管轄區域包括同時間新設置的霧社出張所，〔註 334〕明治 39 年（1906）郵便遞送區域略做調整，將北山坑庄改歸北港溪堡管轄，〔註 335〕明治 42 年（1909）再把南邊的拔社埔庄一帶改納集集支廳管轄。〔註 336〕歷任埔里郵便局長見表 3-13。

〔註 327〕臺中州，《昭和十六年臺中州統計書》，頁 415。
〔註 328〕陳春麟，《大埔城的故事──埔里鎮史》，頁 54。
〔註 329〕《臺灣日日新報》，1932 年 06 月 21 日第三版，「埔里點滴」。
〔註 330〕《臺灣日日新報》，1932 年 07 月 05 日第三版，「中央貨物自動車，果然運賃值上發表，埔里街民の非難集中す」。
〔註 331〕埔里郵局，《埔里地區郵政服務百年回顧與展望（1896～1995）》（南投：埔里郵局，1995），頁 9、17。
〔註 332〕《臺灣總督府公文類纂》第 241 冊第 46 件，頁 432～440。「掛」是行政單位，約如同今日之「課」。
〔註 333〕《臺灣總督府公文類纂》第 4548 冊第 15 件，頁 406～407。
〔註 334〕埔里郵局，《埔里地區郵政服務百年回顧與展望（1896～1995）》，頁 9～10。
〔註 335〕《臺灣總督府公文類纂》第 4919 冊第 28 件，頁 186～198。
〔註 336〕《臺灣總督府公文類纂》第 5224 冊第 17 件，頁 123。

表 3-13：日治時期歷任埔里郵政局長簡表

姓　　名	在　任　期　間	備　　註
北原謙吉	明治 29 年 4 月～30 年 12 月	
內海胖也	明治 30 年 12 月～31 年 6 月	
小林於兔次郎	明治 31 年 6 月～33 年 5 月	
北村正說	明治 33 年 5 月～35 年 4 月	
三隅兼三	明治 35 年 4 月～42 年 10 月	
熊谷直孝	明治 42 年 11 月～大正 4 年 1 月	
上田兆三郎	大正 4 年 1 月～4 年 3 月	
瀨戶崎市之瓰	大正 4 年 4 月～14 年 10 月	曾任埔里街協議會員。
大久保彥右衛門	大正 14 年 10 月～終戰	1935 年擔任官選埔里街協議會員。

說明：本表引自埔里郵局，《埔里地區郵政服務百年回顧與展望（1896～1995）》頁 12 「日據時期五十年歷任局長芳名錄」，參考《臺灣總督府公文類纂》修正完成。

　　郵遞路線本來是以南路為主，就是從集集送到埔里。〔註337〕不過，也有另外一條北路的補助路線，也就是從土城送到埔里，往來的郵件於龜仔頭繼替所（轉運站）交換，過一夜之後，隔天繼續遞送至埔里。〔註338〕原本在北港溪也設置一處郵便繼替所，明治 32 年（1899）廢除後，改借用一處民宅充做臨時郵便物保管場，遞送夫可以在此休息用餐。〔註339〕由於土城至龜仔頭一段道路險峻難行，加上雨季時烏溪溪水暴漲，導致道路無法通行，〔註340〕到了明治 34 年（1901）3 月底廢止後，僅剩南路遞送。〔註341〕

　　埔里郵便局成立之後，一直是施行一日一回的遞送業務，30 多年來都沒有改變，到了昭和 8 年（1933）10 月底，局長大久保彥右衛門魄力地改為一日二回遞送，不但加快郵件的送達時間，甚至霧社都可以看到當天的報紙。〔註342〕

　　埔里郵便局的郵遞區域涵蓋埔里社堡（埔里街）、五城堡（魚池庄）、北港溪堡（國姓庄）等三大區域，有關埔里地區郵遞區域的劃分與演變，見表

〔註337〕《臺灣總督府公文類纂》第 483 冊第 19 件，頁 254。
〔註338〕《臺灣總督府公文類纂》第 4513 冊第 23 件，頁 149～153。
〔註339〕《臺灣總督府公文類纂》第 4587 冊第 16 件，頁 200～205。
〔註340〕《臺灣總督府公文類纂》第 594 冊第 2 件，頁 35～38。
〔註341〕《臺灣總督府公文類纂》第 592 冊第 20 件，頁 157～158。
〔註342〕《臺灣日日新報》，1933 年 11 月 02 日第三版，「十餘年の舊慣を破る，埔里局長の英斷」。

3-14。

表 3-14：日治時期埔里地區郵遞區域劃分表

區域別	範　　圍	昭和 14 年修定		備　　註
		區域別	範　　圍	
市內一區	埔裏城內	市內一區	埔裏城內	大肚城外、房里、烏牛欄、牛相觸可能納入市內一區
市外一區	大肚城外、房里、烏牛欄、牛相觸、大湳	市外一區	牛眠山、福興、史港坑	
市外二區	牛眠山、福興、史港坑、水尾、小埔社	市外二區	獅仔頭、眉溪	大湳可能納入市外二區
市外三區	埔里社堡外，獅仔頭、眉溪	市外三區	水尾、小埔社	
市外四區	挑米坑、珠仔山、水頭、生蕃空	市外四區	北港溪、水長流、國姓	
市外五區	北港溪、水長流、國姓	市外五區	柑仔林、龜仔頭、埕溝	
市外六區	北山坑	市外六區	北山坑	
市外七區	柑仔林、龜仔頭、埕溝	市外七區	挑米坑、珠仔山、水頭、生蕃空	
		市外八區	枇杷、內大林、水頭谷、北溪、東埔	新增區域
市外八區	魚池、內加道、司馬按、大林、長寮、鹿篙			昭和 6 年（1931）11 月 3 日編入魚池郵局
市外九區	新城、大雁、蓮花池、茅城、山木			
市外十區	貓蘭、水社、頭社、銃櫃			

說明：本表引自埔里郵局，《埔里地區郵政服務百年回顧與展望（1896～1995）》頁 17
　　～18「郵遞服務之演進」，參考《臺灣總督府公文類纂》等其他資料修正完成。

小　結

　　本章的重點放在埔里的「地」與「物」的探討，從平原耕地面積的拓展，到原野、山林開發的管控。從米、糖與各項在地產業的發展，到各項交通建

設的沿革，主要突顯的要點有二，一是埔里的產業經濟發展富有潛力，二是
難以克服天然環境的阻礙，對外交通的不便，某程度抑制埔里的產業發展空
間。

第四章 人口變遷與族群結構

本章對於人口變遷、族群結構等方面的統計分析僅做概略的描述，詳細內容請參閱拙著〈日治時期埔里地區人口變遷（1903～1943）──兼論烏牛欄庄人口結構特色〉一文。〔註1〕

第一節 人口資料及運用

一、官方的人口統計簿冊

「戶口調查簿」的建立及臨時戶口調查工作都是日本殖民統治過程中的重要工作，前者是一種動態的人口資料，可做爲警察機關管控人民動向的手段。日治時期的戶口調查簿目前由各鄉鎮戶政事務所保管，埔里戶政事務所保管日治時期戶口調查簿的冊數及分類詳見附錄二。後者是統治者從明治38年（1905）開始定期進行前後七次的臨時台灣戶口調查，利用有系統的普查方式，將被統治者從一個散亂缺乏組織的樣態，轉變爲可以透過歸類、統計成爲能夠被分析、了解、掌控的數字，所編成的簿冊是屬於一種靜態人口資料。前後七次的臨時臺灣戶口調查所出版的簿冊數量不一，格式也有些不同。〔註2〕

〔註1〕 邱正略，〈日治時期埔里地區人口變遷（1903～1943）──兼論烏牛欄庄人口結構特色〉，《暨南史學》第十、十一號合刊（南投：暨南國際大學歷史學系，2008.7），頁51～143。

〔註2〕 七次的臨時臺灣戶口調查所出版的簿冊，詳見筆者所撰〈日治時期埔里地區人口變遷（1903～1943）──兼論烏牛欄庄人口結構特色〉一文附錄〈史料介紹：日治時期埔里地區相關人口統計表〉的附表4-1。

此外，臺灣總督府從明治 36 年（1903）開始出版《台灣現住人口統計》，做爲人口異動情形的管控參考，每一年一本，直到昭和 18 年（1943）爲止，共計出版 40 冊。〔註3〕

戰後所出版有關日治時期的人口統計資料，除了《臺灣省五十一年來統計提要》〔註4〕一書之外，尚有兩本出版品值得重視，一冊是民國 42 年（1953）由臺灣省政府主計處所出版《臺灣第七次人口普查結果表》，〔註5〕即昭和 15 年（1940）第七次臨時戶口調查統計資料的精簡版。另一冊則是由臺灣銀行金融研究室編印的《臺灣之人口》，〔註6〕內容除了統計圖表的整理之外，也對於圖表所呈現的意義進行分析，此外，也利用民國 38（1949）年的人口統計數據與日治時期的人口統計數據進行比較，值得特別重視。

二、靜態人口資料的特色

日治時期官方出版品有關人口統計的分類，區分爲「人口靜態統計」與「人口動態統計」，前者指的是戶數、人口數、性別、族群別等分類的統計，後者指的是依據人口變動因素所做的統計，例如不同年次的人口數比較，還有包括出生、死亡、轉入、轉出、婚姻、收養等因素所造成人口數增減的統計。〔註7〕有時也會採用「靜態人口」與「人口動態」的分類方式。〔註8〕本書所謂「動態人口資料」與「靜態人口資料」的意涵、分類與上述不同。筆者界定「靜態人口資料」爲「某一時間點或某個時段所做的人口統計數據」，「動態人口資料」是指「隨著時間的變化，逐漸累積而成的人口紀錄」，因此，本書將上述兩類統計數據皆歸類爲「靜態人口資料」。

《台灣現住人口統計》是以一年爲期的人口異動情形所累計之統計數據，臨時戶口調查的相關統計資料則是針對某一時間點的人口統計數據，二

〔註3〕 筆者查閱《台灣現住人口統計》時並未找到明治 37 年（1904）的簿冊，因此未將該年計入。

〔註4〕 臺灣省行政長官公署統計室編，《臺灣省五十一年來統計提要》（台北：進學書局，1969）。

〔註5〕 臺灣省政府主計處編，《臺灣第七次人口普查結果表》（台北：臺灣省政府主計處，1953）。

〔註6〕 陳正祥、段紀憲，《臺灣之人口》（台北：臺灣銀行金融研究室，1951）。

〔註7〕 臺中州，《臺中州管內概況及事務概要》（昭和 3 年）（臺北：成文，1985），頁 20〜24。

〔註8〕 臺中州，《臺中州管內概況及事務概要》（大正 10 年），頁 17〜27。

者皆屬於靜態的人口統計資料。利用每年一度的《台灣現住人口統計》可以整理出某一地區歷年的人口變遷情形，透過臨時戶口調查資料，則可以了解某一地區某一時間點的人口結構，並且可以進一步與其他地區進行比較，也可藉由該地區不同次別的臨時戶口調查統計，觀察其人口變遷及族群結構變化。

《台灣現住人口統計》的內容主要包含下列兩大類的統計表：

（1）街庄社別人口：以前一年年底各街庄社的現住人口與當年年底的現住人口做比較，從表中可以看出各街庄社前一年與今年的男、女人口數及人口總數，以及一年間的人口增減數。

（2）街庄社別人口之異動：進一步區分各街庄社的日本人、臺灣人、外國人於一年內的出生、轉入、死亡、轉出的累計人數，從表中亦可看到男性、女性分別的累計人數。

四十年來的《台灣現住人口統計》出版單位略有不同，先後由臨時臺灣戶口調查部、臺灣總督府官房統計課、臺灣總督官房調查課、臺灣總督官房企畫部等單位負責出版，昭和 9 年（1934）以後，由於戰爭動員的緣故，許多人並不在其戶籍地，因此將《台灣現住人口統計》改為《台灣常住戶口統計》。

臺灣總督府於明治 38 年（1905）五月設置臨時臺灣戶口調查部，並於同年十月一日進行第一次臨時臺灣戶口調查。〔註9〕之後四十年間共計舉辦過七次臨時戶口調查，分別是明治 38 年（1905）、大正 4 年（1915）、大正 9 年（1920）、大正 14 年（1925）、昭和 5 年（1930）、昭和 10 年（1935）、昭和 15 年（1940）。第一、二次稱為「臨時臺灣戶口調查」，第三次（1920年）以後開始與日本本國同時舉行，並正式定名為「國勢調查」，此後每十年舉行大調查一次，並於每十年中間舉行一次簡易調查。

第一至六次調查結果皆出版數量不一的相關簿冊，包括調查過程說明、相關法規及統計資料等。各次調查所出版的簿冊繁簡不一，其內容主要涉及各行政層級的人口數、祖籍／族群／國籍、婚姻狀況、年齡層分佈、職業別、鴉片吸食、纏足、殘障人口等。並且進行一些交叉分析統計。第七次調查由於適逢二次世界大戰，因此並未出版相關調查結果，直到民國 42 年（1953）

〔註9〕 富田哲，〈1905 年臨時台灣戶口調查が語る台灣社會——種族、言語、教育を中心に〉，《日本台灣學會報》第五號（東京：日本台灣學會，2003），頁 87～106。

才由臺灣省政府主計處出版一冊《臺灣第七次人口普查結果表》。〔註10〕

三、動態人口資料的特色

　　動態人口資料指的是記錄人民生命史的戶籍資料，也就是日治時期的戶口調查簿。在戶口調查簿當中，除了個人基本資料外，舉凡祖籍／族群、收養、婚姻或遷移紀錄、犯罪紀錄……等等皆包含於其中。它既是人民重要紀錄的檢索寶庫，也是研究社會舊習俗的參考來源，〔註11〕更是研究地方發展史珍貴的一手資料。雖然日治時期的戶籍資料具有如此高的史料價值，但由於數量頗多、內容繁雜、不易著手等因素，研究利用情形尚不普遍。雖然人口統計資料能夠提供埔里地區人口變遷的靜態數據，然欲進一步了解日治時期埔里地區不同時期、不同村庄之間的互動關係，舉凡移入人口的原鄉分佈與族群比例、各街庄之間收養及婚姻網絡等問題，還是得利用戶籍資料來尋找答案。

　　日治時期的戶籍資料主要包括戶口調查簿、戶口調查副簿、除戶簿等，〔註12〕依性質又可分為本籍與寄留簿。現存日治時期警察機關所使用的戶口調查簿，是根據明治38年（1905）的戶口調查簿及以前的舊戶籍（日治初期所建立的戶籍簿）改謄而成的。以戶為單位繕造一份，依村庄別以住址番號由小而大依序裝訂成冊，並在每一冊最前面增置索引頁，以方便查詢。目前由各鄉鎮戶政事務所保管的日治時期戶籍資料，包含日本領台第10年（1905年）以後至結束統治（1945年）約40年的所有戶口紀錄。

　　戶籍資料的特色主要有以下五點：

　　（1）官方角度的紀錄：戶籍簿冊設置的目的是當作警察有效管控轄內人民的紀錄簿，因此，除了登載人民的出生、遷移、收養、婚姻、死亡等動態紀錄外，還充滿著許多官方需求的登錄項目，包括以「種族」欄區別族群、

〔註10〕臺灣省政府主計處編，《臺灣第七次人口普查結果表》（台北：臺灣省政府主計處，1953）。

〔註11〕邱正略，〈日治時期戶籍資料的史料特色與利用——以西來庵事件研究為例〉，頁94～118。

〔註12〕洪汝茂，《日治時期戶籍登記法律及用語編譯》（臺中：臺中縣政府，2001），頁14～18。
　　　　戶口調查簿主要分為本籍與寄留簿，是保存於警察分駐所的簿冊，戶口調查副簿並不區分本籍與寄留簿，為警察攜出辦公室，進行訪查時方便登錄的簿冊。除戶簿則是於戶主死亡時，將其他戶中人口重謄一份新資料，每一年將戶主死亡的舊戶籍資料依街庄、番地排序裝訂成冊保存。

以「種別」欄區分良莠、以「阿片」欄標示哪些人是「合法吸毒者」、以「纏足」欄記錄女性傳統舊習殘留情形。更重要的是在「事由」欄中所記載的犯罪紀錄。

（2）社會舊俗的線索：日本內地法律與清代律令有所不同，親屬與繼承習俗與臺灣民間舊俗也有差異，日本殖民統治者於統治初期即對於台灣民間舊慣進行調查，藉以訂定適合於殖民地人民的統治法令與執行方式。因此，戶籍資料也留下大量社會史研究的有利線索，除了鴉片吸食與纏足之外，最主要的就是「收養」與「婚姻」兩大類的人身法律關係，例如臺灣盛行的「媳婦仔」與「招夫」，都是日本內地所沒有的舊習俗。透過這些收養、婚姻紀錄的統計分析，有助於了解舊習俗在新統治時期的樣態。

（3）規律性：雖然戶籍資料的簿冊數量頗大，也區分為本籍、除戶簿、寄留簿……等多種分類，執行過程也曾經改訂表格格式，但大體上還是有規律性可循，不管是本籍、除戶簿，皆會將同一街庄（大字）的資料匯集在一起，依番地由小至大排列。各戶的人口，於設立或轉謄戶籍時，戶主以下也是依長幼尊卑排序。將一年內戶主死亡的戶籍重謄，存置於「本籍」當中，舊的資料則改置於「除戶簿」，除戶簿依年份先後排列。只要了解資料的規律，便可將分置於各簿冊的同一戶資料串連起來。

（4）多樣性：戶籍資料除了上述已經提到的各項紀錄之外，有些人還有職業、榮稱，各戶的寄留人口當中也會有一些特殊行業的寄留人，例如「酌婦」、「隘勇」、「腦丁」等，外地遷來的人口也會記載其原居地，對於研究島內移民（尤其是客家移民）與產業發展也是極珍貴的線索。

（5）不完整性：戶籍資料固然保存相當豐富的紀錄內容，但也存在著不完整性，如果某一戶全部移居至其他堡里，該戶的戶籍資料會直接轉移至新居地堡里的戶籍當中，這是制度上所造成的不完整性。此外，管理上也會造成令人遺憾的不完整性，除了蟲蛀、泡水等損害之外，還有不明原因將「種族」、「種別」、「職業、榮稱」、「犯罪紀錄」……加以塗黑，導致資料的不完整性。

第二節　人口與族群結構

一、人口成長趨勢

1、人口成長比例

　　明治 29 年（1896）末的臺灣人口總數為 2,598,272 人（包含日本人 10,584
人），到了昭和 19 年（1944）末，增加為 5,194,980 人（包含日本人 262,964
人），48 年間增加 1 倍。〔註 13〕埔里由於位置較偏遠，開發較遲，所以人口
成長趨勢與全臺趨勢略有差異。

　　日治時期埔里地區隸屬於南投廳下的埔里社支廳埔里社堡，堡下共有埔
里街等 17 個街庄。〔註 14〕大正 9 年（1920）行政區劃改定之後，埔里地區
改隸台中州下的能高郡埔里街，與之前埔里社堡的範圍幾乎相同，其中只有
北山坑庄改隸國姓街，故埔里街下包含埔里等 16 個大字。

　　依據明治 31 年（1898）「臺中縣辦務署位置區域表」，日治初期埔里社
堡管內有 54 個聚落，戶數共計 1,952 戶，人口共計 8,524 人。〔註 15〕明治
38 年（1905）臨時臺灣戶口調查統計，埔里社堡的人口為 9,790 人，8 年間
僅增加 15%。

　　日本統治臺灣十年之後，明治 38 年（1905）實施第一次臨時臺灣戶口
調查統計，當時全臺灣的人口有 3,039,751 人。往前推兩年，依據明治 36
年（1903）《臺灣現住人口統計》，全島人口為 3,000,111 人，埔里社堡為 9,796
人。12 年後（大正 4 年，1915），依據第二次臨時臺灣戶口調查統計，全島
人口為 3,479,922 人，大約增加 16%，反觀埔里社堡人口則為 18,584 人，增
加將近一倍，顯見埔里地區於這段期間人口增加迅速，此後增加速度漸趨平
穩，每 5 年大約增加 11%～13% 左右，昭和 10 年（1935）以後才降低為 7%
左右（參考附錄表 8 之「表 12」）。若從每年的增加數來觀察，可發現有兩
個階段的人口增加高峰，即明治 39 年（1906）至明治 42 年（1909）與大正
8 年（1919）至大正 10 年（1921），成長比例皆超過 5%（見圖 4-1、圖 4-2）。

〔註 13〕井出季和太，《台湾治績志》，頁 18。
〔註 14〕即埔里街、大肚城庄、枇杷城庄、水頭庄、珠仔山庄、挑米坑庄、生蕃空庄、
　　　　烏牛欄庄、房里庄、水尾庄、牛相觸庄、牛眠山庄、福興庄、史港坑庄、小
　　　　埔社庄、大湳庄、北山坑庄等。
〔註 15〕洪敏麟主編，《日本據臺初期重要檔案》，頁 233。

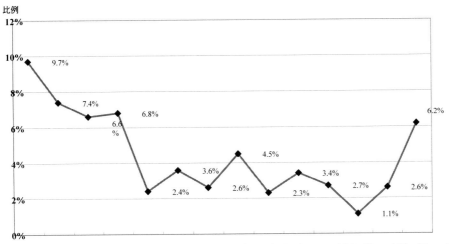

圖 4-1：埔里社堡人口增減比例圖（1906～1919）

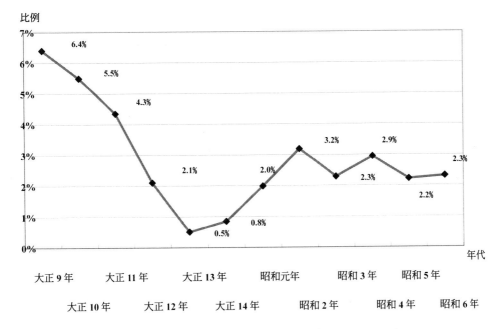

圖 4-2：埔里街人口增減比例圖-1（1920～1931）

就全島人口增加幅度而言，1924 年以前的成長比例大約維持在 1～2%，1925 年以後至 1943 年則小幅上升，成長比例約維持在 2～3%之間。反觀埔里社堡，除了大正 6 年（1917）因發生大地震導致成長比例僅 1.1%之外，1905 年至 1919 年之間皆維持在 2～10%不等的成長幅度，尤其是上述第一個階段的人口增加高峰期 1906～1909 年之間，皆維持在 6～10%的高成長比例。1920 年以後的埔里街，人口成長比例略為舒緩，1920～1931 年之間，除了 1924、1925 年低於 1%之外，多維持在 2～6%不等的成長比例。第二個階段的人口增加高峰期（1919～1921）則都有 5%以上的成長比例。至於 1932 年以後，埔里街的人口成長比例逐漸接近全島的成長幅度 2～3%之水準，甚至有幾年出現低於 1%的情形，包括 1934、1935、1938、1941 等年（見圖 4-3）。

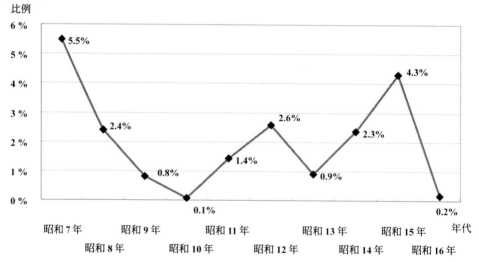

圖 4-3：埔里街人口增減比例圖-2（1932～1941）

若就堡下各街庄來看，第一個階段（1906～1909）的人口增加高峰期，主要是水頭、珠仔山、挑米坑、水尾、牛相觸、小埔社、大湳、北山坑等八庄的人口增加幅度較大，其中以牛相觸、北山坑等兩庄增加幅度最大。第二個階段（1919～1921）的人口增加高峰期，主要是埔里社街、珠仔山、牛相觸、大湳、北山坑等五庄的人口增加幅度較大，其中以珠仔山、北山坑等兩庄增加幅度最大。這兩階段人口增加較多的村庄，除了埔里社街之外，其共

同點是它們皆位於埔里地區的邊緣地帶（見圖 4-7），這些村庄持續的人口移入，應與這些地區的開發有關。

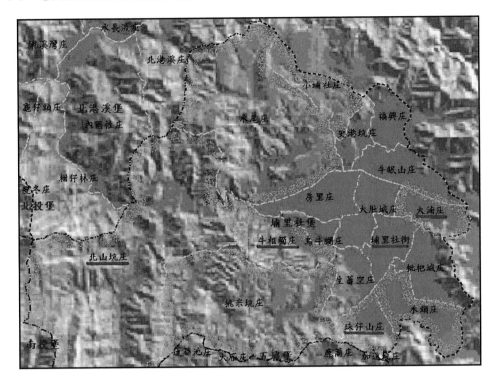

圖 4-4：日治時期埔里地區人口成長比例較高之街庄分布圖

說明：
一、本圖以「臺灣歷史文化地圖核心應用系統」繪製而成，底圖為地形高程圖。
二、粉紅色虛點標示之街庄為第一個階段（1906～1909）的人口增加高峰期，
　　成長比例較高的街庄，包括水頭、珠仔山、挑米坑、水尾、牛相觸、小埔
　　社、大湳、北山坑等八庄，其中以牛相觸、北山坑等兩庄增加幅度最大。
三、街庄下方劃紅線者為第二個階段（1919～1921）的人口增加高峰期，成長
　　比例較高的街庄，包括埔里社街、珠仔山、牛相觸、大湳、北山坑等五庄，
　　其中以珠仔山、北山坑等兩庄增加幅度最大。

2、增減變項比較

　　促使人口產生增減的主要原因有自然增加與非自然增加（或稱為「社會增加」，即「人口移動」）兩大類，換言之，共包括「出生」、「轉入」、「死亡」、「轉出」等四個變項。昭和 8 年（1933）臺灣的死亡率約 19.8‰，與日本內地、朝鮮相差不多，出生率則為 44.5‰，由於出生率偏高，導致人口增加率

較日本內地、朝鮮來得高。〔註 16〕根據《臺灣之人口》一書所整理的數據，全島粗出生率大致維持在 4%～4.5%左右。〔註 17〕粗死亡率大致維持在 2%～3%之間，〔註 18〕二者相差約 1.5%～2%左右。全島人口增加率也大致維持在 1%～3%之間，換言之，以全島而言，轉入、轉出的數據應該大致均等。

反觀埔里地區的數據，出生率大致維持在 4%～5%左右，死亡率大致維持在 2%～3%之間，與全島數據相差不大。不過，在長時間的比較上（尤其是 1909 年以前），埔里地區的人口成長比例確實遠較全島略為高一些，〔註 19〕其主要原因即在於移入人口的增加。1919 年以前，埔里地區的轉入人口大約維持在 7%～10%左右。1920 年至 1931 年則下降為 4%～8%左右。至於轉出人口，雖然大致都在 6%以下，1926 年以後的比例逐漸與轉入人口相近（參考圖 4-5）。

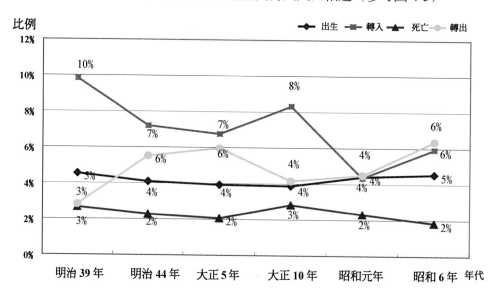

圖 4-5：埔里社堡（埔里街）**人口變遷圖**（1906～1931）

〔註 16〕 井出季和太，《台灣治績志》，頁 21。
昭和 8 年（1933）日本的死亡率為 17.1‰，朝鮮為 19.3‰，與臺灣接近。日本的出生率 30.4‰，朝鮮為 29‰，皆較臺灣的 44.5‰為低。

〔註 17〕 陳正祥、段紀憲，《臺灣之人口》（台北：臺灣銀行金融研究室，1951），頁 38～39。

〔註 18〕 陳正祥、段紀憲，《臺灣之人口》，頁 48。

〔註 19〕 邱正略，〈日治時期埔里地區人口變遷（1903～1943）——兼論烏牛欄庄人口結構特色〉，《暨南史學》第十、十一號合刊，頁 67。

若再細究各街庄人口移動情形，可以發現埔里社街的人口移動情形較其他大部份的庄來得頻繁，在庄的部份，水尾、牛相觸、小埔社與北山坑庄的人口移動最為頻繁，遷入、遷出的數據都高。此外，水頭、珠仔山庄於 1907 年至 1909 年也有一波比例較高的移入人口。

二、族群結構

1、族群比較之一：內地人、本島人與外國人

內地人（即「日本人」）、本島人（即「臺灣人」）與外國人或許可視為一種粗略的「種族的區分」而已，用「族群」一詞並不太適宜，惟為表明殖民政府在人口統計上所用的一種區分項目，暫時借用定義不周延的「族群」一詞來介紹。依據《臺灣省五十一年來統計提要》之〈表 96、歷年人口自然增加〉，將臺灣人口分為「本省人」、「外省人」、「韓國人」、「日本人」等四類，〔註20〕統計 1906 年至 1943 年的比例變化。從表中可以看出，「本省人」所佔的比例由原來的 97% 逐漸下降至 93%，「日本人」所佔的比例則是由 2.3% 逐漸提高至 6%，外省人一類雖然略有上升的趨勢，所佔比例極低，大多在 1% 以下，只有 1934 年曾經一度高達 1.5%。至於韓國人，人數最多時亦只不過 2,775 人（佔 0.04%），佔總人口數的比例微乎其微。

以各區分項目的增加比例來看，38 年之間總人口數從 315 萬多人增加到 658 萬多人，大約增加一倍。「本省人」從 307 萬多人增加到 613 萬多人，也大約增加一倍。「外省人」從 1 萬多人增加到 5 萬多人，約增加四倍。最值得注意的是「日本人」從 7 萬多人增加到 39 萬多人，增加將近五倍，如此大幅度地增加，除了陸續從日本移入的移民之外，也包含愈來愈多在臺灣本地出生的日本人，至於比例有多少，以大正 4 年（1915）第二次臨時戶口調查來看，日本人總數 135,401 人當中，本島出生者僅佔 25,314 人（約佔 18.7%），稱為「灣生」。〔註21〕至於佔 8 成的渡臺日本人當中，扣除「一時現在者」〔註22〕約 1,000 餘人不計，領臺初期 11 年（1895～1905）渡臺者

〔註20〕「本省人」即等同於「本島人」、「臺灣人」，「外省人」指的是外國人，包含華僑及其他外國人，「日本人」即「內地人」。

〔註21〕竹中信子著、蔡龍保譯，《日治台灣生活史——日本女人在台灣（明治篇 1895 ～1911）》（臺北：時報文化，2007），頁 99～100。灣生是指在臺灣出生長大的人。

〔註22〕臺灣總督府臨時戶口調查部，《大正四年第二次臨時臺灣戶口調查記述報文》

25,224 人，約佔 18.6%，後 10 年（1906～1915）渡臺者 83,651 人，所佔比例高達 61.8%，〔註 23〕這是日治初期的第一波移民潮。終戰之後，民國 35 年（1946）3 月 2 日至 5 月 24 日被遣送離開臺灣的日本人有 447,005 人，若包含琉球人與韓國人，共有 453,913 人。〔註 24〕

埔里地區的人口增長情形與全島情形略有不同，在比例上，本島人所佔的比例從 1903 年的 99.3%逐漸下降到 1940 年的 96.4%，內地人所佔的比例從 1903 年的 0.7%逐漸提升到 1940 年的 3.1%。至於華僑及外國人的比例，一直沒有超過 300 人，人數最高時也只不過佔 1%而已。

從各類人口的增加比例來看，內地人的人口成長高峰期在 1903 年至 1920 年之間，從 72 人逐漸增加到 1,022 人，增加超過 10 倍，此後大致維持 1,000 人左右的水準，並無持續成長。日治時期臺灣中部的官營移民村，主要選在濁水溪兩岸工程完工後產生的廣大浮覆地，範圍分布在今日的彰化溪州鄉、北斗鎮、田尾鄉、埤頭鄉、二林鎮、芳苑鄉等地。〔註 25〕埔里由於沒有較大面積容易開墾的官有土地，缺乏設置移民村的有利條件，也沒有內地人陸續移入的跡象。本島人方面，從 1903 年的 9,724 人逐漸增加到 1940 年的 30,637 人，增加了 2.2 倍。

隨著埔里社街的發展，人口也年年增加，尤其是明治 44 年（1911）埔里社製糖株式會社設立以來，〔註 26〕日本人在埔里街的人口有顯著的增加。據

（臺北：臺灣總督府臨時戶口調查部，1918），頁 46～47。
「常住人口」是指包括「常住者身份的現在人口」加上「常住者身分的一時不在者」，「浮動人口」則包括「非常住者身份的一時現在者」與「與常住者身份的一時不在者」。所謂的「一時現在者」，指的就是本籍地並不在這裏，暫時寄留的人口。
臺灣總督府官房臨時國勢調查部，《第一回臺灣國勢調查（第三次臨時臺灣戶口調查）記述報文》（臺北：臺灣總督府官房臨時國勢調查部，1924），頁 35。
「現在人口」包括「常住者身份的現在者」及「非常住者身份的一時現在者」，後者也就是上述所言「一時現在者」的寄留人口。
〔註23〕臺灣總督官房臨時戶口調查部，《第二次臨時臺灣戶口調查概覽表》大正 6 年（1917）刊行（臺北：捷幼，1992），頁 904。
〔註24〕小林英夫，《日本人の海外活動に関する歴史的調査 第九卷 台湾篇 4》，頁 238。
〔註25〕張素玢，《臺灣的日本農業移民（1905～1945）以官營移民爲中心》（臺北：國史館，2001），頁 170。
〔註26〕《臺灣日日新報》，1911 年 05 月 07 日第五版，「埔里社製糖組織變更說」。
由日本人藤澤靜象等人所成立的「埔里社製糖會社」，於明治 44 年（1911）

大正元年（1912）的統計，埔里街的戶數 823 戶、人口 3,998 人當中，日本人已有 251 戶、528 人，扣除守備隊的兵員，與一年前的 46 戶、127 人相較，確實增加了不少。〔註27〕

2、族群比較之二：本島人族群結構

　　第二至六次臨時戶口調查統計資料當中已提供包括各街庄臺灣人「福」、「廣」、「熟」、「生」等四類族群的人數統計，也就是閩南人、客家人、平埔族、高山族等四類，透過整理換算即可得知各族群所佔該庄人口總數的百分比。先就全臺灣本島人族群結構言，閩南人所佔臺灣人的族群比例最高，惟略有微幅下降的趨勢，從 1905 年的 83.9% 逐漸降低到 1940 年的 81%，所減少的 3% 最主要是反映在客家人與高山族的比例增加上，客家人從 1905 年的 13.4% 逐漸上升到 1940 年的 15.1%，大約上升 1.7%。高山族從 1905 年的 1.2% 逐漸上升到 1940 年的 2.8%，大約上升 1.6%。反觀平埔族，則是呈現不增反降的趨勢，從 1905 年的 1.6% 逐漸下降到 1940 年的 1.1%，大約下降 0.5%（圖 4-6）。

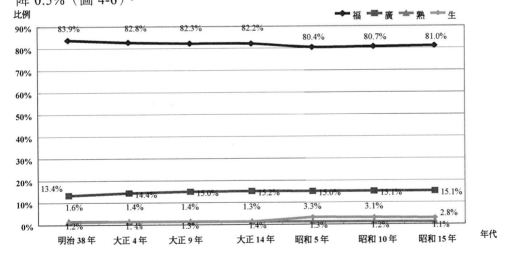

圖 4-6：台灣本島人族群比例圖（1905～1940）

埔里地區的族群比例則與全島比例大異其趣，佔比例最高的雖然也是閩

　　　　將資本額從 25 萬圓提高為 200 萬圓，也變更為株式會社。

〔註27〕《臺灣日日新報》，1912 年 03 月 01 日，第一版，「埔里社の發展（三）——埔里社街の近況」。

南人，但所佔比例並沒有過半數，而且比例是不降反升，從 1915 年的 44.3% 小幅上升到 1935 年的 49.3%。居次高比例的客家人則是維持在 30% 左右，從 1915 年的 28.6% 小幅上升到 1935 年的 30.9%，此比例顯示出埔里西側近山、環山一帶的客家移民所佔比例之重要。依據大正 15 年（1926）的《臺灣在籍漢民族鄉貫別調查》，埔里的客家人全數來自廣東嘉應州，〔註28〕此統計的可信度令人懷疑。高山族所佔比例很低，人數都在 40 人以下，僅佔 0.2% 左右比例。最特別的就是平埔族的比例約佔四分之一左右，從 1915 年的 26.8% 逐漸下降到 1935 年的 19.7%（參考圖 4-7）。顯示出做爲平埔族的退居地（或進取地）的埔里，即使到日治時期平埔族依舊佔有重要的份量。根據《劉枝萬先生訪談錄》，學童時期大約有二成的同學是平埔族，至於哪幾位是平埔族，彼此都知道，但也不會因此造成交往上的障礙，不過，由於平埔族與漢人通婚普遍，純種的平埔族就較難辨認。〔註29〕

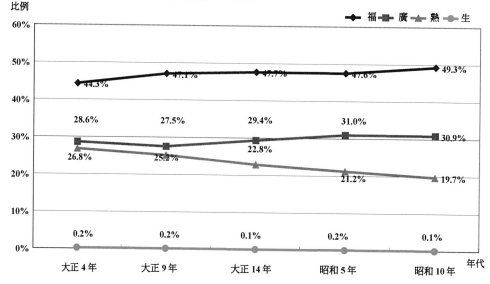

圖 4-7：埔里社堡（埔里街）本島人族群比例圖（1915～1935）

日治時期逐漸成爲優勢族群的漢人，其人口從大正 15 年（1926）的《臺

〔註28〕 臺灣總督官房調查課編，《臺灣在籍漢民族鄉貫別調查》（台北：臺灣時報發行所，1928），頁 18～19。

〔註29〕 劉枝萬口述，林美容、丁世傑、林承毅訪問紀錄，《學海悠遊・劉枝萬先生訪談錄》，頁 26。

灣在籍漢民族鄉貫別調查》來看，47.7%的閩南人當中，漳州人佔 30.7%，泉州人佔 15.6%、其他州縣佔 1.4%，客家人佔 29.4%。〔註30〕閩南人以埔里社街、枇杷城為主要居住地，客家人分布在盆地周邊，混居於既有聚落，例如福興庄、史港坑庄、生蕃空庄，或形成新的聚落，例如小埔社庄、水尾庄、北山坑庄、挑米坑庄。

　　日治初期埔里社的平埔族人口約有 3,163 人，埔社蕃僅剩 7、8 人，眉社蕃僅剩 2 人。其後改隸屬南投撫墾署埔里支署時所統計的總人口為 8,275 人。〔註31〕再依據〈埔里社地方殖民地調查報告〉，明治 30 年（1897）埔里地區的平埔族有 3,597 人，附近的高山族有 9,470 人（包括北蕃 4,870 人、南蕃 4,500人）。〔註32〕以南投撫墾署埔里支署的人口總數與兩個平埔族人口數進行推算，日治初期埔里地區的平埔族人口大約仍佔總人口四成左右（38.2～43.5%）。

　　明治 41 年（1908）的〈臺灣現住人口統計〉，埔里社堡的人口數為 14,557人。〔註33〕明治 41 年（1908）至明治 43 年（1910）進行調查的《熟蕃戶口及沿革調查綴》，埔里社堡的平埔族有 3,859 人，約僅佔當時總人數的 26.5%。也就是說，清治末期以來，平埔族人口一直維持在 4,000～6,000 人之間，從開山撫番以來移入的漢人人口逐漸增加，稀釋了平埔族在總人口當中的族群比例，三十年前後已有極大的差異。

　　依據第四次臨時臺灣戶口調查統計數據，大正 14 年（1925）全臺灣的人口結構，約 377 萬總人口當中，閩南人佔 82.2%，客家人佔 15.2%，平埔族佔1.4%，高山族佔 1.3%。反觀埔里街的人口結構，22,415 人口當中，閩南人佔47.7%（10,683 人），客家人佔 29.4%（6,583），平埔族佔 22.8%（5,120），高山族僅佔 0.1%（29 人）。〔註34〕從光緒 3 年（1877）臺灣道夏獻綸編入埔勘查起算，相隔近 50 年，平埔族所佔比例僅剩不到四分之一。不過，臺灣總督府

〔註30〕　臺灣總督官房調查課編，《臺灣在籍漢民族鄉貫別調查》（台北：臺灣時報發行所，1928），頁 18～19。
　　　　　調查表中認為埔里街的客家人全數來自嘉應州的統計，可信度令人懷疑。
〔註31〕　伊能嘉矩手稿，微捲編號 T0021/58，「29、埔里社支廳管內熟蕃社戶口表」，台北：臺灣大學圖書館特藏組典藏資料影本。
〔註32〕　《臺灣總督府公文類纂》第 302 冊第 2 件，頁 53。
〔註33〕　臺灣總督府總督官房統計課，明治 41 年 12 月 31 日《臺灣現住人口統計》（臺北：臺灣總督府總督官房統計課，1909），頁 20。
〔註34〕　邱正略，〈日治時期埔里地區人口變遷（1903～1943）——兼論烏牛欄庄人口結構特色〉，《暨南史學》第十、十一號合刊，頁 51～143。

的族群登記作業方式似乎也造成一些影響，因爲當時新生兒的族群認定是依據生父的族群別，因此，混血的情況並無法從人口統計數當中看出來。

3、非屬閩、客的「其他漢人」

臨時戶口調查統計中，臺灣人當中的漢人在族群分類上除了閩南人、客家人之外，尚有一項「其他漢人」，也就是說，這些人是來自福建、廣東以外的其他省份。此項人數一直都不高。就全島而言，人數最多的時候是1905年的506人，到了1915年僅剩158人，1920年至1940年之間則維持在200人至300人之間。此類人口中，有一部份一直留在埔里地區，1920年至1940年之間約有30～60人左右，約佔全島此類人口的1/7～1/4，而且絕大部份都集中在烏牛欄庄。這些不是屬於華僑的臺灣漢人究竟從哪裏來，利用日治時期的戶籍資料即可找到答案。他們是望麒麟的親家黃利用（1856～1935）的後代，黃利用是湖南人，所以其家屬在戶籍資料中的「種族」欄都註記爲「漢」，是埔里平原充滿拓墾精神的漢人家族。〔註35〕

4、華僑在埔里

所謂「華僑」，是指「凡是中國人移住到外國領土並僑居，而不喪失中國國籍者」。「臺灣華僑」又稱爲「臺灣在住華僑」，是日治時期的特殊產物，指明治30年（1897）5月8日以後由大陸前來臺灣的中國人。〔註36〕與其他外僑相較，殖民政府對於華僑一直採取差別待遇，不但把華僑納入臺灣人的保甲體系，也同受笞刑待遇，在臺北中華總會館成立之前，更無從向殖民政府當局提出抗議。〔註37〕當時的中國，不管是北洋政府，或者是南方政府，都無法保護國外的華僑，各地的華僑便籌組一些自治、自救組織，大正 12

〔註35〕埔里戶政事務所保管，《除戶簿》第152冊，頁211，烏牛欄庄172番地。
黃家居住地在烏牛欄庄的阿里史聚落。黃家祖塔位於南村里公墓頂端，正面碑文寫著「湖南開基埔里社黃氏歷代公媽之墓」，左聯「泥土有我祖先的血汗」，右聯「泥土有我祖先的香味」，橫批「祖德萬貫」，是埔里平原充滿拓墾精神的漢人家族。
〔註36〕許雪姬，〈臺灣中華總會館成立前的「臺灣華僑」，1895～1927〉，《中央研究院近代史研究所集刊》（臺北：中央研究院近代史研究所，1991），頁99。
「臺灣華僑」包含兩種涵意，一種是本文所提到的，兩年國籍選擇期限後才來臺灣的中國人，另一種是日治時期居住在大陸的臺灣籍民所自稱的「臺灣華僑」，本文所謂的「華僑」僅指前者。
〔註37〕許雪姬，〈臺灣中華總會館成立前的「臺灣華僑」，1895～1927〉，《中央研究院近代史研究所集刊》，頁106～107。

年（1923）於是有臺北中華總會館的成立，當時在臺華僑有 2 萬多人，加入者僅 5、600 人。〔註38〕不過，各地的會館支部也於次年（1924）陸續成立，包括大正 14 年（1925）7 月 3 日成立的埔里支部，當時的會員數有 114 名。〔註39〕

　　有關埔里地區華僑的活動，《臺灣日日新報》當中有不少報導。埔里雖然設有中華會館，〔註40〕但埔里的華僑人數並不多，最多時亦不超過 300 人（參考附錄表 8 之「表 12」），依昭和 4 年（1929）中華會館本身的統計，能高、新高郡的華僑實業者共 56 戶，男性 175 人、女性 76 人，兩郡的華僑合計亦僅有 251 人。〔註41〕埔里中華會館成立於大正 14 年（1925），〔註42〕每年 6 月 1 日也會舉辦「孫中山奉安祭」的遙拜式，昭和 4 年（1929）6 月 1 日，中國國民黨舉行總理奉安大典，遵從孫中山遺命，遷葬於南京的紫金山，稱爲中山陵。〔註43〕在埔里的華僑議定，於 5 月 31 日起，三天降半旗，6 月 1 日同樣在會館舉行遙拜式，當天所有華僑全部休業，帶喪章表達敬意，〔註44〕當晚還召開追悼會。〔註45〕雙十國慶日也會舉行慶祝儀式，除了開會、演講也聚餐，餐敘時，能高郡守及一些官員也會參加。〔註46〕華僑開會的時候，也常有日本警官與會。〔註47〕昭和 5 年（1930）4 月，第五次全島華僑代表大會鑑於青年運動必須擴大和統制，仍議決總會館增設青年部，各地方會館也增設青年科，以資領導和訓練。〔註48〕昭和 6 年（1931）7 月 3 日，舉辦埔里

〔註38〕許雪姬，〈臺灣中華總會館與日據時期的臺灣華僑（1927～1937）〉，《史聯雜誌》23（南投：史蹟研究中心，1993.6），頁 118～124

〔註39〕許雪姬，〈臺灣中華總會館成立前的「臺灣華僑」，1895～1927〉，《中央研究院近代史研究所集刊》，頁 118～124。

〔註40〕埔里的中華會館位於西門，安東醫院隔壁幾戶的民家，是租用民宅充作會館，並非獨立的建築。

〔註41〕《臺灣日日新報》，1929 年 04 月 30 日第四版，「埔里中華會館」。

〔註42〕《臺灣日日新報》，1929 年 07 月 05 日第四版，「埔里中華會館，紀念宴及講演」。

〔註43〕鄭彥棻，《國父孫中山先生》（臺北：正中，1987）頁 84。

〔註44〕《臺灣日日新報》，1929 年 05 月 30 日第四版，「孫中山奉安祭，埔里華僑遙拜式」。

〔註45〕《臺灣日日新報》，1929 年 06 月 03 日第四版，「埔里華僑遙拜式，夜開追悼會」。

〔註46〕《臺灣日日新報》，1929 年 10 月 13 日第四版，「埔里屏東華僑祝雙十節」。

〔註47〕《臺灣日日新報》，1930 年 02 月 05 日第四版，「埔里中華會館議來年度行事」。

〔註48〕吳文星，《日據時期在臺「華僑」研究》，頁 119。

中華會館成立 6 周年時，也同時舉行青年團成立大會。〔註49〕

以上所述當然都是昭和 6 年（1931）9 月 18 日九一八事變（日本稱為「滿州事件」）發生以前的場景。中日戰爭期間，台灣的華僑可以說是立場尷尬、處境艱難的一群，埔里的華僑也不例外，昭和 8 年（1933）3 月就發生埔里中華會館的委員長因發表不當言論而遭警察留置的事件。〔註50〕昭和 12 年（1937）七七事變發生後，臺灣華僑立刻陷入不可知的命運。基於生命安全的顧慮與不願受日本人壓迫等原因，有些華僑放棄在臺灣的基業，選擇回去大陸。〔註51〕有意回國者，在總領事館與「ロザリーモーラ號」訂契約下，來回載運華僑回國，這一波的返國潮共有 2 萬人以上回國，到了年底，回大陸的華僑人數達到 27,878 人，留臺人數銳減為 46,218 人，〔註52〕臺灣總領事郭彝民亦於昭和 13 年（1938）1 月 26 日撤旗回國。〔註53〕全臺中華會館也都被封閉，留在臺灣的華僑，雖然仍有少部份冒著危險投入抗日活動，大半的華僑為了生存，選擇與日本政府妥協。〔註54〕

華僑處於不得已的世局下，不得不向殖民統治者表達效忠立場。大部份臺灣華僑在日本統治下，隨著日本對華政策的改變，始而支持中華民國臨時政府，繼而響應汪精衛的和平建國運動，終至為汪政權派來的駐臺北總領事管轄之下。這期間臺灣華僑或慰問皇軍，或捐獻「臺灣華僑號」飛機，〔註55〕以表達對殖民政府的「善意」。

昭和 13 年（1938）1 月 24 日能高郡內的華僑 60 餘人聚集在埔里的樂花亭舉行華僑大會，會中表達脫離蔣介石政權，加入汪精衛的新政權，能高郡

〔註49〕《臺灣日日新報》，1931 年 07 月 03 日第四版，「埔里中華會館，六週年紀念及青年團發團式」。

〔註50〕《臺灣日日新報》，1933 年 03 月 19 日第三版，「不穩ので言動，留置された中華會館埔里委員長」。

〔註51〕許雪姬，〈日治時期的「臺灣華僑」，1937～1945〉，《中國海洋發展史論文集》第六輯（臺北：中央研究院人文社會科學研究中心，1997），頁 500。

〔註52〕吳文星，《日據時期在臺「華僑」研究》（臺北：學生書局，1991），頁 103、151。

〔註53〕許雪姬，〈日治時期的臺灣華僑〉，《歷史月刊》第 88 期（臺北：歷史月刊雜誌社，1995.5），頁 54。

〔註54〕許雪姬，〈日治時期的「臺灣華僑」，1937～1945〉，《中國海洋發展史論文集》第六輯，頁 501～506。

〔註55〕許雪姬，〈戰後初期原「臺灣華僑」，1945～1947〉，《臺灣史研究一百年回顧與研究》（臺北：中央研究院臺灣史研究所籌備處，1997），頁 101。

守及幾位官員，還有山下藤太郎、張德元等埔里街協議員與會，會中也匯集
200 圓做爲國防獻金。〔註56〕同年（1938）2 月 7 日，由容建麟等人發起「新
臺灣華僑新民總公會」成立運動，於臺北市公會堂舉行「全島華僑大會」，
解散原來的中華會館，另成立「新臺灣華僑新民總公會」，隨後，在各主要
地點成立 38 個新民公會，〔註57〕包括埔里在內。埔里的臺灣華僑同年（1938）
3 月 2 日選在麗華樓舉辦「新民公會設會式」，再次表達脫離蔣政權、支持新
政府的一致團結立場，警察課長及芝原太次郎等街協議員共同與會，出席的
華僑有 64 人，會中推舉楊兆源擔任會長，李阿全爲副會長。〔註58〕當時許
多地方會館紛紛聘請學有專長的臺灣人新知識分子擔任顧問，埔里中華會館
也聘請當時擔任臺灣民報社常務董事兼總經理的羅萬俥（1898～1963）爲顧
問。〔註59〕

　　在台灣的華僑人口究竟有多少，從人口統計資料當中雖可以找到一些參
考數據，可惜的是這些數據大多與「外國人」甚至「韓國人」混在一起，因
此難以確切掌握實際的華僑人口數。從臨時戶口調查統計可以初步得知，全
島的華僑與外國人的人口約佔全島人口 0.5%～1%左右。從 1915 年的 18,766
人逐漸增加到 1935 年的 58,897 人，是人口數最多的時期，其後可能因爲中日
戰爭緣故導致部份華僑外移，形成人口負成長的現象（參考附錄表 8 之「表
11」）。

　　埔里地區的華僑與外國人的人口約佔總人口 0.2%～1%左右（參考附錄表
8 之「表 12」）。華工是華僑的主體，人數約佔華僑總數 80%，華工多數屬於
一般技術和苦力性質的下層勞工，諸如茶工、木匠、鞋匠、裁縫師、理髮師、
人力車夫等，其中從事廚師、裁逢師、理髮師、木匠等職業者多數來自福州，
〔註60〕埔里也是如此。據劉枝萬先生的轉述，埔里地區的華僑大部份都是福
州人，從事的職業包括剃頭、製麵、修鞋、補傘等職業。臺灣華僑大多數是
文盲，且不諳日語，屬於社會中、下階層，加上總督府有意的壓制，故其社
會、政治及經濟地位普遍較臺灣人來得低，生活上也普遍比較艱苦。〔註61〕

〔註56〕《臺灣日日新報》，1938 年 01 月 25 日第九版，「埔里華僑大會」。
〔註57〕吳文星，《日據時期在臺「華僑」研究》，頁 106。
〔註58〕《臺灣日日新報》，1938 年 03 月 04 日第十二版，「埔里──新民公會設會式」。
〔註59〕吳文星，《日據時期在臺「華僑」研究》，頁 125。
〔註60〕吳文星，《日據時期在臺「華僑」研究》，頁 86。
〔註61〕吳文星，《日據時期在臺「華僑」研究》，頁 164～165。

戰後，臺灣華僑並未如日本籍的臺灣人一樣，被國民政府視爲漢奸或戰犯予以審判，接收臺灣之初，更重用忠於政府的華僑，使臺灣人和臺灣華僑之間的感情起了微妙的變化。〔註62〕

三、性別比例

一個地區的性別比例是否均等，可以突顯出該地區的發展是否已經趨於成熟，換言之，一個新的移民開墾地區會比較容易顯示出男多女少的性別比例失衡現象。反之，在沒有其他特殊的因素如天災、傳染病、溺嬰等影響之下，一個地區長久的發展會逐漸使該地區人口的性別比例趨於均等。不過，也有可能因環境、族群的不同，而導致性別比例出現差異的情形。

就全島來看，1905 年的男女性別比例爲 53：47，到了 1940 年男女性別比例則爲 51：49（參考附錄表 8 之「表 30」）。雖然長期呈現出些微的男多女少常態，卻有逐漸走向均等的趨勢。反觀埔里地區的情形則略有小異（參考附錄表 8 之「表 31」、「表 32」），1905 年的男女性別比例爲 52：48，之後差距有小幅加大，到了 1925 年以後又重新拉近，維持 51：49 的差距。

第三節　民間舊俗與日語程度

一、鴉片吸食人數

明治 30 年（1897）〈阿片令〉發佈後，除了經政府指定的醫師診斷爲鴉片癮者許可吸食官方製造的鴉片煙膏外，一般民眾全面禁止吸食，經營鴉片煙膏的販賣、吸食，以及製造吸食器具等行業者，皆需經過官方的許可。該年（1897）的吸食特許者爲 50,597 人，約佔總人口的 1.9%，明治 34 年（1901）的人數最多，165,752 人佔總人口的 6.1%，此後逐年下降，到了昭和 9 年（1934）僅剩 16,190 人，約僅佔總人口 0.3%。〔註63〕

雖然殖民政府實施所謂人道的「鴉片漸禁政策」倍受批評，不過，從第一至第三次臨時戶口調查統計，可以看得出全島鴉片吸食人口確實逐漸減少

〔註62〕許雪姬，〈戰後初期原「臺灣華僑」，1945～1947〉，《臺灣史研究一百年回顧與研究》，頁 102～103。

〔註63〕井出季和太，《台灣治績志》，頁 40～42。

中。從 1905 年的 11,549 人（佔總人口約 4%）逐漸減低爲 1920 年的 44,102 人（佔總人口約 1%）。若以吸食者的性別區分，男性約佔 6/7（86%～88%），女性僅 1/7（12%～14%）而已（參考附錄表 8 之「表 35」）。

至於埔里地區的情形，1915 年的吸食人口爲 486 人（佔總人口約 2.7%，參考附錄表 8 之「表 37」），1920 年的吸食人口爲 322 人（佔總人口約 1.6%，參考附錄表 8 之「表 38」），鴉片吸食者佔該地的人口比例較全島鴉片吸食者佔總人口比例略高一些。若以吸食者的性別區分，則較全島的比例差距略爲縮小，男性約佔 5/6（82%～77%），女性僅 1/6（17%～23%）左右（參考附錄表 8 之「表 39」）。與全島的趨勢一樣，埔里地區的鴉片吸食人口逐年降低，到了昭和 5 年（1930）減少爲 117 人，包括男性 87 人（佔 74.4%）、女性 30 人（佔 25.6%）。〔註64〕昭和 8 年（1933）只剩 85 人，包括男性 69 人（佔 81%）、女性 16 人（佔 19%）。〔註65〕

二、纏足人數

纏足被日本殖民政府視爲一種特別的身心障礙，在臨時戶口調查統計上給予「特種不具」的類別。在臺灣人的福、廣、熟、生等四大族群分類上，廣、熟、生等三類的纏足人口極低，甚至沒人纏足，唯有佔人口比例最高的閩南人仍保留此根深柢固的習俗，因此，整體女性人口當中，纏足比例一直佔很高的比例。在殖民政府斷髮、放足的政策推動；以及民間有識者提倡、推動放足運動下的同時，纏足者的比例也顯著地逐漸降低。以 1905 年爲例，當時纏足的人口仍有 80 多萬人，佔女性人口約 56%，解纏足者僅 8,694 人（約佔 1%），合計曾經纏足者人數高達 57%。到了 1920 年，纏足的人口僅剩約 20 萬人，僅佔女性人口約 11%。若再加上解纏足的人口 418,453 人（約佔 24%），合計亦僅剩 35% 左右而已，（參考附錄表 8 之「表 35」）。到了 1930 年，纏足的人口僅剩 14,360 人，佔女性人口約 6%（參考附錄表 8 之「表 36」）。比較特別的是 1930 年的臨時戶口調查統計當中有一個「纏足者年齡層分布表」，從該表可以看出僅剩的纏足人口 14,360 人當中仍有一部份纏足者是日本統治臺灣之後才出生的女性，包括 29 歲以下的 2,297 人（佔 1.6%），還有 30～39

〔註64〕埔里公學校，《埔里鄉土調查》，頁 179。

〔註65〕埔里街役場，《臺中州能高郡埔里街街勢要覽》（南投：埔里街役場，1934），「衛生」表「阿片吸食者」欄。

歲層級 15,174 人當中的一部分（參考附錄表 8 之「表 40」）。

　　埔里地區由於族群比例與全島族群比例明顯不同，因此，在纏足者人數上也可以看出明顯的差異。以 1915 年為例，全島纏足者人數佔女性總人口16.7%，加上 28.5%的解纏足者，合計曾經纏足人數佔女性總人口 45.2%（參考附錄表 8 之「表 36」）。反觀當時的埔里社堡，纏足者人數佔堡女性總人口僅 3.6%，加上 6.9%的解纏足者，合計曾經纏足人數佔堡女性總人口僅 10.4%而已。到了 1920 年，曾經纏足人數佔堡女性總人口更減少至 7.5%而已（參考附錄表 8 之「表 39」）。

　　埔里地區曾經纏足者所佔比例明顯較全島的比例來得低，究其原因，除了平埔族、客家人的人口較全島比例來得高以外，也和地理位置與開發程度有關，埔里處於臺灣土地開發的邊陲地帶，女性協助農作生產的比例可能較高，加上新開發地區的移民多屬社會較低層的清苦農民，女性纏足的風氣也相對低一些，就連佔四成多的閩南人口，纏足者的比例也較全島閩南人女性纏足比例明顯低許多。細探這些曾經纏足者所分布的聚落，可以發現主要集中在埔里社街、珠仔山、挑米坑等庄（參考附錄表 8 之「表 37」、「表 38」），可能與這三街庄的閩南人皆佔較高比例有關。

三、日語熟悉程度

　　日治時期在臺灣的日本人能懂所謂「土語」（應是指閩南語）者所佔的比例，較臺灣人能懂日本語所佔比例高出許多，以大正 4 年（1915）為例，日本人能懂「土語」者 16,591 人，約佔當時日本人總數 135,401 人（參考附錄表 8 之「表 11」）的 12.3%。全臺灣懂日語的臺灣人僅 54,337 人，佔當時人口3,325,597 人約 1.6%。〔註66〕主要原因應是由於人口比例懸殊的緣故，日本人與臺灣人接觸的機會相形較多，而臺灣人普遍與日本人接觸的機會較少，在沒有強迫措施的壓力下，學習對方語言的意願就比較低一些。

　　從殖民統治者的立場來看，對於被統治的臺灣人語言屬性調查，自然就圍繞著統治者所使用的語言來進行，這是從第二次臨時臺灣戶口調查以來的通例（參考附錄表 8 之「表 45」、「表 46」、「表 47」、「表 48」）。不過，1905年第一次臨時臺灣戶口調查卻留下一份詳細的全島人口語言別調查資料（參考附錄表 8 之「表 41」、「表 42」）。也依當時的行政區別做成各廳的語言別

〔註66〕井出季和太，《台湾治績志》，頁 75～77。

調查資料（參考附錄表 8 之「表 43」、「表 44」）。這些語言區分表依日本人、臺灣人（以下再細分為福、廣、熟、生、其他等五類）分為兩大類，再就這些族群所使用的語言區分為「常用語言」、「副用語言」兩大類分別進行交叉統計。雖然統計的行政層級只有到廳的層級，無法探究埔里地區居民的語言屬性有何特別，不過，從廳的層級之統計數據，還是可以找到一些蛛絲馬跡。

1、1905 年全島語言使用概況

先就全島的常用語言來看，日本人 57,331 人的常用語言當然絕大部份都是日語，不過，也有 185 人（佔 0.3%）的常用語言為閩南語、17 人為客家語、6 人為蕃語。沒有一人的常用語為清國語（即北京話），以外國語為常用語者也只有一人（參考附錄表 8 之「表 41」）。閩南人的常用語為客家語者有 29,824 人（佔 1.2%），另有 752 人為蕃語。客家人的常用語為閩南語者高達 62,212 人（佔 15.7%，參考附錄表 8 之「表 41」）。這裏提到的「蕃語」包括平埔族語及高山族語，比例不詳。高達 15.7%比例的客家人之常用語為閩南語，應指向有客家族群認同的所謂「福佬客」。至於平埔族 46,346 人，有高達 82.2%（38,092 人）的常用語為為閩南語、1.5%（695 人）為客家語，清國語者有 31 人（佔 0.1%），以蕃語為常用語者僅 16.2%（7,511 人）而已。此處所謂的「蕃語」，平埔族語應佔絕大部份，由此即可看出平埔族漢化的顯著。至於高山族，高達 95.2%（34,543 人）還是以蕃語（指高山族語）為常用語言，但也有 4.6%（1,651 人）的常用語為閩南語。此時臺灣人能講日語者尚微乎其微（參考附錄表 8 之「表 41」）。

全島的副用語方面，日本人有 10.6%（6,084 人）用的是閩南語，用客家語的僅有 0.5%（312 人），2.3%（1,319 人）為外國語，其中包括用清國語的 64 人。閩南人使用副用語的人數佔極低比例，皆在 1%以下，但是客家人就有所不同，以閩南語為副語者高達 12%（47,568 人），以母語客家語為副語者也有 5.3%（3,326 人）。平埔族以閩南語為副語者也有 9.7%（4,477 人）。由此可以看出人口優勢族群閩南人的語言也較容易成為相對較弱勢的族群之副用語言。至於以官方語言日語為副用語者，閩南、客家及平埔族皆僅佔 0.3%，高山族雖略為高些，也只不過佔 0.8%而已（參考附錄表 8 之「表 42」），這是日本殖民統治十年後臺灣人的語言屬性區別概況。

2、1905 年南投廳語言使用概況

再來看南投廳的常用語言部份（參考附錄表 8 之「表 43」），日本人 588

人當中，只有 7 人（佔 1.2%）的常用語言為閩南語，1 人為蕃語，沒有以客家語、清國語、外國語為常用語言者。閩南人的常用語幾乎全數為閩南語，日本語者有 49 人（佔 0.08%），客家語者有 68 人（佔 0.1%），蕃語者有 51 人（佔 0.08%）。客家人 4,207 人的沒有以日語為常用語者，常用語為閩南語者將近四成，高達 1,675 人（佔 39.8%），比全島的比例（15.7%）高出許多，顯示出福佬化的客家人比例很高。客家語者 2,520 人（佔 59.9%），另有 12 人（佔 0.3%）為蕃語，可能是指平埔語。至於平埔族 3,181 人當中，常用語為為閩南語者為 1,678 人（佔 52.8%），較全島的比例（82.2%）稍微低些。客家語者 36 人（佔 1.1%），清國語者僅 1 人，以蕃語為常用語者有 1,456 人（佔 46%），較全島的比例（16.2%）高出許多，此顯示南投廳下能講平埔語者仍將近一半，而南投廳的平埔族幾乎都在埔里社堡，所以，此數據可以視為埔里社堡平埔族的語言統計數據。至於南投廳的高山族人口 108 人，指的是移居街庄的人口數，並未包含蕃地的人口，其中以閩南語為常用語者有 65 人（佔 60%），客家語者僅 1 人（佔 1%），仍用蕃語者 42 人（佔 39%）。

南投廳的副用語部份（參考附錄表 8 之「表 44」），日本人 588 人當中，有 231 人（39.3%）用的是閩南語，較全島比例（10.6%）高出許多，客家語者僅 1 人，能講外國語者 13 人（20.2%），其中不包括用清國語者，也就是南投廳下沒有能講清國語的日本人。閩南人使用副用語的人數佔極低比例，皆在 1.2% 以下，但是客家人就有所不同，以閩南語為副語者高達 1,140 人（佔 27.1%），較全島的比例（12%）高出一倍以上。以母語客家語為副用語者有 469 人（佔 11.1%），也較全島比例（佔 5.3%）多出一倍以上，南投廳下的客家人主要分佈於埔里社堡、北港溪堡，母語成為副用語的比例較全島比例高的現象，亦是顯示出邊陲地帶的客家人使用其他族群語言為常用語比例較高的另一旁證。

3、臺灣人的「日語熟悉程度」

依據臨時臺灣戶口調查統計，明治 38 年（1905）第一次調查時，全臺灣懂日語的臺灣人僅 11,270 人，佔當時人口 2,972,774 人約僅 0.4%，大正 4 年（1915）第二次調查時，增加為 54,337 人，佔當時人口 3,325,597 人約 1.6%，大正 9 年（1920）第三次調查時，增加為 99,065 人，佔當時人口 3,466,272 人約 2.9%，所佔比例仍不高。到了昭和 5 年（1930）第五次調查時，全臺灣懂日語者，不同程度全部總人數為 533,173 人，佔當時人口 4,314,195 人約

12.4%，其中能讀且能寫者 319,233 人，佔當時人口約 7.4%。〔註67〕埔里社
堡懂日語的臺灣人較全臺灣比例略高一些，以大正 4 年（1915）第二次調查
爲例，約佔 3.7%，烏牛欄庄又略高一些，約佔 7.9%（參考附錄表 8 之「表
45」）。

〔註67〕井出季和太，《台湾治績志》，頁 75～76。